2024年广西高等教育本科教学改革工程项目"数智赋能酒店管理专业人才培养模式的创新与实践"（项目编号：2024JGA385）；2023年桂林旅游学院"四新"研究与改革实践项目"基于数智赋能的酒店管理专业政产学研协同育人模式创新与实践"（项目编号：2023XWK01）。

新文科背景下酒店管理专业人才培养高质量发展研究

杨 卉 唐凡茗 曾柳洁○著

西南财经大学出版社
Southwestern University of Finance & Economics Press
中国·成都

图书在版编目(CIP)数据

新文科背景下酒店管理专业人才培养高质量发展研究/杨卉,唐凡茗,

曾柳洁著.--成都:西南财经大学出版社,2024.7. --ISBN 978-7-5504-

6285-4

Ⅰ.F719.2

中国国家版本馆 CIP 数据核字第 2024H9E372 号

新文科背景下酒店管理专业人才培养高质量发展研究
XIN WENKE BEIJING XIA JIUDIAN GUANLI ZHUANYE RENCAI PEIYANG GAO ZHILIANG FAZHAN YANJIU

杨　卉　唐凡茗　曾柳洁　著

责任编辑:植　苗
责任校对:廖　韧
封面设计:何东琳设计工作室
责任印制:朱曼丽

出版发行	西南财经大学出版社(四川省成都市光华村街55号)
网　　址	http://cbs.swufe.edu.cn
电子邮件	bookcj@swufe.edu.cn
邮政编码	610074
电　　话	028-87353785
照　　排	四川胜翔数码印务设计有限公司
印　　刷	成都市新都华兴印务有限公司
成品尺寸	170 mm×240 mm
印　　张	13.75
字　　数	317 千字
版　　次	2024 年 7 月第 1 版
印　　次	2024 年 7 月第 1 次印刷
书　　号	ISBN 978-7-5504-6285-4
定　　价	78.00 元

前　言

　　随着时代的发展和社会的进步，传统文科教育已经不符合当下的需求，于是新文科教育应运而生。在这样的大背景下，酒店管理专业作为一门融合了文化、管理、服务等多方面知识的学科，其人才培养更是需要高质量的发展与研究。因此，笔者在参阅大量相关文献的基础上，撰写了《新文科背景下酒店管理专业人才培养高质量发展研究》一书，旨在探讨新文科背景下酒店管理专业人才培养的现状与问题，并提出相应的发展建议，以期为培养高素质酒店管理人才贡献学术力量。

　　本书共有8章。在第1章中，本书侧重于新文科教育的基础理论阐述，包括新文科教育的概念、特征、宗旨、任务、前景、意义和实施路径，涵盖内容之广，能够为读者提供清晰明了的背景分析。在第2章中，本书探讨了酒店行业与酒店管理专业的发展，以时间为线，不仅阐明了酒店管理教育的发展历程，还分析了酒店行业与相关人才的现状，并针对酒店管理教育的发展趋势阐述了个人的观点。在第3章中，本书分析了国内外酒店管理专业人才培养模式。一方面，本书列举了瑞士、澳大利亚、爱尔兰等国家的酒店管理人才培养模式，并进行了相应的经验总结；另一方面，本书论述了国内酒店管理人才培养模式，还总结出"订单式""2+1""工学交替"等模式，并以国内两所大学作为例证。第4章、第5章和第6章为本书的重点内容，其中第4章对新文科背景下酒店管理专业高质量人才培养的内容进行了概述，第5章和第6章在第4章的基础上讨论了人才培养的现状、基本理念、目标设定及模式构建。第7章和第8章以桂林旅游学院酒店管理专业为例，从方案设定到模式创新再到成果展示，全过程探析高质量酒店管理专业人才培养的实践情况，以期为读者提供可借鉴的经验。

　　本书的研究特色主要表现在两个方面：第一，有效结合了新文科背景进行研究。本书剖析了当前背景下文科教育的转型升级，并以新文科的角度深入探讨了该背景下酒店管理专业人才培养的新要求，提出了针对酒店管理专业人才培养的新思路和方向。第二，内容较为全面、系统。本书涵盖了新文科、酒店管理教育及人才培养的现状和发展，以及新文科背景下酒店管理专业人才培养模式及发展等多个方面，体系完整，内容丰富。通过对这些主题的研究，本书为读者提供了一个较为全面的视角，能在一定程度上激发读者对该领域的深入思考和进一步研究的兴趣。

在撰写的过程中，笔者受到同行以及亲友的许多支持，在此一并表示感谢。由于笔者水平有限，书中难免存在不足，希望广大读者提出宝贵意见，恳请同行专家批评指正，以便笔者不断改进与完善。

杨卉　唐凡茗　曾柳洁

2024 年 3 月

目　录

1 新文科及其建设分析

新文科是一种教育理念和实践，旨在通过学科重组和文理交叉的方式，将现代信息技术如人工智能（AI）、大数据、区块链等融入哲学、文学、语言等传统文化领域，从而提供综合性的跨学科学习环境，以培养具有创新思维和综合能力的人才。"新文科"概念的形成事实上和如今正在开展的学术转型具有紧密的联系，同时与学术界走向新时代具有密切的关系。新时代需要改变理想化的人文学术，迫切需要顺应时代的学术研究，关注的焦点主要包括中国经验、数据与实践等，并抽离出中国原则、理论与思想。全面构建中国特色哲学社会科学体系，是新文科的终极追求。本章将在阐述新文科教育概念内涵与三项基本特征的基础上，借鉴美国希拉姆学院的新文科项目，论述我国新文科建设的宗旨、任务，同时展望未来发展前景。最后，本章通过论述新文科建设的意义，提出可行的实施路径。

1.1 新文科教育的概念与特征

2018 年 8 月，中共中央在全国教育大会召开之前的半个月发布了官方文件，提出"高等教育要努力发展新工科、新医科、新农科、新文科"（简称"四新"建设），由此，"新文科"概念正式被提出。自此，我国新文科建设工作如火如荼地开展。但在讨论何为中国式新文科、如何进行中国模式的新文科教育等话题之前，我们有必要追溯新文科的起源与发展，厘清新文科教育的特征，从而做到扬长避短。

1.1.1 "新文科"概念解读

"新文科"一词最早可溯至 1980 年，美国斯隆基金会扩展了古典文科的研究视角，将技术和定量素养纳入研究范围。此后，欧美教育界对这一概念进行了大量讨论和实践。总结现有研究结果发现，"新文科"概念可以从学科专业、历史文化、时代背景三个角度来理解。

1.1.1.1　从学科专业角度理解"新文科"

对"文科"一词的理解，大致有三种：第一种是基于高中专业层面，认为"文科"是区别于"理科"和"艺术"的学科，包括语文、外语、政治、历史、地理等。第二种是在高等教育学科专业分类中出现的"人文社会学科"，即人文科学和社会科学的总称，前者主要研究人类精神世界及其沉淀的精神文化，后者主要关注人类社会。基于这种理解的"文科"包括哲学、语言学、伦理学、美学、经济学、政治学、法学等诸多学科在内，旨在探讨与人类利益相关的学问，并探讨各种社会现象及其成因和发展规律。第三种是在第二种的基础上缩小了理解范围，即认为"文科"只包括文史类、哲学类、语言类等基础性学科，既区别于医学、农学、工学、理学，也区别于经济学、商学等社会实用学科。

从学科专业角度理解"新文科"，应当跳出传统的学科认知思维，从知识互通的角度来认识新文科及其要求。其中，有学者提出所谓"新文科"，就是要对传统学科进行重组，强调文理交叉和深度融合，变学科导向为需求导向，以综合性的跨学科学习成果支持并引领发展。而新文科建设要基于传统文科的知识积累，从新问题、新方法、新理论视角出发，充分发挥哲学社会科学研究的实践作用。也就是说，要跳出传统文科来看新文科，注重学科之间的互通性，以博学促进专学的实现。这既包括人文社会学科内的融合，如经济学和社会学、管理学和美学等，也包括文科与其他学科的融合，如旅游学和农学、管理学和医学等。同时，新文科建设还应积极注重对科学技术的应用，主动运用相关技术、方法、理念进行自我革新，尤其应在高等教育环节与信息技术深度融合，提高高等教育的质量。总之，在新文科背景下，学科之间不再是泾渭分明的关系，相互融合已成为必然趋势。

1.1.1.2　从历史文化角度理解"新文科"

不管是在西方还是在东方，文科教育的主题都是对人文精神的塑造。在历史长河中，人文精神塑造的主题随着时间的推移发生着改变，但都与当时的国家制度和文化息息相关，这使文科教育在铸魂育人的侧重点上也有所不同。

一方面，从教育史和学科发展史上可以看到，文科教育致力于追求自由与人文精神，其主题随着时代的发展不断更新。比如，在西方，古希腊和古罗马的"人文"教育包括逻辑、语法、音乐、数学、几何、天文等，强调人性的自主化和人神分离；自文艺复兴运动起，强调人性解放和觉醒的教育逐渐占据主流位置，目的在于通过教育摆脱神学和宗教的束缚，进一步实现个人自由。而在古代中国，传统教育的"人文"内涵体现在教育家注重启发、诱导学生的智力潜能，尤其注重道德潜能，落实人的价值归属感，因此文科教育在当时充分发挥着知识普及、国民素质培养、文化传承、国家人才选拔的作用。比如，《礼记·大学》就论述了儒家"修身、齐家、治国、平天下"的思想；孟子也曾说："君子引而不发，跃如也。"

另一方面，到了近现代，世界各国对教育的理解也发生了改变。中国在新文化运动和五四精神的影响下，民主与科学的教育主题占据主流，且倡导"教国民人人都有独立人格与平等思想的教育"。世界范围内也逐步明晰了教育应当具有普及性特点，人类可以通过教育减少贫困、冲突、压迫、战争等现象。时至今日，构建人类命运共同体成为当前历史时期的主题，当下新文科教育的人文精神包括生命、尊严、权利、平等、正义以及兼容并包、团结合作、可持续发展在内的未来责任共担。

1.1.1.3 从时代背景角度理解"新文科"

"新文科"是时代的产物，在理解其内涵时就应当从世界发展与中国发展现状的角度出发。诚如习近平总书记所说，当前中国正处于近代以来最好的发展时期，世界处于百年未有之大变局。世界多极化、经济全球化、文化多样化、社会信息化等带来的是大变数与大机遇。在此背景下，"新文科"在学习方法与人才培养方面都需要有所作为，即大力培养立足本国所需的全球治理人才。

同时，"新文科"也被认为是应对人文学科的危机的重要策略。对人文学科的危机，国内外学者都做过相应的解读，如对人文学科的认识受到功利主义价值观的影响、人文学科受到科技主导的趋势及目的理性的渗透、人文学科缺乏敏锐的现代性响应、人文学科受到知识"科学化"范式的制约等。面对各种危机和挑战，新文科回归"人文精神"的塑造，强调知识的功用化和产品化，其中的"人文精神"既来自地域文化也包括人类命运共同体，如此才能在大变局的当下，基于学科关联培养具备全球视野和国际眼光的高素质人才，解决时代面临的具体问题。例如，美国的希拉姆学院新文科项目。美国希拉姆学院将新技术引入传统文科教育,其新文科实践也因强调文理交叉的全方位系统变革而广为人知。2017 年,在社会捐赠和政府补贴锐减以及学费压力及就业形势不确定导致入学率持续走低的背景下,希拉姆学院的时任校长洛里·瓦洛塔及其团队提出了以"新文科"命名的一系列改革。值得注意的是,希拉姆学院新文科项目的基础是成立了五个文理交叉的跨学科学院。这五个学院有其各自侧重的专业领域,但在教学设计上打破了传统的以固定核心主题为导向的模式,而将重点放在应对挑战和掌握机遇上。因此,其课程体系围绕学生个性、职业发展、课程内容、团队建设、社会使命五个方面进行设计,促进和落实跨学科的协同合作,通过体验式教学实现学生综合能力的提升。该项目在具体内容上突出表现为高度参与学习、高影响力的实践活动、反思性技术三个方面。

在项目具体实施过程中,我们可以从四个方面来理解希拉姆学院新文科项目所强调的"高度参与学习"和"高影响力的实践活动":一是大一新生开设经验必修课。希拉姆学院在第一学年增加了三门必修课程,包括研讨会、人文课程和社会科学课程,学生在参与共同讨论的过程中学会分析、思考、解决问题。二是核心课程内容设计以行业实际问题和社会实际问题为导向。希拉姆学院要求学生专业学习结合实际,引导学生关注如全球变暖、科技赋能、医疗健康等时代热点,并据此发现和建立与其兴趣相关的专业研究主题。三是可供选择的专业课程具有跨学科性。在希拉姆学院新开设的五个学院中,专业课程和辅修课程面向所有学生开放,学生可以根据个人兴趣、职业发展需要自由选择所要修读的课程,从而建立起基于不同学科的想法和思维。四是丰富多样的课外实践教学活动。在正常教学周之外,希拉姆学院还提供多种短期课程、实地研究等,帮助学生及时将课堂所学进行应用,并构建基于学生个人的专业知识架构;同时,学生实习也被视为将理论与实际相结合的重要手段。通过这些活动,该项目有效提升了学生运用、分析、评价所学知识及其对将来职业生涯发展的作用。

此外,希拉姆学院还提出了具有代表性的反思性技术运用理念,即"techandtreck"计划。希拉姆学院为每一位四年制的学生提供了一个平板电脑(iPad Pro)、一支智能触控笔(Pencil)以及一双登山鞋,旨在鼓励学生运用科技产品在课内外发现和记录新想法、新点子,走出舒适区去探索周围的环境；同时，通过教导学生创造性、批判性地使用这些科技设备作为学习工具，提高学习趣味性和学习效率，并能进一步思考分别在何时应该拿起和放下这些设备。

显然，希拉姆学院新文科项目从行业和社会需要这一结果导向出发，将不同专业串联起来，以问题为中心实现专业交融，进而达到专业大综合的目的。在此背景下，学生树立起个人使命感，并通过跨专业知识交融、科技赋能、高度参与的实践活动实现综合能力培养与提升，有助于为其今后职业发展打下坚实的理论与实践基础。希拉姆学院希望通过其问题和结果导向的新文科模式，基于专业融合，提升学生的个体综合能力，培养适应时代发展需要的职业人才，再通过提高就业率反向拉动入学率提升。就结果而言，希拉姆学院新文科项目的效果立竿见影，在其实施的第一年，学院社会筹款增长约50%，新生入学率也增长约30%。然而，不可否认的是，希拉姆学院作为传统私立文理学院，其新文科实践在目标上具有高度的市场化特征，也就是说，其革新动机强调投资回报效果。

1.1.2　新文科的特征

新文科建设中，其特征主要体现在新交叉、新功能、新路径三个方面。

1.1.2.1　新交叉

在促进文科学科构建与培养模式优化的过程中，管理者主要采取的方式为合理、科学地整合人文领域的学科。比如，苏州大学以构建"文治书院"的方式，在文科相关专业中选拔出符合要求的生源，试图开展"文史哲卓越人文学者"的培养实践；北京大学等通过跨专业进行哲学、政治学及经济学（PPE）等学科的人才培养实践。

上述做法从不同层面充分体现了多学科专业以互相融合的方式共同发展，如此才可以达成"厚基础、宽口径"的目标。从实践层面来看，这种方式存在着较为科学的人才培育方案，然而怎样有效解决不同学科知识的有效衔接与组合？这是一个不易解决的问题。这种不同专业在人文领域尝试的交叉融合，可以被理解为一种对传统文科的升级改造。

新文科的"新"也体现在更大范围内进行的学科专业交叉人才培养。国外已经进行了长期的"本硕博"人才培养实践，一个较为典型的案例就是在科学（science）、技术（technology）、工程（engineering）、数学

（mathematics）四门学科（简称 STEM）的基础上又逐步演进为科学、技术、工程、艺术（arts）和数学五门学科（简称 STEAM）。其中，艺术学包括广泛的人文科目，如社会研究、语言、形体、音乐、美学、表演等，其主要目标是提高工科交叉学科的创新能力并培养批判性思维，突破了STEM 只强调技能的限制。上述例子给予我们的启示在于新文科建设的一大重要选项和特征就是在建设中突破自身限制，在文理、文工等范围内进行更大跨度的学科专业交叉，更加强调思维、素质和能力的全面提升。

1.1.2.2　新功能

新文科所具备的文化属性十分重要，尤其是在人文社会科学人才培养，以及国民文化自信的建立上有明显的积极影响。通常情况下，文化的形态是多元化的，不同国家、不同时代及不同民族的文化形态与特点表现出显著的差异。新文科的拓展应当始终围绕着"文化自信"这一理念，在最大程度上体现出民族传统文化的意蕴和传统文化的包容性，焕发起文化创新的动力，在传承与发展中推动新时代文化繁荣。总之，只要是合理地发现、传播、革新并存储文化，我们便可以将其理解为新文科。

新文科的功能特点主要体现在以下三个方面：

第一，能够发挥文化贯通作用。新文科在不同文化之间搭建起桥梁，可以把不同行业的知识密切地衔接起来，并以特别的手段传达出文化的内涵，或者对其予以清晰深入的阐释，使处于不同领域里的文化能够实现有效沟通，把握两者的共通之处，在最大程度上体现出文化的意义，促进经济和文化共同繁荣。例如，开发有文化底蕴的游戏并研制以传统文化为主题的产品，等等。

第二，能够发挥文化带动作用。这种功能具体指的是通过文化的良好引导，在最大程度上发挥主线的功能，有效串连起迥异的专业领域，使各专业相互之间紧密融合，从而形成迥异的文化火花，推动创新，同时也可以促进关联产业的繁荣。例如，随着数字传播技术的不断发展，推动了新兴传播技术和传统传播技术的高度融合，也形成了许多具备新兴形态的产品，使传统文化产品再度展现出蓬勃的生命力，全新的文化消费模式与文化产业在市场上涌现，尤其是在阅读数字化、图书影像化等因素的引导下，数字文化与产业逐步走向繁荣。

第三，能够发挥文化固力作用。文化可以在不同的行业、学科中得到有效的积淀与体现，甚至在工学、农学、医学等学科中也能够发现文化的存在。广大学者应当把工学、农学、医学等多个学科的理论与文化意义予以全面展现。我国已经建立了许多学科数据库,其数字化发展与应用充分彰显出文化固力①的作用。

1.1.2.3 新路径

文科教育的发展形势是新文科构建尤其关注的内容,相关机构应当采用下列两种模式推进新文科建设:

第一,升级改造现有的文科人才培养方式和教学内容以及课程体系,让现有的文科人才在国内已经存在的专业领域或行业中充分发挥更多的引领作用和创新作用,从而在该专业领域培养更多的优秀人才和拔尖人才。

第二,结合新兴领域对人才的需求,创造崭新的文科人才培养路径,从而让新兴领域对文科人才的需求得到满足。这种专业人才培养必须具有一定的针对性和指向性。

如果要实现人文社会科学的大跨界,与工学和理学相互融合,必须打破现有文科人才培养模式的方式和路径,从自定义辅修专业和微专业建设与实践基础作为切入点,突破人才培养的方式和专业建设的模式。不管是哪种人才培养模式,都要积极探索文科教育在质量发展上的新路径、新方式和新实践,始终围绕高质量文科人才培养的目标,以高质量标准建立文科专业和教学课程以及实践基地。在新文科专业转型升级、创新再造的过程中,指导思想始终是质量优化,让文科教育和培养人才的质量管理体系更加完善和健全。

1.2 新文科建设的宗旨、任务与前景

目前,世界正经历百年未有之大变局,人类的科学技术与产业都发生了深刻变革,国际形势变得更加复杂,国际格局的变化也更加频发。有鉴于此,中国对内应继续坚持向第二个百年奋斗目标努力,对外则应该争取良好而稳定的条件。文科对于推动国家现代化建设、参与国际竞争有着重大作用,尤其是在培养可用人才、创新理论与跨文化交际上有着突出贡献。正因如此,文科必须与时俱进,积极改革。本节将对我国新文科建设

---

① 文化固力是指通过巩固文化主体性,增强文化自信,以应对外部文化挑战和保持文化独立性的能力。

的宗旨、任务与前景进行深入论述。

1.2.1 新文科建设的宗旨

乘着改革开放的春风，中国的迅速崛起，让世界看到了我国的强大实力，并且在以智能制造为主导的第四次工业革命中展现出强劲的发展势头。但同时，随着国际局势的复杂化，国际竞争的日趋激烈，以及反全球化力量的强大，全球化的进程遭遇了打击，全球治理变得更加困难。此时，新文科教育既要完成其基本的以文化育人之功能，也应承担起应对国际竞争之责任。2020 年 11 月 3 日，教育部新文科建设工作组主办的新文科建设工作会议在山东大学（威海）召开，会上发布了《新文科建设宣言》，明确指出中国高等文科教育要"弘扬中国精神、凝聚中国力量、践行中国道路，为托起国家富强、民族复兴、人民幸福的中国梦而坚定前行"。该宣言对中国主体性的强调是新文科在复杂国际形势下发挥时代作用之根本，因此要在建设新文科的宗旨中贯彻其主体性。目前，我国新文科建设宗旨应当是为时代培育有着中国立场的新人，构建具有中国特色的思想理论框架，并努力向国际传播中国价值，提升中国影响力。

1.2.1.1 培养中国立场的时代新人

从文科教育的视角来看，新文科的建设主要旨在培育出秉承着坚定的中国立场的学生，中国立场包括了解中国、热爱中国，以及为民众服务的立场。中国立场的第一种含义属于外部视角，第二种含义属于内部视角。教育部高等教育司原司长吴岩在 2020 年 11 月召开的新文科建设工作会议中指出，建设新文科就是创新文科教育，要培养知中国、爱中国、担当民族复兴大任的新时代文科人才，要培养新时代社会科学家，构建中国学派，创造光耀时代、光耀世界的中华文化。新文科教育面向的是中华文明的继承者、传播者，以及中国理论的创造者，是中国的未来。

简单来说，新文科教育重视培养出有坚定中国立场的新人才。随着互联网时代的迅猛发展，网络安全问题不断暴露，不乏有人因立场不同或经不起诱惑，做出违背道德之事，阻挡我国发展的步伐。同时，若一个人的价值观、世界观和人生观存在明显的偏差或错误，很容易丧失自身主体性。在信息化时代，主体性的丧失将使国家承受更大的意识形态风险。只有拥有坚定中国立场的人才能抵御来自其他国家的信息渗透和舆论攻击，进而传承中国文化、发出中国声音、传播中国影响力。

从中国内部发展的角度来看，中国立场更具体说就是中国人民的立场，也就是中央一直以来强调的，文学艺术、哲学社会科学研究的首要任务是明确为谁创作、为谁立言。这是一个根本问题。民众是创作的主体，只有立足于民众，创作才可以获取充足、广泛的源泉。民族立场是从事文科相关工作的重要前提。在五四运动时期，著名革命家陈独秀与李大钊等人在探讨新文化的过程中挖掘出适合我国国情的革命路径，这主要是由于他们真切地了解并关注民众的生活。如今，中国共产党始终致力于让民众过上幸福美好的生活，这也是其能够取得大量成就的原因。只有真正立足于民众的角度，才可以从真正意义上把握我国的发展形势与途径。新文科教育应当积极培育心怀民众的新时代学生，只有始终心怀民众的人才可以为国家注入蓬勃的生机，使中国不断走向繁荣。

1.2.1.2 构建具有中国特色的思想理论框架

新文科的建设，站在文科本身的研究角度上看，就是构建具有中国特色的思想理论框架。中国的现代化建设一方面需要传承和发扬中华优秀传统文化，另一方面应不断对中国实践经验进行总结。可以说，构建具有中国特色的思想理论框架，正是新文科强大起来以及中国整体强大起来的必由之路。然而，西方学术也在很大程度上影响着中国人文社科的发展。值得注意的是，西方思想理论诞生于西方社会文化，由于这些理论成果是跨国界的，因此促使这些理论形成的文化环境是存在边界的。

中国传统文化里蕴藏着许多深刻的理念与思想，例如，"君子和而不同"便是一种前沿的合作思想。中国哲学长久的发展对众多国人的内在精神产生了显著的影响，就如辜鸿铭所言，中国人有一种善解人意的美德，因为"中国人过着一种心灵的生活，孩童的生活"[①]。因此，当代中国人可以通过传统文化与祖辈进行心灵的沟通，并从中获取中华文明长存不息的奥义。当今学界需要更加旗帜鲜明地结合现代科技革命新局面和国际较量新形势发展传统文化，将中国绵延几千年的发展智慧引申到世界，为世界的可持续发展指明道路。

我国正处于实现中华民族伟大复兴的关键时期，经济发展从高速增长转向高质量发展阶段，全面建成社会主义现代化强国的伟大实践，不仅为中国式现代化理论创新提供了厚实土壤，而且为中国式现代化理论创新提

---

① 辜鸿铭. 中国人的精神 [M]. 北京：北京联合出版社，2013：25.

供了实践场所。因此，新文科建设不可错过这一机遇。当代中国正经历着历史上最为广泛而深刻的社会变革，也正在进行着人类历史上最为宏大而独特的实践创新。文科的重建与繁荣必然能够在这一史无前例的伟大实践中获得强大动力和广阔空间。这个时代需要正确的理论，也能够产生足够多的理论，同时也需要思想并且能产生足够多的思想。中国的经济发展成就举世瞩目，走出了一条适合国情的"中国道路"，但学术界对中国经济发展经验及其规律的总结研究还远远不够，根植于中国文化的管理经验和本土案例提炼分析十分不足。

中国文科实力要想真正进步，就要以本体实践为根基去创新理论。人文社科正是中国学术话语体系的重要"发言人"，在地方性、意识形态属性等方面的强大，必须扎根于中国现实生活的情境，其世界一流的标准是既要与人类其他文化对话，又要用中国"自己的话"解释"中国模式"。所以说，坚定"四个自信"，密切关注并解释中国社会正发生的一系列现象，形成中国理论，是新文科建设必须做到的。

1.2.1.3　在国际上传播中国价值，形成中国影响

从文化传播的维度来看，新文科的构建必须在国际社会突出中国的地位，形成中国深厚的影响力，体现中国的价值。

事实上，相较于西方国家，我国的文化软实力①还有待提升。文化兴则国运兴，文化强则民族强。没有高度的文化自信，没有文化的繁荣兴盛，就没有中华民族的伟大复兴。在当今各种思想文化相互激荡更加频繁的时代背景下，提高国家文化软实力，事关社会主义文化强国建设以及中华民族伟大复兴。古往今来，任何一个大国的发展进程，既是经济总量、军事力量等硬实力提高的过程，也是价值观念、思想文化等软实力提高的

① 软实力是文化和意识形态吸引力体现出来的力量，是世界各国制定文化战略和国家战略的一个重要参照系，它深刻地影响了人们对国际关系的看法，使人们从关心领土、军备、武力、科技进步、经济发展、地域扩张等有形的"硬实力"，转向关注文化、价值观、影响力、道德准则、文化感召力等无形的"软实力"。从表面上看，文化确实很"软"，但却是一种不可忽略的伟力。任何一个国家在提升本国政治、经济、军事等硬实力的同时，提升本国文化软实力也是更为特殊和重要的。"提高国家文化软实力"不仅是我国文化建设的一个战略重点，也是我国建设和谐世界愿景的重要组成部分，更是实现中华民族伟大复兴的重要前提。2013 年 12 月 30 日，习近平总书记在主持十八届中共中央政治局第十二次集体学习时指出，提高国家文化软实力，关系"两个一百年"奋斗目标和中华民族伟大复兴中国梦的实现。习近平总书记围绕努力夯实国家文化软实力的根基、努力传播当代中国价值观念、努力展示中华文化独特魅力、努力提高国际话语权四个方面所做的精辟阐述，是建设社会主义文化强国、提高国家文化软实力的根本指引。

进程。伴随着日益激烈的综合国力竞争，世界主要大国无不将"提高文化软实力"作为国家重要发展战略，力求在新一轮的国际战略格局调整中占据主动地位。我国也不例外，提高国家文化软实力，不仅关系我国在世界文化格局中的定位，还关系我国的国际地位和国际影响力。我国必须更加注重文化软实力建设，坚持"软""硬"实力协调发展，形成与我国综合国力和国际地位相适应的文化软实力，为实现中华民族伟大复兴奠定坚实的文化基础。我国社会急切地希望凭借新文科的力量，使自身获得更高的文化软实力，从而让我国的特色文化在国际社会上形成更高的地位。

国际影响力的提升，是我们国家更好展现大国担当的关键所在。我国是发展中国家的代表，文科从业者应当满怀自豪，致力于讲好中国故事，将习近平新时代中国特色社会主义思想蕴含的价值观推向世界，为世界带来积极影响，也有利于中国更有力地履行国际义务，参与并引领全球治理，推动世界和平与发展。

总的来说，我国新文科建设主要为教育事业与文化强国事业服务，满足我国高质量发展的新要求。当代新文科建设"其生命之根是对中国价值、中国精神、中国文化的坚守，是其在弘扬中国价值、展示中国魅力、彰显中国特质中发挥的意识形态贡献力①"。《新文科建设宣言》中也透露出了时代赋予文科教育的新使命，即加快创新发展、提升综合国力、坚定文化自信、培养时代新人、建设高等教育强国、文科教育融合发展都需要新文科。所以，我国必须借助文科教育改革，为中国社会带来更多立场坚定的人才；要通过发展中国文化、肯定中国成就、研究中国问题、解释中国现象，来创新中国理论，提升国家文化软实力；脚踏实地地讲述好中国故事，塑造良好的国家形象，强有力地对外输出习近平新时代中国特色社会主义思想理论，传播习近平新时代中国特色社会主义思想蕴含的价值观，最终进一步提高我国在国际上的话语权与影响力。

1.2.2　建设新文科的任务

"十四五"时期，我国经济社会建设步入高质量发展阶段。2020 年 10 月，党的十九届五中全会首次提出"建设高质量教育体系"。2021 年 3 月，全国人民代表大会审议通过的《中华人民共和国国民经济和社会发

---

① 龙宝新. 中国新文科的时代内涵与建设路向 [J]. 南京社会科学, 2021 (1)：135-143.

展第十四个五年规划和 2035 年远景目标纲要》又一次提出，要"建设高质量教育体系"。同年，习近平总书记在参加全国政协医药卫生界、教育界委员联组会时再次强调，要从我国改革发展的实践中提出新观点、构建新理论，努力构建具有中国特色、中国风格、中国气派的学科体系、学术体系、话语体系；要围绕建设高质量教育体系，以教育评价改革为牵引，统筹推进育人方式、办学模式、管理体制、保障机制改革；要增强教育服务创新发展能力，培养更多适应高质量发展、高水平自立自强的各类人才。

基于这种背景，我国新文科的建设与国家高质量教育体系的建设是同步的。新文科建设应当站在高质量高等教育体系的角度考虑，在参与整个高等教育体系建设的同一时间，从中获取支撑力量，满足自身建设的需求，达成其育人、理论创新和文化传播的总目标。正因如此，新文科建设必须对专业结构、文科课程和教育评价体系进行调整与改革，并完成推动国际对话的任务。

1.2.2.1 调整专业结构，打好新文科建设基础

"十四五"规划明确指出，提高高等教育质量要推进高等教育分类管理和高等学校综合改革，构建更加多元的高等教育体系；要建立学科专业动态调整机制和特色发展引导机制，增强高校学科设置针对性。也就是说，灵活调整学科专业结构，是我国高等教育体系走向高质量发展的重要环节。这也是新文科建设的一项基础性工程，其持续向好发展十分依赖于科学、合理的专业结构。要注意的是，调整学科专业结构的总体方向把控，应该坚持将社会需求作为调整的关键性因素，把落实国家标准作为学科建设的底线要求，形成与经济社会发展相协调的学科专业布局。更具体而言，新文科的专业结构调整不仅要完成整体的转化，还要满足自身的特色发展。

要想更好地发展新文科，则需要更加迅速地健全完善相关的学科体系，构建极具中国文化特色的文科系统，这不但应当合理地健全与优化原来的学科专业，还需要根据发展的具体需要，构建融合不同学科知识的交叉学科，消解不同学科之间的边界，从而推动不同学科的交融，进而实现文科和其他学科的深度融合。在基于现有需求对结构进行优化时，也应当深入思索整个社会日益改变的需求，让结构表现出灵活、包容的特征，这是能够及时优化的。除了以上要求之外，为了让高校实现科学的分类发

展，文科的改革优化还应当依据不同种类院校的发展特色，秉承着因地制宜的理念，为新文科建设充满特色的专业。例如，师范院校应当积极培育教师的知识素养，开阔他们的眼界，发挥院校的教师资源特色，使师范院校的学生成为拥有渊博知识与极高素养的人。对学科专业结构的调整并不追求一蹴而就、一劳永逸，重点是要在这一过程中逐步建立起能灵活、长效发展的机制。

1.2.2.2 改革文科课程，充分发挥文化育人功能

人才的培养必须有课程的帮助，为了培养出有中国立场的新一代人才，文科课程改革是一项重点。新文科课程改革重点涉及通识课程中的文科课程改革、传统文化课程的建设以及融合课程的发展三个层面的内容。

第一层面是改革具有通识属性的文科课程。具有通识属性的文科课程有向学生教授文化的责任。奥尔特加·加塞特在著作《大学的使命》中说："时代赖以生存的思想体系。"它影响着人们生活的信念，无声无息地指导着人们的社会活动，对每个人的成长与生活发挥着重要的稳定性作用。2019 年 3 月，习近平总书记在参加中国人民政治协商会议第十三届全国委员会第二次会议时指出，文化文艺工作者、哲学社会科学工作者都肩负着启迪思想、陶冶情操、温润心灵的重要职责，承担着以文化人、以文育人、以文培元的使命。站在时代发展以及党和人民事业发展的大局高度，习近平总书记对文化文艺工作者、哲学社会科学工作者提出了殷切期望与明确要求，令广大文化文艺工作者、哲学社会科学工作者精神振奋、倍感鼓舞。在当代中国，我们精神的根和魂就是对马克思主义的信仰、对中国特色社会主义的信念。文化文艺工作、哲学社会科学工作是做人的工作，是关乎人的灵魂的工程，是"培根铸魂"的工作，是在人的心灵中播种信仰、培植信念的工作，在党和国家全局工作中居于十分重要的地位，在新时代坚持和发展中国特色社会主义中具有十分重要的作用。因此，文化文艺工作者、哲学社会科学工作者在中国特色社会主义事业中的责任重大、使命光荣。大学通识课程是文科工作者发挥价值引领、立德树人作用的重要阵地。无论是作为必修还是选修的文科通识课程，尽管其价值反复被强调，但是在实践中却普遍受到边缘化对待。改革文科通识课程，就要改变文科通识课程边缘化、形式化的现状，加强文科各个专业的合作，共同打造精品文科通识课。在互联网如此发达的今天，应当加强文科通识课程建设，充分发挥其以文化人、价值引领的作用。

第二层面是强化传统文化课程建设。每一个文科专业都应当充分认识到自身领域所具备的中国传统，为中国理论创新奠定坚实的基础。我国传统文化中有着大量优秀的思想观念，在当今世界极具价值，正在等待后人的深入开掘与利用。可以说，传统课程的建设正是为重建知识体系打好地基。除此之外，传统文化还有利于学生文化自觉与文化自信的培养。建设传统文化课程，就是为了培养有守正创新能力和家国情怀、家国担当的文科人才。

第三层面是发展融合课程。在新文科建设中，虽然融合专业、融合课程一直受到重视，但融合是一种手段，因此其必然要根据实际需要进行，即在回答中国问题、解释中国现象的具体需求中，在遇到了综合性议题、表现出了对跨学科的需求的情况下选择融合。发展融合课程要解决融合多但各不精的矛盾，因而在实践中，搭建好融合平台、加强学科之间的课程合作和共建是首要的。

1.2.2.3　改革评价体系，保障文科人才持续发展

教育体制的深化改革，要求建立健全立德树人机制，改变传统的、不科学的教育评价导向，从根本上解决教育评价"指挥棒"问题。评价"指挥棒"是中国高校的办学导向。基于新文科建设转换文科的办学导向，离不开对文科评价体系的改革。当前的文科评价体系改革需要着力化解两方面的矛盾：一是短期利益追求与长期持续发展需求之间的矛盾；二是以数据为本的计量式评价与文科价值难以量化之间的矛盾。

短期利益追求与长期持续发展需求之间的矛盾，表现在现代的教育评价"可以在短期内快速满足决策者的任务性指标，却往往阻碍原创性、顶尖研究成果的产出和'卡脖子'技术的突破，是一种超强功利化的短期主义'教育性'[①]"评价。文科与理工科有巨大差异，文科要想取得一定成果，尤其需要知识与阅历的积累，文科在思想上的领悟、理论上的输出也就更加需要时间的积淀。当前的教育评价体系对人在短时间中取得成功的要求越来越高，一些高校还对青年教师提出了"非升即走"的不合理要求，这从长远来看并不利于文科学者的可持续发展。如果对短期内的成果太过于看重，就会影响终身学习的人才观的养成。文科评价体系的改革要考虑到文科人才的可持续发展，考虑到重要理论的突破需要时间的酝酿，

[①] 张庆玲. 世界一流学科背景下人文学科的生长困局分析 [J]. 大学教育科学，2021（1）：44-52.

要注重过程性评价。

以数据为本的计量式评价与文科价值难以量化之间的矛盾，表现在评价通常是以定量指标来评价一切，诸如论文发表数量、论文引用率、课题数量等，但是文科内容的思想性、教育性并不能简单以数量来衡量。中共中央、国务院印发的《深化新时代教育评价改革总体方案》明确指出，要"改进学科评估，强化人才培养中心地位，淡化论文收录数、引用率、奖项数等数量指标，突出学科特色、质量和贡献"，文科的评价体系应该根据文科的特色进行相应的调整和改革。

1.2.2.4 重建知识体系，开阔视野创新理论

西方文化与我国传统文化知识体系有本质上的区别，虽然其能在一定时间内推动中国走向现代化，但是过分依赖西方知识体系，则会导致我国人民对传统知识文化的理解与应用不足。从某种程度上讲，正是西方知识体系限制了中国理论创新的视野，所以新文科要担负起发展中国文化的责任，重建中国的知识体系。当前对西方知识体系依赖的一个重要方面就是对西方学术话语体系的依赖。我国文科学术研究上对本土话语的利用不足，表现在用西方概念、理论强行解释中国文化或中国现象。每一种思想观念的产生都以其文化背景为根基，中国社会实际情况与西方相差甚远，自然不能直接使用西方文化概念。就算是不得不使用西方概念诠释中国现象，也必然要对其进行本土化，以更脚踏实地的话语解释中国社会的问题。因此，最能解释中国现象的还是本土概念、本土理论。

要对现有的知识体系进行深刻反思，打破它、重建它，我们还应当对全球多个民族的文化以及传统的知识体系有一个广博的了解。一方面，我们需要挖掘中国传统知识体系，以求得灵感；另一方面，我们要有选择地汲取国外文化成果，通过理解不同文化与不同知识体系之间的关系，来思考、建立一个更加具有包容性的新知识体系，解放学者思想，为理论创新提供更多方向。杨灿明（2019）认为，我们的文科一定是适应科学技术发展、拥抱科学技术的新文科，实现文科、理科、工科、农科、医科等不断交融交叉的新文科，是与互联网、大数据、人工智能、基因工程等密切联系的新文科[①]。

总体而言，重建知识体系是一个大工程，需要各个专业齐头并进，我

们既要分类研究也要打破学科壁垒进行综合研究。

1.2.2.5　推进国际对话，让中国文化走向世界

中国想要提高自身的国际话语权，用中国文化、中国价值影响世界，还需要积极推进国际对话，将中国理论研究和中国文艺作品不断向国外输出。国际对话必须基于两个方向：一是宣传中国价值的优越性；二是解构西方价值。宣传中国价值的优越性虽然已经受到了国内学者的关注，但是在力度和深度上还不足。21世纪以来，我国已经产生了不少优秀的本土理论，如叶澜教授基于其多年的基础教育实践提出的"生命，实践"教育理论，王道俊教授提出的"主体教育思想"，等等。它们都是从中国教育实践中被总结出的具有中国特色的教育理论，但是其国际影响力还有待开发。我们有很多展示中国灿烂文明的文艺作品，它们也还没有完全走出去。因此，要宣传中国价值，我们就要到国外多交流、多学习，更要发挥国内的主场优势，在国内打造有影响力的国际论坛、国际奖台、国际展台，邀请国际人士来参加，并向他们输出我们的优秀文化成果。

在解构西方价值这一层面，文科学者应当有挑战西方话语权的勇气，同时站在学术与现实活动的角度上看待西方知识理论，犀利指出其错误。推进国际对话，不是去迎合西方国家，而是要在守住中国立场的基础上解构西方价值，为传播中国价值打开空间。

1.2.3　建设新文科的前景

在改革开放之后，我国社会各个领域都出现了翻天覆地的变化，综合国力也越发强大。生活决定意识，人们对自己所属国家的认知与态度受到自身生活状态的影响。新文科的建设有民心所向的力量支持。现实中，国家经济的快速发展为其他各方面实力的提高奠定了牢固的物理基础，中国军事实力与外交实力的进步也在很大程度上确保了我国社会与政局的平稳。这也代表着，新文科的繁荣存在着良好的环境基础。取得如此成绩，也表明大量的中国实践工作值得探索，大量的中国故事具有诉说的价值，有许多中国画面值得我们铭记。在竞争异常激烈、世界局面不断变化的今天，我国面临着诸多困难与挑战，只有战胜这些困难，主动迎接挑战，才可以提高自身实力。其中，构建合理的新文科体系一定要发挥良好的作用，促使中国形成更加显著的竞争实力，最后逐步获得成功。新文科的构建工作要求工作者必须具备坚定的意志。

中国人民大学美国研究中心时任主任时殷弘（2020）在谈到世界格局之变时指出，中国正面临新的历史机遇，"在经济、军事、外交、意识形态各方面空前地大有作为。"处于这一历史进程中，新文科建设不仅可行，而且值得我们期待。国人应对新文科建设有充足信心，相信其能在学科体系建设、人才培养、学术发展等多个领域做出重大贡献。

第一，新文科希望进行建设的学科系统，是一个充满特色、富于变化的体系，是顺应日新月异的社会需求。在构建新文科的过程中，所有的文科专业都会有一个完美的蜕变，凭借专业结构的调整与课程的变革，发展出新兴的学科理论构架。新文科里不同学科专业之间互相融合、彼此深入交流，一起组成了高质量教育体系的构成元素，这也是培育出杰出的文科学生的重要前提。学生通过新文科教育的培养，可以获得与时俱进、符合自身发展需求的教育内容与专项训练，而相关教师也可以更加便捷、高效地进行学术探索，并拥有良好的平台开展学术合作。

第二，新文科对学生的培育可以为民众提供优质的服务内容，充分贯彻社会主义核心价值观。不仅如此，新文科课程将投入更大的力量建设传统文化课程，如果对中国的历史与文化产生了深入的了解，便会对中国价值产生高度的认同即高度认同民众的力量，产生强烈的文化信心，真正贯彻社会主义核心价值观。经过了新文科教育的学生未来必然会关注民众的利益，关注民众在意的问题，并为民众的利益发声。近年来，随着国际局势的风云变幻，更多国人切身体会到了社会主义制度的优越性，基于这样的心态，再强化新文科的建设，一定能为国家建设培育出栋梁之材。

第三，新文科要对现有知识体系与思想理论进行创新，从而探寻到一个更为平衡、科学的全新体系。凭借着新文科的构建，中国学者形成了更加开明的思想，了解到更加丰富的文化与完善的知识系统。中国学者依据我国文化，通过充满民族色彩的语言科学地解释了我国的问题与现象，并以中国理论与来自世界各地的学者进行平等对话。随着新文科的逐步建立，中国学者的学术实力必然增强，国际话语权也将提升，更有可能打破西方的偏见，使中国学术界的创新突破能在国际范围更广泛地传播。国际学术界人士将以更加尊重的姿态聆听我国学者的声音，理解中国文化，认识新的知识体系。未来，中国的理论还将为世界的和平、可持续发展做出重要贡献。

第四，新文科向国际社会传播中国价值一定会产生显著的影响。正如工业革命前后，欧美各国崛起，西方的价值对全世界产生了广泛而深刻的影响，中国的兴盛也促进了中国价值的广泛传播、新文科体系的完善与中国文化软实力的提高，中国文科在国际社会也获得了更强的话语权与文化自信。我国的文科从业者能够借助诸如影视作品、美术作品等载体，呈现出鲜明而富有特色的中国形象，输出大量的中国理论与文化。凭借着新文科的构建，民众会在不同的文科领域和中西方学者进行交流与合作，获得更多话语权，从而有效提高中国在国际社会的影响力。

综上所述，中国新文科的建设前景是值得期待的，其与中国的整体发展命运相连。不过，我们也需要意识到，中国新文科的建设是一项艰苦、持久的大工程。中国文化要想对国际社会造成实际影响，其前路是光明也是漫长的，但无论前方有多少阻碍，只要具备雄厚的实力，合理地构建文科的内部体系，不管国际社会出现怎样显著的改变，新文科都可以十分轻松、灵活地应对。只要我国高校培育出大量坚定遵从中国利益与立场的年轻人才，就意味着中国将来的年轻人才可以凭借着自身的力量促进中国的不断繁荣与发展；只要人们能够坚定地把握与奉行本土创新理论，这些理论就能够打破西方社会文化的绝对话语权，在国际社会形成一定的影响力。

1.3　新文科建设的意义与实施路径

促进新文科建设不仅充分彰显了"高教强国"的理念，而且促使民众形成更加强烈的文化自信，也有利于信息技术的发展。新文科的建设一定要注重与时俱进，只有从理念和技术两个层面协同推进，才能不辜负国家和人民的期许，本节将解读新文科建设在当前的意义，并提出可行的建议。

1.3.1　新文科建设的意义

1.3.1.1　彰显文化自信和培育新文化的需要

以文化人、以文育人、以文培元是新文科建设具体履行的使命。文化文艺工作、哲学社会科学工作本就属于培根铸魂的工作，无比坚定中国特色社会主义道路的理论自信、制度自信和道路自信，从根本上讲是对文化自信的坚守。从本质上讲，文化自信是一种精神信念，是物质成果的构成与核心，当物质层面的元素累积到足够的程度，才可以形成良好的文化自信。具备文化自信，便可以在民族的大量实践活动中发挥良好的支配功能。新文科建设属于社会前沿文化的重要构成部分，可以有效增强我国的文化软实力。新文科建设应当注重合理增强学生的文化自信，在社会领域形成充满文化自信的建设团体，并和实践密切联系，关注民众生计，实现文化的持续传承与弘扬；新文科建设培育出的杰出人才要具有良好的创新能力，可以促进传统文化的弘扬，满足民众的文化需求。

1.3.1.2　参与并融入国际交流语境的需要

新文科建设要重构、重建学科系统、话语体系和学术体系。这一根本目标的达成，正是中国人才培养、中国声音的发出和传播、中国主张的形成的必然需要，是具有中国特色的哲学社会科学学派形成的必然要求。此后，我国社会发展的一项重大挑战就是能够将中国文化包含的开放包容和一脉相承的特征突显出来。要想更顺利地利用中国理论解读中国实践，就必须提出与中国实际国情相适应的，具有中国立场、中国智慧的方案和主张。

培养合适的新文科人才，可以从以下两个方面切入：

第一，长期坚持开放、包容、和谐的大国原则。换言之，就是要以我国文化为本，对其他国家或地区优秀的、可用的人文社会科学进行阐释和理解，并且多多融入、积极参与国际合作和全球治理，进而发出和传播更多中国声音。

第二，在我国建立一批人文社会科学学术人才基地和原创思想诞生地，从而提升我国人文社会科学的思想引领能力、国际学术影响力、学术原创能力，以及构建和传播学术话语体系的能力，让我国以更好的形象和更高的能力在国际交流和对话中融合，结合中国文化，发出中国声音，更好地将中国思想传播出去。

1.3.1.3　应对科技创新、产业革命和新经济的需要

当前，科技手段的更新换代加快，产业结构、产业形态、产业内容都产生了巨大变化，又催生了一批新产业，这一点主要表现为产业的数字化、智能化发展。

正是由于当前新的发展趋势，信息技术和人文社科才会相互结合、融合发展，并且在高等教育实践中彰显出来。这一方面促进了人文社会领域

的创新发展，使其教育和科研的内容、方法等不断更新，另一方面也诞生了一批新兴产业，对人才提出了新的要求，如数字文化产业、创意产业等。

除此之外，伴随着物联网技术、大数据技术、云计算等的深入发展，当前的人文社科成果转化速度也在加快，并且影响的领域更广泛，可以尽可能地实现共享与增值，进而产生新的社会效益，带来更大的经济效益。这也改变了社会对人才的要求，人文社会科学也要更新人才培养方案。

1.3.2 我国高校实施新文科建设的路径框架

1.3.2.1 深入解读新文科建设的内涵，达成新文科建设共识

目前，在我国努力建设与发展新文科的同一时间，我国新工科也处于如火如荼的建设中。两者互相照应、互相帮助，尤其是在建设框架、路径和范式等多方面进行借鉴和学习。2016 年开始，我国正式提出新工科建设，教育部高等教育司对此进行了多次的论证、调研，并于 2017 年颁发了《教育部高等教育司关于开展新工科研究与实践的通知》，这意味着新工科计划在我国正式实施和推出。正是在上述文件与精神的正确指导下，我国各个级别的高校对新工科的建设更为热烈、积极，并且在学术界引发了多次有关新工科建设的热议，在理论和实践中推动新工科建设迅速发展。

这就意味着，在学科建设的过程中，政府的推动作用是明显而必要的。此外，教育行政部门还必须发挥其在新文科建设中的宏观调控和统筹协调作用，为建设提供明确的指导政策，将整体建设方案进一步明晰，让学术界的专家学者深入解读并宣传相关政策，将建设文科的共同意愿凝聚起来，使得开展新文科建设的实践工作和中央政策目标始终保持一致。

1.3.2.2 优化学科生态，建立多主体联动的动态专业设置、调整与淘汰机制

对学科生态进行优化，要求各大高校能正视正在发生的科技革命和产业革命，在新形势下始终坚持建立新型人文社科，将传统与现代相结合，如传统文科和人工智能的结合。2017 年，国务院颁布了《新一代人工智能发展规划》，鼓励高校创新人工智能专业教育方法，丰富教育内容，创新人才培养模式，注重培养复合型人才，将不同学科的专业教育与人工智能相结合。基于这项大政方针的指导，各高校应加紧与地方企业展开合作，使产学研结合起来发挥作用，并从科技革命、产业升级与人文社科的交叉

领域中找寻发展新契机。

高校还可以与相关科研机构进行沟通与合作，一起开发人工智能，走在第四次科技革命的前列。同时，一些专业的实用性能突出，发展方向也很清晰，对此，高校应该在实践中模糊专业意识，加强专业与产业的合作，明确岗位的需求及具体职责，以此为依据设计人才培养方案和培养模式，并构建科学的评价机制，不再使用过去那种以专业为主的学习模式，转而从岗位切入，进行专门的岗前培训。这将有力地解决大学生毕业后对社会工作岗位的不适应问题。

建立调整与淘汰机制、多主体联动的动态专业设置正是新文科建设的重点。伴随着我国经济与技术的腾飞，加上以人工智能为主导的第四次科技革命的到来，国内外的形势复杂多变，缩短了新业态、新模式、新产业、新矛盾和新技术更新换代的周期，国家和社会以及产业今后所需要的新文科专业人才也在不断变化，这需要新文科专业必须根据时代的变化不断调整人才培养目标，特别是与社会发展、产业发展需求密切相关的专业。因此，当前需要加紧对指令性学科的专业目录、学科管理方式进行改革，淡化它的行政功能、管理功能，转而突出其具备的决策咨询价值。与此同时，将不同利益主体参与合作育人的积极性和参与性不断提升，利用多样化的方式将新文科专业的动态调整机制建立起来，这些方式主要包括：行业参与、区域联动、政府统筹、协同办学、国际合作和科教融合，从而对新文科专业的设置合理调整，对新文科专业的教学内容、教学方式、教学课程、教学方案、教学目标和教学标准以及人才培养目标不断修改和完善，让这些专业培养出的新文科人才与产业、社会和国家的需求、发展保持一致。

1.3.2.3　改革新文科评价制度，建立价值多元、方法灵活的评价体系

新文科建设的另一大重要保障即科学、正规的学术评价制度的建立。对人文社会科学所涉及的复杂性、专业性和评价对象会对这些学科的表面性、感觉性以及大众影响力产生一定作用：一元性的真理和多元性、一元性交杂的价值相互作用增大了评价体系的概括难度。人文社会学科中使用的评判标准和体系，都是强行、直接从理工科评价中拿来的，强调数字指标，评价模式较为单一、机械。这无疑是忽视了文科与理工科之间的差异，以及不同类型的学科所具有的不同功能的研究成果，从而导致人文社科体现出的滞后性、非显性的研究成果特征被直接忽视。可见，评价体系

的建立是建设新文科的重要内容，并且要求其具有方法灵活、价值多元的特点，从而对人文社科的健康、良好发展起到促进作用和引导作用。

建设新文科，要求将人文社科的发展规律与特征作为根基，坚持建立与完善多元化的主体评价。首先，政府、学校、产业界和学术界要形成合力，并且吸取经验教训，不断完善评价制度设计。这主要包括反馈制度、听证制度、回避制度、评价制度、申诉制度和公示制度等，增强高校文科在社会发展中发挥的支撑引领作用。其次，以差异化的评价策略促进新文科的建设是重要内容。高校应加快建设特色鲜明的一流新文科，要心怀"国之大者"，立足国家重大战略，瞄准金融、能源资源、生态环境、生物、科技以及法治、国家治理、涉外等各领域面临的短板，加强"文科+领域"的融合研究，注重哲学社会科学研究成果的思想引领和转化应用。在这一过程中，差异化的评价策略对于新文科建设的顺利开展必不可少。与产业直接对接，与新技术深度融合是新文科建设的重要特征，这注定我们不能套用传统的、以论文发表为主要指标的评价体系。针对与产业结合紧密的应用型文科院校与专业，我们应当破除论文至上的功利主义评价思维，而将具体的产出成果及其社会效用科学地纳入评价标准；针对致力于基础型文科研究的院校和专业，我们要打破以期刊等级替代论文价值，以及以文章数量替代论文质量的畸形评价模式，学术组织或学者的学术成果只要经得住同行的严格评审，其就能够获得相应的权益和资源。

总的来说，理工科的教育成果产出总是更直接的，文科的教育成果则相对滞后，因此文科教育要建立新的范式，必须有足够的成长空间。对新文科建设的探索历程中，在不同阶段会遇到不同的挑战和难题，这需要多方主体——高校和社会之间、高校和高校之间以及高校和教育主管部门之间加强交流与合作，将改革中出现的问题及时解决，对新文科的建设和发展产生一定的推动作用。站在本质角度上看，不论是新文科、新工科乃至新农科等的建设，都有着一定的相似之处，都是在追求推动我国高等教育质量的提升，打破学科障碍、壁垒，让人才培养模式的建立与产业革命、新科技革命和国家发展战略保持一致。我们可以认为并且坚信着，随着我国高等教育现代化进程的加快和"四新"建设的发展，我国新时代高等教育的"质量革命"也会得到迅速发展。

2　酒店行业与酒店管理专业发展分析

　　21 世纪的生活水平相对于过去发生了翻天覆地的变化，市场经济体制也随着居民需求的不断改变而变化，酒店行业也是如此。随着消费主体的变化，酒店并非只能满足居民的住宿需求，消费者对酒店的质量与功能提出了更高的要求，只能提供洗漱、休息服务的酒店难以得到如今主要消费者的认可。更多数量的酒店只有满足了消费者在娱乐、商务等方面的需求，才能得到长久的发展。本章将对当前酒店行业的基本发展情况、问题以及酒店行业人才的发展状况进行梳理，并对酒店管理教育的国内外发展历程和未来趋势展开研究。

2.1　酒店行业与相关人才的发展现状分析

　　21 世纪以来，我国的旅游业得以迅速发展，与此同时，酒店行业的发展规模也在不断壮大，酒店管理专业的人才需求量不断提高，但也存在着一些发展中的问题亟须解决。本节将详细分析酒店行业以及相关人才的发展现状。

2.1.1　酒店行业的发展现状

2.1.1.1　酒店行业的整体发展状况

　　文化和旅游部发布的《2019 年度全国星级饭店统计报告》显示，截至 2019 年年底，全国星级饭店管理系统中共有 10 003 家星级饭店，其中一星级饭店有 62 家，二星级饭店有 1 658 家，三星级饭店有 4 888 家，四星级饭店有 2 550 家，五星级饭店有 845 家。另外，还有大量接待酒店、度假村等并未评星。联合国旅游组织（UNWTO）预测，到 2025 年年底，中国酒店行业的影响力将会超过美国。

（1）旅游行业规模大、前景好，得到国家重点支持和鼓励。

从国家发展的宏观层面上看，在国家实施供给侧结构性改革以及共建"一带一路"倡议时，经济结构继续朝着有利于旅游服务业和消费领域的方向优化。并且，这一时期我国居民的可支配收入不断增长，中产阶级的队伍不断壮大，旅游消费成为新的经济增长点。旅游业在国民经济中的地位决定了酒店行业的市场地位，酒店行业的发展也离不开对旅游业的观察与了解。作为旅游服务业三大支柱之一，酒店行业正随着中国旅游服务业的发展开始转型升级，迈入新的发展期。

（2）消费升级，旅游业整体发展态势良好，业绩维持增长。

根据品牌中国战略规划院与迈点研究院联合发布的《品牌蓝皮书：中国旅游住宿品牌发展报告（2019—2020）》，随着社会发展，我国居民消费习惯在不断改变的同时，旅游住宿产业也发生了创新与产品的迭代升级，中国市场高端酒店品牌提档，国内品牌不断涌现，自主化经营愈发明显；中档酒店品牌数量激增，丰富业态要素，实现增值效应；经济型酒店空间升级优化，中小单体酒店连锁整合推进；传统酒店行业与非标准住宿跨界融合，民宿标准化运营推进。人均国内生产总值（GDP）和城市化率两个指标推动着中国的消费不断升级。国内人均 GDP 早已突破 1 万美元，中产阶级人口数量不断增长，将成为酒店的消费主力，为酒店消费升级提供雄厚的消费能力支持。

（3）旅游业发展提速，推动酒店业持续发展。

文化和旅游部在 2020 年 3 月发布的《2019 年旅游市场基本情况》显示，2019 年旅游经济继续保持高于 GDP 增速的增长速度。国内旅游市场和出境旅游市场稳步增长，入境旅游市场基础更加稳固。2019 年，全年国内旅游人数达 60.06 亿人次，比 2018 年同期增长 8.4%，国内旅游收入达5.73 万亿元，比 2018 年同期增长 11.7%；入境旅游人数达 1.45 亿人次，比 2018 年同期增长 2.9%；国际旅游收入为 1 313 亿美元，比 2018 年同期增长 3.3%。2019 年全年实现旅游总收入为 6.63 万亿元，同比增长 11%；旅游业对 GDP 的综合贡献为 10.94 万亿元，占 GDP 总量的 11.05%。旅游直接就业和间接就业共计 7 987 万人，占全国就业总人口数的 10.31%。

毋庸置疑的是，旅游业的快速发展也使得国内酒店行业水涨船高，受益明显。近年来，中国酒店市场整体业绩保持着稳定增长，截至 2019 年9 月底，我国高端酒店行业平均入住率和平均房价呈现上升态势，平均每间房的收益增长率达 3.6%①。特别是锦江、如家、华住三大集团平均房价亦开始步入提升阶段，继而推动 Rev.PAR（每间可供租出客房产生的平均实际营业收入）持续增长。

（4）酒店空间分布出现阶梯状态。

总的来说，中国酒店业发展水平在空间上呈现出三级阶梯状态：第一阶梯是位于东部沿海地区；第二阶梯是中部地区；第三阶梯是西部地区。整个态势是"东多西少"。

以星级酒店为例，从整体数量上看，根据《中国旅游统计年鉴》的相关数据，2010—2020 年中国星级酒店数量减少约 3 400 家，降幅达 28.9%。从等级结构上看，两个时间截面中国星级酒店整体上都呈现出"橄榄型"的等级分配结构：一星级酒店和五星级酒店的数量相对较少，二星级、三星级、四星级酒店的数量相对较多，但 2020 年相比 2010 年的高星级酒店数量所占比重明显增加。从省域差异上看，2010 年各省份星级酒店数量差异较大，可分为多个梯度，其中广东省、浙江省、山东省、江苏省的星级酒店数量最多，西藏自治区、青海省、宁夏回族自治区的星级酒店数量最少②。

2.1.1.2　酒店行业目前面临的问题

酒店行业在我国最早对外开放的行业之列，因此很早就开始接触外资品牌。当前，伴随着中国经济的腾飞，越来越多位于世界前列的外资酒店品牌入驻我国，在上海、北京等一线城市取得了绝对优势，并逐步向二、三线城市和各大旅游景区发起"攻势"。

多数酒店行业人士认为，10% 的外资酒店占据了 90% 的行业利润。这种说法自有其依据。据调研，目前我国国内高端酒店市场的 2/3 已被外资品牌占有③。这也能够了解到，高端份额里占据着较大比例的品牌是外资品牌。外资品牌在中国本土化过程中的发展格外关注品牌建设、市场调研与管理，表现出全球化的视野与资源整合技能，而且存在着准确合理的定位与持久的用户。然而，我国民族酒店品牌在以上几个方面还具有明显的不足，这也意味着我国民族酒店品牌在高端酒店的开拓还需要继续努力。

---

① 潘俊. 全程工学交替：酒店专业人才培养的新思维 [M]. 苏州：苏州大学出版社，2021：22.

② 陶基磊，晋秀龙，常梦茹. 中国星级酒店空间演化特征及其影响因素 [J]. 西华师范大学学报（自然科学版），2023，44（6）：637-646.

③ 黄元仙. 酒店创新设计趋势 [M]. 长春：吉林美术出版社，2019：26.

为了推动我国酒店行业的蓬勃发展，我国酒店行业在构建等环节还需要结合市场需求，以市场需求为导向，强化自身专业性特色，杜绝酒店雷同。

（1）结合市场需求，以市场需求为导向。

当前，我国不少地区的酒店建设在定位上的普遍做法是完全以当期定位，各酒店业主在营建新酒店的时候，只考虑要建成一个何种档次的酒店，是三星级、四星级还是五星级。与此同时，来自各个行业的创业者又对酒店星级标准的定义理解不到位或存在较大误解，甚至相当一部分的酒店业主和设计者根本就不了解星级标准，只是单纯地对相应星级酒店的消费档次及功能进行机械模仿。换言之，以上述定位模式建立的酒店完全是以产定需。如果酒店行业仍然处于卖方市场的背景下，也许这样做能够获得成功，但是当前我国酒店行业已经进入买方市场，这种以产定需的模式有着明显的不足。这种定位完全忽略了客源，只注重建设，所以许多酒店开业之后生意凋零。一些酒店为了更好地存活，采用低廉的价格进行销售，这对商家的经营造成了明显的损失。最终的结果就是：当酒店生意盈利情况可观时，通常也到了酒店应当改造的时候，这让经营者感到非常无奈，从而导致酒店产生了一定的经济损失。同时，我们也应该清楚地认识到，无论酒店的规模有多大、设施有多齐全、服务有多完善，都无法满足所有消费者的需要。随着酒店市场的不断成熟，竞争对手也不断增多，消费群体的需求也在不断变化，酒店更多的时候是处于被动局面，难以对自身发展做出准确定位。因此，酒店要始终关注市场变化和市场需求，以市场需求为导向，根据实际情况制定科学、有效的市场营销策略。准确的市场定位能让酒店的形象更加清晰、明确，也可以使酒店清楚自身的改革方向，让酒店达到或接近消费者心中的位置，进而给消费者带来更具人性化、更有特色且更加舒适的服务。

（2）杜绝酒店雷同，强化自身专业性特色。

①酒店设计不能过于简单，要为一体化发展营造良好环境。设计是评判酒店建设优良与造价情况的首要因素，优良的酒店设计是受到世人喜爱的基础。当前我国酒店设计的水平良莠不齐，部分设计师缺乏独特、优良的构思，在酒店设计过程中的文化创意不足，由此造成酒店的运营效率较低且服务质量较差。对于一名建筑设计师而言，极其重要的建筑构成便是

独特鲜明的外立面①，酒店内部的功能可以适当借鉴其他酒店，但不能照抄照搬。土建②设计是酒店设计的关键一环，设计师不能未加思索就对酒店结构进行整体构建，应从局部到整体全方位地把控设计的过程和细节。设计师若是缺乏长远的眼光，只考虑当前的审美与需求等因素，可能导致酒店设计出现档次不高、结构不科学、装修太过相近、缺乏环保性等问题。因此，酒店在进行准确定位之后，设计师应该确保设计的标准化，强化酒店的专业性特色，杜绝雷同，增强创新思维，合理估算酒店的投资成本及利润。

②提高酒店装修层次，为客户打造个性化服务。酒店设计要因地制宜，设计师不能盲目模仿他人设计，更不能盲目追赶潮流。在设计时，设计师需要将酒店经营情况和消费者需要结合起来考虑，若只是一味照抄模仿，有可能会继承原设计中的一些不合理之处。很多设计师并不熟悉酒店的经营管理情况，也不以满足客户的消费需要为设计理念，在酒店设计时往往只从投资人的角度思考问题，并以"让投资人满意"为最终设计目的。设计师尽管有时可以利用设计技巧来节省短期投资成本，但从长远来看，反而会增加维修拆改的成本。酒店在设计前，投资人必须先完成市场调查、酒店选址、酒店定位、确定酒店规模档次、项目可行性分析等工作。有的投资人还没有认真做好前期准备工作，就直接开始了酒店设计工作。还有一些投资人就凭参观过几家酒店，从实践中有了一些感性认识，就拍板决定投资新建酒店，这对酒店今后的设计和发展运营是不利的。比如，从外面远远看去，酒店外观很漂亮，吸引消费者眼球，但在内部功能规划、装饰设计方面却是一塌糊涂，设计不专业，实用性很差，更缺少艺术性。投资人在酒店开始运转后才发现设计美观与实用功能不成正比，便又要花费二次成本改造。有的酒店甚至连二次改造的机会都没有，设计缺陷过大，只能抱憾终身，造成不可预估的经济损失。酒店应该有自己的个性和独特的风格，不要让消费者出现审美疲劳。特别是高档酒店，一定要融进当地的民俗风情，彰显地域文化特色，这样的作品才容易获得成功。酒店装修设计的最终目的应该是为人服务，酒店人性化设计是一种为了满足客人需求和提升客人体验而进行的设计理念。设计师应该以客户需求满

---

① 外立面是指物体和物体的外部空间直接接触的界面，以及其展现出来的形象和构成的方式。
② 土建是指与土地、水资源和建筑物相关的各种基础设施建设活动，包括建筑、构造和土木工程等方面的施工与设计工作。

意度为核心创意空间，通过深入了解客户需求、深入研究市场、运用创新思维、注重细节设计、考虑可持续性、提供专业意见和全程服务等方面来提高酒店的装修层次和市场竞争力，为客户打造个性化服务。

2.1.1.3　酒店行业的新变化

在消费不断升级、国际出台多项旅游政策助力全球旅游市场发展的大背景下，我国酒店行业得到了更广阔的发展空间，呈现出欣欣向荣的景象。与此同时，移动互联网技术和其他高科技的大规模普及，对传统酒店行业也造成了巨大影响，酒店的宏观环境和消费群体也发生了较大的变化。

（1）酒店市场格局及消费体验不断升级。

从市场格局来说，政务市场极大压缩，商务市场无明显变化，但生活及其他类型的消费新潮流不断涌现。随着旅游业的强势复苏回暖，游客的需求已经从观光向休闲转变，他们更加注重旅游过程中的体验，也更加追求舒适度。在这一背景下，首旅如家酒店集团将旗下的如家经济型酒店升级为更舒适、更时尚、更好玩的"如家酒店·neo"，并发布了全新中端社交酒店品牌"YUNIK HOTEL"，将科技、活动与宾客联动起来，在酒店场景中打造充满魅力的"社交场"，如桌面游戏、舞会等。此外，首旅如家酒店集团中还出现了一种新的岗位——"HO"（happy organ-izer），该岗位上的员工主要由"90后""95后"组成，他们爱玩、会玩、懂得社会潮流，组成了酒店消费者的"快乐官家"、玩伴，能够陪同酒店消费者体验各式各样的酒店活动。

（2）酒店行业新业态涌现。

在旅游住宿上，随着"爱彼迎""途家""榛果""路客"等平台及各类知名民宿、公寓品牌的不断涌现，可供消费者选择的住宿类型越来越丰富。这些新型住宿加入了文化体验等附加元素，受到广大消费者的欢迎。除了原来的星级酒店和经济型酒店外，民宿、房车、健康养老和有住宿功能的服务机构共同构成了住宿业的新业态。其中，主题酒店更是成为酒店行业新业态的典范。主题酒店即围绕特定的主题，利用良好的建筑艺术风格、装饰物品与项目等内容，诠释相关主题的酒店。主题酒店能够呈现出文化资源的鲜明特征与服务的个性化色彩，能够带给广大消费者更优良的住宿体验，并使他们感到非常愉悦。作为一种新兴的酒店形式，主题酒店在国内已经发展了一段时间，它主要分布在国内经济繁荣的城市。在主题酒店中，消费者能够享受更多的娱乐休闲活动，并获得良好的深度体验，因此酒店也逐渐成为人们娱乐休闲的胜地。例如，一些酒店不仅能够满足消费者的常规住宿需求，还发展了电影点播、衍生品等项目。相较于传统客房，主题酒店的房间中安装了影院级的高级放映设备，具备丰富的片库。尽管主题酒店的观影设备成本非常高昂，但是这也有利于充分发挥出主题酒店的特质，使广大消费者获得大量契合主题的相关服务，充分提高住宿服务的质量。只有如此，才能够吸引大量消费群体，使酒店行业获得良好的收益。

（3）移动互联网、数字技术与酒店业持续融合。

目前，移动智能手机等互联网产品已经在中国群众之间大规模普及，因此也推动了一批与酒店行业息息相关的、规模庞大的互联网企业发展，并优化了酒店消费者在酒店入住、支付等方面的体验。我国有越来越多的酒店利用移动互联网和数字技术进行酒店管理，依托大数据、云计算等分析消费者行为心理，从而使得酒店的客户服务变得更加准确化、精细化。

与数字技术结合的先进管理方法，不但正在提高酒店的市场竞争力，并且也确保了它们的长效发展。实践证明，当行业管理达到一定程度时，一定会出现运营管理模式的转变。该转变已经发生在众多领域，包括金融、电子商务、物流等。在这些领域中，企业的组织框架和运营方式都出现了显著的变化。

（4）人工智能在酒店业被广泛应用。

人工智能的快速发展使机器能够胜任那些之前只有人才能做的工作。机器人已经越来越多地出现在当今的酒店中，承担着送餐、自助 Check-in、回答询问等工作，同时也能收集到各种各样的客服数据。虽然这对于做这些常规工作的员工来说会有一定的压力，但人工智能不会导致他们大量失业。当然，酒店员工也需要不断学习新的知识与技能，以提升自己的竞争力。

在我国，高星级酒店的人工智能应用尤为广泛。随着我国出现了大量的星级酒店，消费者也具备了更多的选择。另外，在全球经济一体化的进程中，国际酒店正式进入我国。截至 2020 年年底，全球十大酒店集团中就有九家入驻我国。本土部分有实力的星级酒店开启了智慧化建设以及服务升级改造，人工智能技术在星级酒店前厅管理中系统化的应用也展现出全新的竞争优势。

例如，杭州黄龙饭店将人工智能技术应用在了酒店前厅管理的各个方面，将酒店全部的设备管理与人力资源管理统合起来，帮助酒店实现了前厅、客房以及设备运营管理的全方位智慧化。入住该饭店的客户只需要领到一张智能卡就能够通过自动识别完成自助入住，并且可以根据自己的喜好预先对客房温度进行调节，为自己提供全新的、反馈及时的、场景智能化的前厅与客房服务。如果客户有任何服务需求，都可以通过选择不同的智能设施设备进行体验，同时还能通过智能系统快速与酒店前厅进行无障碍沟通，要求酒店提供其他人工服务。该饭店也成为国内第一家智慧酒店。

除了杭州黄龙饭店外，还有很多星级酒店在管理中应用了人工智能技术或设备设施，极大地优化了自身的前厅服务和客房服务。虽然我国星级酒店整体上的系统化智慧服务系统建设还存在缺陷，但可以看出，国内酒店前厅管理智慧化转型的市场需求较大，酒店管理的智慧化服务转型市场空间正在不断扩大。

此外，智能机器人也在我国现代酒店行业中得到广泛应用。一些酒店已经开始使用智能机器人作为客房服务员，为客人提供洗漱用品、毛巾等物品，并通过语音识别、人脸识别等技术提供个性化的服务。此外，智能机器人还可以通过自主导航技术在酒店内自由移动，减少人工成本和工作强度，提高服务效率。

（5）酒店管理方面更加精细，注重坪效①。

随着客户期望的不断攀升，酒店经营环境发生了变化，竞争加剧，酒店的经营方式已不再是传统的"硬件+软件"。酒店管理者不仅要维护好硬件，做好服务，更重要的是要具备经营意识，注重精益管理，考虑坪效与最大化收益。

酒店行业持续发展及新技术在管理和服务中的运用，一方面需要大量的从业人员加入，另一方面对从业人员的素质也提出了更高的要求。

（6）酒店集团化、品牌化经营。

提升酒店的经营效率和竞争实力是组织与建设酒店集团最为关键的战略目标。如今，越来越多的国际级酒店集团与品牌凭借着自身庞大的资金链、前沿的管理模式和显著的品牌优势在中国酒店市场中占据着一定的位

---

① 坪效是商业领域的常用术语，旨在计算商场经营效益的指标（每坪的面积可以产出多少营业额）。

置，它们最先在沿海发达城市发挥着良好的影响力，之后便向内陆城市扩张。

虽然我国本体酒店品牌的时间积淀不如国际上那些已经发展了几十年甚至上百年的大品牌，但是从近年来高端酒店品牌的影响力发展趋势上看，国际酒店品牌进驻中国市场抢占市场份额的同时，也催动了我国本体酒店品牌的成长和升级。中国饭店协会和盈蝶资讯联合发布的《2018 中国酒店连锁发展与投资报告》显示，2018 年国内酒店集团房间数排名前五的分别是锦江国际（集团）有限公司、首旅如家酒店集团、华住集团、海航酒店（集团）有限公司、格美酒店集团。

锦江国际（集团）有限公司是上海市国资委全资控股的中国规模最大的综合性酒店旅游企业集团，是中国主要酒店服务供应商之一，主要从事全服务酒店及有限服务酒店的投资营运和管理以及餐饮业的投资与经营。其通过产业资本双轮驱动推进酒店行业的"全球布局，跨国经营"战略，先后投资收购法国卢浮集团、铂涛酒店集团、维也纳酒店集团和丽笙酒店集团，跻身全球酒店集团 300 强第五位，居于亚洲第一。品牌系列覆盖高档、中档、经济型等不同档次，包括经典酒店、豪华酒店、商务酒店和锦江之星旅馆等，有高雅经典的锦江饭店及和平饭店、简约经济的锦江之星旅馆，其中大多数都位于北京与上海两个大都会，并且位于市区的繁华中心，与旅游地段和商业区相毗邻，备受消费者的青睐。"锦江"是拥有发展历史的民族品牌，拥有极高的品牌价值，曾获中国商标金奖。总的来说，锦江国际酒店在中国豪华品牌里位列前列①。

由原首旅酒店集团和如家酒店集团合并后成立的首旅如家酒店集团，全称为北京首旅如家酒店（集团）股份有限公司。首旅和如家合并始于首旅集团在 2015 年 12 月 6 日发布的重组预案，该预案提到首旅酒店、首旅酒店集团（香港）控股有限公司、首旅酒店集团（开曼）控股有限公司及如家酒店集团共同签署了《合并协议》，拟通过现金及发行股份的方式，实现如家酒店集团的私有化。交易完成后，如家酒店集团作为合并后的存续主体，成为首旅酒店的控股子公司。同时，如家酒店集团的美国存托股份（ADS）已停止在纳斯达克进行交易。

完成合并后的首旅如家酒店集团跃升为国内第二大酒店集团，整个产

---

① 陈海明. 酒店投资与筹建战略 [M]. 武汉：华中科技大学出版社，2019：16.

品线囊括了豪华、高档、中档、经济型全系列酒店类型，旗下拥有首旅建国、首旅京伦、雅客 e 家、欣燕都、南苑、如家、莫泰、云上四季、和颐与如家精选等多个酒店品牌。其中，如家精选酒店、如家商旅酒店品牌还入选了 2018 年中国中档酒店品牌前十强。

首旅集团和如家集团两者建立了良好的合作关系，共同发展，充分提高了两个集团的实力。这桩交易成交以后，凭借着各集团在不同档次酒店领域累积的深厚经验与充满特色的服务，完成了优势与劣势的互补，可以在不同领域进行深入的合作，从而使顾客获得更加优质的酒店服务。进行重组以后，首旅酒店集团便由携程负责战略投资，各方力量会显著促进线上与线下相关业务的发展，充分贯彻国家倡导的"互联网+"战略，首旅如家酒店集团也由此获得了将住宿作为主题的大量品牌与产品。截至 2018 年 6 月底，首旅如家酒店集团在国内外近 400 个城市运营了 3 788 余家酒店，客房间数达到 383 396 间，成为国内覆盖高端、中端、商旅型、休闲度假、社交娱乐、长租公寓、联盟酒店全系列酒店业务的酒店集团。

（7）经济型酒店加速发展，差异化成为竞争焦点。

在经过了几十年的发展后，经济型酒店已演变为一种新兴的业态，其商业模式可以实现迅速复制。据统计，过去十年中国经济型酒店排名前十位的品牌年均增长率高达 74%[1]。我国经济型酒店正以一种蓬勃发展的态势走到急速崛起的时期。可以看出，当前我国酒店行业正在从传统的标准化经济模式走向个性化经营模式，这已然成为我国酒店行业未来发展的一抹缩影。"有限成本、有限服务"只是对经济型酒店的最基本理解，基于这一理解，中国经济型酒店已经出现了严重的同质化现象，在客人体验上寻求差异化，成为未来的竞争与发展趋势。

（8）酒店服务开始进入定制化阶段。

可以看出，我国酒店行业正处于一个快速变化的环境中，进入了一个崭新的快速发展时期，所以其服务业面临着新的局势，而这主要体现在两个方面。

首先，我国酒店客户的层级发生了变化，酒店服务对象变得更加成熟、理性。由于我国经济形势较好，居民的物质条件变得越来越好，其消费理念与手段也在持续转变。酒店的服务对象不再如初始阶段那样集中在

---

① 黄元仙. 酒店创新设计趋势［M］. 长春：吉林美术出版社，2019：31.

境外客人身上，逐步延伸至普通民众身上。这不但有效拓展了酒店的服务空间，而且有利于酒店服务市场的细致划分，让酒店的服务达到了更高的水平。与此同时，随着知识经济时代的来临，消费群体的文化素质不断提升，也形成了更加鲜明的自我保护意识。人们希望得到的酒店服务是具有特殊性的、有创意的、细致入微的，以求实现物质和精神的双重享受。这就推动着酒店服务人员要不断进步、持续创新，提高自身的服务意识和服务能力。要想培养顾客对酒店的忠诚度，管理者就必须转换服务模式，站在顾客的角度，重新建立自己的服务目标。

其次，我国的服务市场一再开放，服务手段也日新月异。酒店行业的竞争不断加剧，这要求酒店管理者在服务产品设计与市场营销等方面必须将顾客作为核心，不断为自己的服务增加价值，培养出"忠诚的"消费者，从而增大自己在市场竞争中的胜利概率。

由上述论述可知，我国原本大规模的、趋同的、标准化的酒店服务方式已经过时了，无法充分满足消费者丰富多样的需求。标准化的不足、过于雷同的设计和居民生活方式的改变，需要酒店运用新兴的生产手段，有效顺应消费者心理需求改变的走向，这种新兴的服务生产方式便是合理运用的定制化服务手段。

定制化服务意识模式即为了有效满足顾客不断改变的需求，酒店通过充满针对、个性化色彩的产品与优良的服务内容，来占据一定的市场份额。想要充分落实定制化的服务形式，酒店便需要细致地划分客源，基于自身实际的经营情况准确地选择主要服务的客源；凭借着构建合理的客源情况的相关档案、合理地优化相关服务、科学地管理客源、鲜明的主题形象深深地打动消费者的心灵，在理解顾客的需求并明确其态度的情况下，力求提供细致、完美的服务，受到顾客的欢迎。

（9）绿色环保概念正与酒店发展结合。

随着酒店行业各方面成本的提高，加之酒店行业需要消耗大量的能源和人力资源，以及酒店行业盈利能力的降低，怎样有效缩减运营投入成本，使酒店获得更高的盈利，已经成为酒店管理者关注的重点。所以，在民众的环保意识愈发强烈的今天，绿色客房演变方向已由创新走向成熟。2020年以来，市场上出现了许多绿色酒店，并通过合理的环保节能方式，帮助酒店缩小能源损耗。此外，国家也出台了不少相关政策法规推动酒店行业的绿色、环保发展。例如，2019年年初，国务院办公厅印发的《"无废城市"建设试点工作方案》指出，"无废城市"是以创新、协调、绿色、开放、共享的新发展理念为引领，通过推动形成绿色发展方式和生活方式，持续推进固体废物源头减量和资源化利用，最大限度地减少填埋量，将固体废物环境影响降至最低的城市发展模式。三亚作为试点城市，正式提出了"无废酒店"构建的理念，表明应当积极推动"禁塑"运动，建议宾馆与酒店尽量不使用一次性塑料制品，加强酒店建筑垃圾与餐饮垃圾的处理；与此同时，合理地设立废物处理单位，并制订合理、规范的生活垃圾分类方案及指导建议等，对垃圾分类工作与"禁塑"工作的开展会起到良好的推动作用。

（10）酒店行业与人力资源开发程度的相关性越来越强。

中国酒店行业成立初期，由于酒店数量偏少，消费需求不断递增，酒店行业将数量作为竞争的关键。因此，在我国酒店发展的初始阶段，酒店的数目与规模明显影响着其发展水平。在酒店不断扩大自身规模并提升其设施水准的同时，行业竞争的核心便是质量。人力资源的开发情况显著影响着行业的发展情况。由于质量竞争的关键在于服务水平，而服务水平则与工作人员综合素质的情况有关。因此，酒店行业工作人员的工作能力、工作态度与人才的数量，都会对酒店在市场上的竞争情况产生一定的影响。我国工作人员的素质高低、修养好坏是影响酒店竞争实力强弱的关键，而非技术问题。

2.1.1.4　精品酒店行业的发展现状

相较于过去流行的快捷酒店、商务酒店，精品酒店更加注重入住环境和服务水平的个性化发展。这种酒店也是西方率先发展的，国内精品酒店的发展也不过十余年时间。对很多国人而言，精品酒店还很遥远，是一种新鲜事物，并且国内的精品酒店在数量、规模上都还未成熟，发展模式与经营战略仍然需要不断探索。

（1）国内精品酒店行业的发展现状。

进入 21 世纪之后，世界经济全球化的脚步加快，并且在中国市场向世界开放后，我国经济的整体发展都保持着稳定，国民的收入也在不断提高，国内的酒店行业也是这段时期逐渐壮大的。但是，市场竞争形势愈发激烈，酒店行业也日渐饱和化。如果希望酒店行业迈向新的高度，酒店管理者首先应当确保自己经营的酒店可以充分满足消费者的需要，力求提升相关服务与产品的性价比，满足市场发展需求。基于国家统计局数据可知，中国酒店行业的盈利额逐年递增，当前民众的消费倾向已经转向个性化，不再追求大众化，精品酒店的出现主要是为了顺应市场经济发展的需求。

与其他行业相比较，我国国内酒店行业走向国际化的时间不算晚，精品酒店在多年发展中已经有了一定的规模，在管理理念、经营战略等方面逐渐接近于发达国家的水准。此外，我国具备十分深厚、珍贵的旅游资源，取得了非常丰富的旅游经济成果，加之我国政府也积极支持国外投资，到我国旅游的游客逐年递增，这些情况能够有效促进精品酒店行业的高质量发展。近年来，我国也逐渐涌现出大量优良的精品酒店，然而联系实际情形和如今的状况来看，我国精品酒店还存在着大量值得优化之处，需要管理者们进行深入的探索。

（2）国外精品酒店行业的发展现状。

西方精品酒店的发展始于近代，发展时间有限，然而发展迅猛。精品酒店即"boutique hotel"，其中"boutique"原本仅指巴黎那些专售奢侈品的"精品店"，但是百余年后，其精髓已经深入酒店行业。精品酒店简单来说就是能为顾客提供专门的个性化居住环境与服务体验的酒店。欧美精品酒店于20世纪中后期开始发展，历史上第一家真正意义上的精品酒店Blakes于1981年在伦敦南肯辛顿开业；同年，贝德福德万怡酒店在美国洛杉矶成立；1984年，摩根斯精品酒店落户于美国纽约的麦迪逊大街。

随着这些优良的精品酒店逐步发展成熟起来，精品酒店开始不断在世界各个地方建设起来，其中不乏远近闻名的精品酒店。全球具有非常庞大的市场规模，具有大量的需求与充足的客源，在此情况下，精品酒店的发展情况自然良好。

精品酒店并不能简单理解为传统的豪华酒店。若是说传统豪华酒店主要指的是高级百货商店，精品酒店则是指售卖充满个性色彩且精品的个性商城，毕竟"boutique"这个单词本来是和酒店没有任何关系的。简言之，"精品酒店"具体是指具备独特的文化思想与价值的酒店。

一些欧美酒店专家认为，精品酒店具体指的是拥有浓郁的文化气息与深厚底蕴的酒店。该概念诞生在20世纪70年代的西方国家，近年来才正式进入我国。大量精品酒店的原型便是珍贵的历史建筑，如同在小型博物馆内，顾客入住能够具有非常良好的体验。与此同时，因为精品酒店规模庞大、客房数目少，所以可以提供专门的服务，这也是一些精品酒店具有高昂价格的缘由。

20 世纪 80 年代以来，欧美发达国家的普通酒店行业的服务在机制上已经发展到没有前进的地步了，因此面对愈发激烈的行业竞争，一部分嗅觉敏锐的酒店管理者认识到其资金、资源、客源等都十分有限，难以发展成为全国范围内的连锁酒店，于是不少人改换思路，探索新的酒店经营之路。也就是在这时，欧美消费者的时尚意识大规模崛起，追求艺术品位的享受，崇尚环境引发的奇特感、激烈感，自然也就崇尚住在具有显著艺术性的酒店内，充分彰显出他们独一无二的魅力。这便形成了精品酒店。

在世界级酒店市场里，就精品酒店的数目而言，西方国家数量有限，然而它们的每家精品酒店都形成了十分鲜明的特点，具备非常完善的营销手段和成熟的经营方式。相较于经济型酒店、星级酒店，精品酒店表现出更加深厚的文化底蕴与更为前沿的营销方式、管理方法，同时向客人提供了更具个性化色彩的服务。正是因为以上缘由，精品酒店才在市场上表现出强大的竞争力，可以在大量酒店里占据一席之地，并取得较为可观的利润。

2.1.2 酒店行业人才发展现状

2.1.2.1 我国酒店行业人才就业现状

（1）职业定位模糊，频繁跳槽。

部分毕业生对自己的期望值过高，眼高手低，看不上基层工作，管理工作又做不来，职业定位较为模糊，短时间从事基层工作还能够适应，若是长时间从事基层工作却没有得到晋升机会，便会出现跳槽现象。

（2）理论知识转化实际运用能力弱。

学生在学校学到的是一些理论知识，而实际应用能力普遍较低。虽然学生获得大大小小的证书，但是就实际应用能力而言，多数学生理论知识充足，动手实践能力弱。酒店行业虽然对知识的要求程度不高，但是对员工的口语能力和计算机操作能力有一定要求。不少已经取得四、六级英语证书的酒店管理毕业生在实际工作中的沟通能力较低，并且对计算机办公软件的使用能力也只能算初级阶段。

（3）沟通能力较差。

许多酒店管理相关专业的学生在毕业后受限于人际关系，与他人的沟通能力较低，难以处理好自己与酒店客户之间的关系，有时还会与同事产生纠纷，因此很难对酒店产生良好效用。酒店管理行业本就是一个与人不断沟通的行业，沟通不畅会在一定程度上限制酒店行业人才的未来发展。经过调查发现，学生沟通能力较低不仅是自身人际网络较窄的问题，还有自身缺乏沟通意愿的问题。

（4）酒店管理专业人员情商低。

一些酒店管理相关专业人员在毕业后由于缺少社会经验，加上自我意识较强，不善于观察与了解别人。因此，在正式的酒店工作实践中，这样的人会有意无意地做出冒犯别人的事来。另外，还有一些人的控制情绪能力低，容易因一些小事情出现较大的心理落差；有的人还容易与客户产生攀比心理，进而产生挫败感，变得更加自卑。

2.1.2.2　我国酒店行业人才需求现状

截至 2017 年年底，国内有旅游本科院校 608 所，招生 59 311 人；旅游类的高职高专 1 086 所，招生 113 084 人；中职学校 947 所，招生 101 514 人。由上述调查可知，虽然每年国内各大旅游职业院校在人力资源的输送规模上较大，但是真正能实现对口就业的不到一半。

截至 2018 年年底，全国各类酒店总数在 250 000 家左右，国内酒店总床位数为 3 000 万~3 500 万个，从业人员在 400 万人左右（由于行业的复杂性，难以形成准确数据）。虽然近年来，酒店行业服务模式、人力资源管理模式正在发生变化，全服务酒店逐渐减少，劳务外包越来越多，单个酒店直接用工人数会有所减少，但从全行业来看，人力资源供需矛盾依旧较大。

近年来，酒店相关行业从业人员的素质也出现了下降趋势，这主要表现在学历层次下降，大专以上学历的比例减少。《2019 年度全国星级饭店统计报告》的数据显示，2019 年度星级酒店大专以上学历员工人数较上一年度有较大程度的下降，其中五星级酒店下降 2.29%，四星级酒店下降 13.03%，三星级酒店下降 18.23%，二星级酒店下降 28.17%，一星级酒店下降 19.39%，合计平均下降 16.2%[①]。

《中国酒店人力资源调查报告（2017）》的数据显示，80% 以上的酒店平均每年招聘管理培训生不到 3 人，其中有 2/3 的酒店管理培训生的保留率不足 50%；而对于管理培训生的岗位胜任能力，超过 60% 的酒店认为管理培训生胜任率不足 50%，认为管理培训生胜任率达到 80% 的酒店占比仅为 30%。"90 后"作为酒店基层岗位的主力军，在酒店任职的状况更加

①　潘俊. 全程工学交替：酒店专业人才培养的新思维 [M]. 苏州：苏州大学出版社，2021：25.

糟糕，高达 81.9% 的离职员工在 25 岁以下，其中 96.8% 的员工离职时在酒店工作时间不足 3 年[①]。

2.1.2.3 我国酒店行业人才构成现状

（1）酒店从业者流动过快，没有归属感。

从上述数据可以看出，我国酒店员工的流动率很高，因此留住人才是酒店当下最需要做的一件事。此外，酒店员工流动情况呈现出三个鲜明的特征：一是后台员工的流动率略低于前台员工；二是素质较高员工的流动性通常比素质较低员工的流动性弱；三是较大一部分员工会从酒店行业走向其他领域。

上述 3 个特征也表现在其他领域，流动性强是酒店行业的鲜明特征，这也充分显示出酒店行业不再对人才有较大的吸引力。员工表现出较强的流动性，也让酒店经营者感到非常困扰。由于酒店行业的工作人员具有很强的流动性，这也会使企业消耗更高的成本。如果时间长了，会给酒店带来更大的损失。由于酒店行业的工作人员表现出很强的流动性，所以大多数酒店需要频繁地进行员工招聘。对于多数酒店人力资源部门而言，人员招聘是工作的主要任务，会不利于人力资源部门功能的发挥。因此，业界一定要充分关注工作人员的流失情况。此外，酒店员工的流失也会在一定程度上影响酒店的服务质量，导致酒店客户给予酒店差评，影响酒店的声誉。此时，若是客户对酒店某个员工极为信任，但由于酒店内部管理的明显不足，造成该人员流失，其后果便是客户的丧失。

（2）酒店管理人才入门门槛低，素质有待提高。

我国酒店行业从 20 世纪 80 年代逐渐起步，保持着与改革开放基本一致的步伐。进入 20 世纪 90 年代之后，国内酒店行业急速扩张。然而，在此时期中的部分酒店是通过"公寓"改造等方式改建而成，还有一些是为了规避房地产出现不必要的闲置而作为酒店进行合理经营。相较于具有历史悠久与雄厚实力的酒店，这些酒店的经营水准更低一些。

在我国，酒店行业是对外开放的重要行业。酒店行业通过长期和外资企业建立合作关系，并且随着许多的职业酒店管理员工的出现，我国酒店管理水平已出现显著提升。一些国有酒店管理公司已经走在了国际酒店行业的前列。然而，这并不意味着能够彻底改变酒店行业员工数量匮乏的情

---

① 潘俊. 全程工学交替：酒店专业人才培养的新思维 [M]. 苏州：苏州大学出版社，2021：25.

况。当前，我国酒店管理人才整体素质较为低下、结构不科学且并不多元，由基层发展起来的具有丰富经验的人才较多，科班人员数量偏少，具有复合能力的管理人才数量更少。哪怕接受过大学的相关教育，大部分工作人员也并非专业对口人员。酒店管理要逐渐走向国际化，关键就在于构建起良好、科学的职业管理体系，并进行职业管理，培育起优秀的职业管理队伍。

2.2 酒店管理教育的发展历程与趋势

21 世纪以来，高校酒店管理教育致力于培养具有较高的管理理论素养和扎实的酒店管理专业知识，具有国际视野、职业道德素质、学习思维能力、实践操作能力、领导能力、创新能力，能够熟练掌握国际、国内酒店的具体运营管理方式，能够在星级酒店、餐饮行业机构和教育科研单位等从事酒店运营管理、接待服务和教学研究工作的全面型人才。本节将梳理酒店管理教育的历史流变，并根据实际情况，预测酒店管理教育未来的发展趋势。

2.2.1 酒店管理教育的发展历程

2.2.1.1 国际酒店管理教育的发展历程

酒店和旅游专业的大学课程最早出现在欧洲，主要专注于礼仪、宾客服务、食品与饮料方面的知识教学，并对商业管理有一定程度的关注。瑞士洛桑酒店管理学院是世界第一家酒店管理学院，也是目前世界上最负盛名的酒店管理学院之一。瑞士酒店经营者皮埃尔·德鲁兹在 1893 年创立了这所学校，旨在为未来的酒店经理人提供教育和培训。酒店行业在当时迅速发展，急需受过良好教育的专业人士来管理酒店和餐厅。德鲁兹意识到这种需求，并看到了建立一所相应主题的学校的机会，为学生提供行业所需的实用培训和教育。洛桑酒店管理学院开设的第一个项目是为期一年的课程，教学内容包括餐饮服务、家政服务、前台运营等广泛主题；课程设计注重实践，学生在学习期间有机会在酒店的各个部门工作。洛桑酒店管理学院在为学生提供高质量专业教育和培训方面的成功，为酒店管理成为一个日渐重要的研究领域助力。洛桑酒店管理学院自成立以来一直持续发展和拓展其课程，至今仍走在酒店教育和创新的前沿，该校也被公认为酒店管理教育的领导者，为来自世界各地的学生提供高等教育课程。

康奈尔项目也是同时期出现的世界上最早的酒店管理教育项目之一。美国酒店和住宿协会中的酒店行业巨头——美国酒店协会在1922年启动了康奈尔项目，并将其命名为"酒店管理"，这是美国第一个接待业管理相关学位项目。该项目由华莱士·弗林特教授创立，他认识到酒店行业需要接受过正式培训的人才，通过为学生提供酒店管理理论和实践方面坚实的基础教育，为酒店行业带来显著效益。当时的酒店行业快速发展，弗林特教授看到了创建一个酒店管理教育项目的机会，这个项目能为学生提供在充满活力的酒店行业取得成功所需的知识和技能。因此，弗林特教授与酒店行业的杰出领导者们合作开发了一套课程，内容涵盖从酒店管理基础知识到行业最新趋势及最佳实践技能的所有内容。该项目最初设在康奈尔大学农学院，因为当时许多酒店业领导者都具有务农背景。随后，该项目越来越受欢迎，在行业中的影响力也越来越突出。酒店管理专业显然需要自己的设施和资源，于是在1995年，康奈尔大学农学院搬进了康奈尔大学校园中的一栋新建筑，也就是至今仍然享誉全球的斯塔特勒酒店。康奈尔大学酒店管理学院的成功使酒店管理成为一个受人关注和尊重的研究领域，并激发了世界各地大学创建类似课程和专业的念头。直至今日，康奈尔大学酒店管理学院仍然是同类课程中的领先课程之一，为学生提供酒店管理相关的世界级教育。

洛桑酒店管理学院和康奈尔大学的示范引领作用在世界范围内产生了广泛的影响，一批酒店管理院校诞生，同时一些院校开设了酒店管理相关专业。早期，这些院校多集中在欧美地区，如1895年在法国巴黎成立的蓝带国际学院，是世界上第一所融合饮食文化和餐饮服务款待的学校。自1891年起，伯明翰大学开始教授烹饪课程，随着社会变革和经济发展，该校的课业主题扩展到食品、住宿、旅游等相关领域，目前已是英国专注于培养旅游及酒店管理类人才的高等学府。1927年，密歇根州立大学增设了酒店管理学院，该学院是全美历史第二悠久的酒店管理学院，目前也是酒店管理领域教育和研究的公认权威机构。1929年在荷兰成立的海牙酒店管理大学，旨在传授酒店行业相关知识和技能，满足酒店行业人才需要。1950年，宾夕法尼亚大学开设了酒店管理专业并教授相关课程。1954年，理诺士酒店管理学院成立，教授酒店业、款待业、范服务业相关知识，有

"全球奢华酒店总经理摇篮"的称号。创建于 1957 年的内华达大学拉斯维加斯分校，是一所专业型酒店管理院校，开设有酒店管理、餐厅管理、会展管理、博彩管理、高尔夫管理等课程，是目前公认的顶级酒店管理名校。1962 年成立的格里昂酒店管理学院是瑞士三大酒店管理学院之一，也是瑞士酒店管理教育和研究日趋权威的又一象征。

自 20 世纪 70 年代起，酒店管理教育在世界范围内都得到了迅速发展，开设专业及相关课程的高等院校数量不断增加。1979 年，香港理工大学成立了酒店及旅游业管理学院，培育了众多能以丰富知识满足酒店及旅游业需求的毕业生，逐步发展为香港酒店及专业教育的先驱。1981 年，瓦岱勒国际酒店与旅游管理学院成立，以适应行业需要的教学方法培养酒店行业未来的职业经理人与主管。1984 年，高雄餐旅大学创立，旨在培养餐饮业、旅游业、酒店业专门人才，适应中国台湾地区的发展需要。1987 年，马来西亚的泰莱大学成立，该院著名的酒店管理教育及研究在国际上享有盛誉，酒店管理专业在马来西亚位居第一，亚洲排名第二。1991 年，澳大利亚的蓝山国际酒店管理学院成立，在酒店管理专业教育和培训方面享有较高声誉。格里菲斯大学是澳大利亚首批开设酒店管理课程的院校之一。菲律宾女子大学将酒店管理从食品营养中分离出来，基于接待业管理的特点成立了一个新的专业。1995 年，澳门旅游学院成立，受到澳门特别行政区政府社会文化司监督，旨在培养具有旅游和酒店专业知识与技能的学生，能在业界担任领导角色。

从酒店管理教育的发展来看，早期的院校课程旨在为学生提供从业所需的实用性知识和技能，因此酒店管理专业或相关课程通常在职业学校和专科学院开设。20 世纪六七十年代，酒店管理课程的范围开始扩大，包括旅游、娱乐、活动策划等在内更加广泛的研究领域；同时，学习内容更加强调以商业为导向的课程，包括会计、市场营销、财务管理等。这些变化都与酒店行业日益复杂的情况息息相关，酒店行业需要具有更加丰富和强大商业背景的专业人士。到了 20 世纪末，酒店行业持续发展，且出现多样化特点，导致新的酒店管理项目不断出现和现有酒店管理项目的不断拓展。此时，酒店管理教育的重点转移到更加专业的课程开发上，如对度假村的管理、活动策划、旅游策划等相关专业课程。

2.2.1.2　国内酒店管理教育的发展历程

显然，酒店管理已成为一个受到人们广泛欢迎并不断发展的研究领域，世界各地的许多大学和学院都提供该专业的学习。高校开设酒店管理课程通常是因为该国或地区拥有强大的酒店行业，如美国、英国、澳大利亚、法国等。随着对酒店管理专业人才的需求不断增加，这些项目通常会吸引大量的国内外学生去学习管理酒店行业的各个组成部分所需的技能与知识，包括酒店、餐厅、度假村、活动策划等。学生通过攻读酒店管理学位或获取其他资格证书，为今后在酒店行业中规划自己的职业生涯打下坚实基础。

自改革开放以来，中国经济的飞速发展，属于第三产业的酒店行业也得到了极速发展。20世纪80年代初，中美合资的北京建国饭店的管理经验在全国范围内推广，中国的酒店、饭店企业如雨后春笋般拔地而起，并纷纷引入万豪、半岛、希尔顿等国际酒店管理集团进行协同管理。彼时，拥有酒店管理经验的中国人很少，伴随着对酒店业人才需求的大量增加，我国酒店管理教育应运而生。1979年，上海旅游高等专科学校（前身是上海旅行游览专科学校）正式成立并面向社会招生，拉开了我国旅游类高等教育的序幕。饭店管理系自该校成立起设置，是我国第一个培养酒店管理专业高等教育层次人才的科系。桂林旅游学院（前身是桂林旅游专科学校）和山东旅游职业学院（前身是山东省旅游学校）分别在1985年和1991年正式招生办学，两校也是自建校起便设置了酒店管理系。1989年，金陵旅馆管理干部学院经原国家教育委员会批准成立，是我国第一所培养酒店中高层管理人才的院校。该校建院之初便提出了建成"中国的洛桑"的目标定位，始终坚持学历教育与行业培训并重，理论与实践相结合。该校在2001年与我国第一所旅游学校——南京旅游学校合并，成为国内规模最大的酒店人才培训中心。

相较于专科教育，酒店管理本科层次教育起步较晚，在旅游管理类的三个本科专业中是最晚发展的一个。我国第一个旅游本科专业开设于1980年，浙江大学旅游管理专业（前身是杭州大学经济系旅游经济专业）开设招生，设置酒店管理相关课程，旨在培养中国旅游饭店高层次管理人才。该校于1990年经国务院学位委员会批准成为我国第一个旅游管理硕士点，2003年获得旅游管理方向博士学位授予权，2005年开始招收旅游管理方向博士后研究人员。该校目前还是国家旅游局全国旅游饭店总经理岗位培训基地、全国旅游饭店销售部经理岗位培训基地。成立于1988年的中山大学管理学院旅游酒店管理系也是我国酒店管理教育的先驱，以培养掌握坚实理论与系统的专业知识旅游与酒店管理人才。该系成立的同年 12 月，原国家旅游局与爱国人士霍英东先生捐资共建了酒店管理培训中心，中山大学管理学院酒店管理系因此成为我国最早拥有"酒店管理培训中心"的院校之一。根据全球高等教育研究机构（QS）在 2022 年公布的世界大学学科百强排名，在社会科学与管理领域内的酒店管理学科下，中山大学是中国大陆地区唯一上榜的院校；榜上有名的其他中国院校包括香港理工大学（排名第 10）、澳门旅游学院（排名第 23）、台湾国立高雄餐旅大学（排名第 49）、香港中文大学（排名 51～100）、香港大学（排名 51～100）、澳门科技大学（排名 101～150）。华侨大学旅游系创建于 1984 年，是教育部最早批准成立的全国八所旅游高等院校之一，也是我国第一家可以直接向海外招收本科生、硕士研究生、博士研究生的旅游院系。2004 年，该校成立了旅游学院，其中的酒店管理专业获批福建省高等学校服务产业特色专业。天津商业大学也是我国较早开设酒店管理方向本科教育的普通高等院校，该校自 1985 年开始招收餐旅企业管理专业本科学生，2008 年起招收酒店管理专业本科学生。

成立于 20 世纪 80 年代的这些旅游与酒店管理院校是我国旅游酒店人才培养的开始，随着酒店行业在中国的蓬勃发展，越来越多的本科高校开设了酒店管理专业或酒店管理课程。例如，福建师范大学在 1993 年设置旅游专业并招生，2004 年成立了旅游学院，拥有包括酒店管理在内的三个本科专业及专业方向。湖南师范大学在 1999 年成立旅游学院，以培养旅游、酒店及会展业的一流人才为目标。海南大学也在 2000 年成立了旅游学院，开设包括酒店管理在内的四个全日制本科专业，并形成了"本科—硕士—博士"一体化的旅游人才培养体系。太原学院旅游系成立于 2004 年，开设有旅游管理、酒店管理和会展经济与管理三个专业，注重培养学生的实践操作能力，积极进行校企合作。2008 年，北京第二外国语学院中瑞酒店管理学院成立，打造了独特的"中瑞模式"。2011 年，浙江越秀外国语学院酒店管理学院成立，以培养酒店业高素质应用型人才为教育目标，是浙江省内唯一的酒店管理一流专业。此外，在同一时期，包括上海旅游高等专科学校、桂林旅游专科学校在内的一些专科学校也完成了向本科院校的升级，助力中国酒店管理高等教育在职业人才培养和科学研究发展的共同进步。

21 世纪以来，越来越多的高等院校为中国旅游酒店行业输送了大批职业人才和科学研究人才，为旅游酒店行业的发展做出了巨大贡献。同时，它们不断提升办学实力和办学质量，持续提高社会声誉、科研规模、科研质量，促进了我国酒店管理专业教育向规范化与国际化发展。

2.2.2 酒店管理教育的发展趋势

可以肯定的是，酒店行业的发展对酒店管理教育的走向有着重要影响。我国政治、经济、文化、科技影响力不断增强，国际影响力稳步提升，旅游业因此呈现出良好的发展趋势。在此背景下，酒店行业作为旅游业三大支柱之一，其产业规模持续扩大，产业发展的质量要求也持续提高；在产生大量人才缺口的同时，对人才的知识和技能要求也在不断变化。总的来说，酒店行业的高质量发展对酒店管理高等教育提出了培养高质量人才的要求，专业的客户接待能力以及较强的适应能力、问题应对能力、沟通能力、领导能力、相关技术能力和文化意识在当下及未来都很重要。第一，专业的客户接待能力自始至终都是酒店行业所需要的最基本、最重要的技能之一。专业基础知识和技能是进入行业的敲门砖，也是个人职业生涯发展的基石。第二，社会经济变革随时在发生，酒店行业也在不断变化，因此行业从业人员必须能对新技术、新趋势、客户持续变化的新需求做出快速反应，能够灵活应对变化才能抓住机遇。第三，酒店行业需要持续与人打交道，从业人员必须能够快速、有效地解决出现的任何问题，问题应对能力对酒店业人才而言是必不可少的。这包括识别问题的根本原因，以提出多种解决方案，并有效实施最佳解决方案等的全面能力。第四，为了与顾客、同事、利益相关者等各方进行高效沟通，良好的沟通能力也至关重要。这包括熟练选择口头沟通或书面沟通的形式，以及能以清晰和简洁的方式达到沟通效果和目的。第五，随着酒店行业的持续发展，对能够有效管理团队和推动实现结果的团队领导者的需求也不断增加，领导能力包括激励自己和激励他人以实现共同目标的能力，以及创造积极工作环境的能力。第六，科技的发展使技术被应用至各个行业和领域，酒店行业也不例外。为了更好地使用技术或者更好地研发酒店行业专属的技术，行业人才需要具备使用各种技术的能力，包括酒店管理系统、预订系统、销售系统、收益管理系统、智能化系统等。第七，全球化已是必然趋势，酒店行业在全球范围内持续扩张的背景下，增强文化意识对行业发展日益重要。酒店行业从业人员既要能与来自不同文化背景的人一同进行有效工作，以适应不同的习俗和传统，又要坚持对自身文化的保护和宣传，以避免"文化挪用"或同化。

高等院校要根据市场经济的需求实施人才培养方案，即高等教育应与市场相结合，基于酒店行业的发展特点和对人才的需求来组织教育教学。酒店管理高等教育的发展思路是以酒店行业的发展现状和趋势为依据，协助学生为其今后在该领域内职业生涯的成功做好准备。

首先，酒店管理教育要注重专业知识和技能传授，并兼顾创新。社会经济的快速发展和人民生活水平的不断提高，使得越来越多的人关注精神追求，曾经标准化、模式化的专业知识和技能越来越无法满足顾客的需要。专业教育应结合酒店行业应用型突出的特点，重视个性化和定制式，注重教导学生了解顾客的需求和偏好，在已有知识和技能框架的基础上思考如何提供独特的产品和服务，以满足个性化体验需求。

其次，酒店管理教育要注重关注技术创新和培养创造能力。科学技术的快速发展使酒店行业越来越多地认识到应用新技术所带来的好处，依靠技术可以改善运营情况、提升顾客体验、提高工作效率等。酒店管理教育应当对行业中使用的最新技术进行深刻讲解，并鼓励学生根据实际需要和未来趋势大胆创新。

再次，酒店管理教育要注重数据分析和市场趋势研判。2020年，以云计算、大数据、人工智能与物联网为代表的数字技术正在对全球数字化转型产生极大影响，酒店行业对数据分析及其结果的应用越来越多。通过大数据分析，酒店能够更好地进行宾客关系管理、市场供需预测、财务收支管理等，从而获得更高的经济效益、社会效益和生态效益。因此，酒店行业对精通数据收集、分析、应用等方面知识和技能的数字人才的需求预计会持续增长。酒店管理教育更要加强对学生数字的敏感性以及获取与应用能力的培养，学生要能学会使用数据进行市场趋势分析，帮助企业做出明智的决策。

最后，酒店管理教育要注重全球视野和可持续发展观的培养。酒店行业在全球范围内的扩张发展是我国实现中华民族伟大复兴任务的有效手段之一，因此酒店行业对具有全球视野并能在跨文化环境中工作的专业人才产生了大量需求，这些人在引进世界优秀文化引进和传播我国优秀文化方面起到重要作用。酒店管理教育一方面要注重对中华优秀文化的传播，让学生树立起民族自豪感；另一方面也可以通过扩大全球项目为学生提供更多在国外学习和工作的机会，以及为其他国家和地区的学生提供高等教育的机会。

酒店行业发展的现实需求对酒店管理教育提出了新的要求，酒店管理高等教育院校可以整合一些关键策略来实现培养行业所需人才的目标，使学生具备在酒店行业取得成功所需的专业知识及技能，为今后的职业生涯打下坚实基础。

第一，通过行业实习、社会实践或其他与行业相关的项目保障学生实践经验的获取。这些项目使学生能够将他们在课堂上所学习到的理论知识和相关概念应用至现实场景中，同时提高其实际操作技能和知识应用能力，这对于学生在酒店行业的职业生涯发展而言是必不可少的准备环节。

第二，设计行业特定课程，并提高行业参与度。酒店管理高等教育的课程应当是专门为酒店行业设计的，结合了行业现状的最佳实证案例和最新行业发展趋势。要实现这一目标，酒店管理高等院校可以邀请行业专家和行业内的经验人士作为演讲嘉宾并参与课程教学设计，以此为学生提供现实社会中的宝贵经验，并与行业领导者和管理者建立联系。同时，这些行业专业人士也是为学生提供实习机会、就业机会或者其他与行业相关机会的重要渠道。

第三，注重将技术融入酒店管理教育，包括教学方法、教学内容、教学过程管理等。酒店管理专业教育中可以开设酒店管理相关软件应用的课程，如社交媒体管理、移动应用程序开发与设计、客户关系管理系统等；还应充分利用信息化教学手段，结合线上与线下学习，拓展学生知识来源，培养学生自主学习的意识和能力。将技术融入酒店管理专业教学，对于培养学生适应酒店行业日益增长的技术性特点至关重要。

第四，与高校内的其他院系、部门进行跨职能合作，如与马克思主义科系合作进行思政教育，与其他商科、数学科系、计算机科系等合作深入挖掘酒店经营管理的各个方面。这有利于帮助酒店管理专业学生更全面地了解酒店行业的经营发展情况，也为酒店管理领域的跨学科知识体系构建和跨学科研究打下基础。

第五，教学内容要与时俱进和实事求是。鉴于酒店行业发展日益国际化的特征，培养学生的全球视野是至关重要的，相关院校可以通过开设国际酒店管理、跨文化交际、外语学习等课程实现这一目的；同时，贯彻落实中国和平发展理念，培养学生立足于本国国情且从人类命运共同体的角度正确看待机遇与挑战的意识和能力。例如，开设可持续旅游、绿色酒店管理、智慧酒店管理等课程，或将相关知识内容融入专业课程教学中，使学生关注酒店行业的可持续发展和环保责任。

3 酒店管理专业人才培养模式分析

何为模式？模式是科学认识的一种手段和思维方式，它是理论和实践连接的中介。教育从业者为了深刻认识教育的本质，抛开教育中次要的非本质因素，认清其结构和关系状态，故将模式的研究引入教育科学的领域中，以便于对教育实践进行指导。本章将分别解析中国与世界部分国家的酒店管理专业人才培养模式，结合具体实例展开深入分析。

3.1 国外酒店管理专业人才培养模式分析

本节将对世界部分国家的酒店管理专业人才培养模式进行分析，从中找到可供我国酒店管理人才培养借鉴之处。

3.1.1 瑞士酒店管理专业人才培养模式分析

3.1.1.1 瑞士酒店行业人才培养概况

瑞士旅游教育的大部分内容都属于酒店教育，同时，瑞士还是全世界最先开始正式饭店教育的国家。相比于其他国家，瑞士的饭店管理是饭店协会建立的，该协会代表瑞士酒店业的官方组织。

瑞士酒店人才教育培养最重视的是实践，多年来为世界各地的酒店、饭店培养了一批又一批优秀的管理人员和专业人士。1882 年，瑞士饭店协会经过严密的筹备得以成立，这标志着首个能够发表瑞士饭店业官方意见的组织诞生。该组织十分重视饭店管理人才教育，先后创立了瑞士洛桑饭店管理学校、德语烹饪学校，而后又在全国各地设立了几十家饭店培训机构。经过了一百多年的发展，洛桑饭店管理学校更名为洛桑酒店管理学院，并与瑞士其他管理学院如理诺士酒店管理学院、格里昂酒店管理学院、SEG 瑞士酒店管理学院集团等一起成为酒店管理人才培养领域的标杆，它们都是在培养酒店高层管理人才方面享誉国际的优秀院校，向外界输送了许多能力出众的具有国际水平的管理人才。具体而言，瑞士的酒店管理人才教育有下列 4 个方面的特点：

第一，兴趣是最主要导向，实践则是人才培养的主线。瑞士酒店管理专业人才培养的一大特征就是强调"热爱"，因为一个学生如果热爱自己所学的专业，则意味着其将有无穷无尽的学习动力。想要进入瑞士相关院校学习酒店管理，学员需要递交包含对热爱酒店工作的具体阐述、一年及以上的酒店相关工作证明在内的入学申请。以洛桑酒店管理学院为例，该学院为新生准备了长达一年的迎宾、前台、客服、清洁等完备的实践训练，没有"热爱"的支撑，许多学生很难撑过这样高强度的社会实践工作。经历一年的考验，其间积累的宝贵实践经验将成为学员后续学习的重要基础。相较于本科生，研究生则要求有两年及以上的相关工作经验。这些都践行了该学院的教育宗旨，即不追求培养综合素质高的人才，而追求培养最具活力与热情、最适合酒店行业的人才[①]。

第二，具有较强的开放性与国际性。瑞士酒店管理人才培养系统有一个不变的办学方针，即立足国内，面向国外，与国际化接轨。

第三，瑞士酒店管理人才培养的主要方式是"店校结合"，即在学生学习生涯中让他们大量参与酒店实践，进而积累经验、强化理论。

第四，瑞士酒店管理人才培养模式更加重视教育的反复性和阶段性。瑞士较为普遍的酒店管理教育可以直接向初中招生，年龄在 15 岁左右的初中生经过 3~4 年的培养过后就已然成为一名合格的普通酒店工作人员。但是，想要成为中级酒店管理人才并获得相应的岗位，还需要其在具备 1~2 年工作经验的基础上回到学校接受相关教育培训；同理，想要成为高级酒店管理人才并获得相应的岗位也需要再次回到学校接受培训，这体现了瑞士酒店管理人才培养的反复性和阶段性。

下面，我们将对瑞士洛桑酒店管理学院人才培养模式的特点、现状等进行分析。

3.1.1.2 瑞士洛桑酒店管理学院人才培养模式

（1）瑞士洛桑酒店管理学院人才培养模式的特点。

瑞士饭店协会在成立后的第十一年（1893 年）创立了世界上首个专门

---

① 刘宁宁. 旅游人才教育培养模式的国际比较 [J]. 鲁行经济学报, 2003 (3): 45-46.

的酒店管理学校，也就是现在的瑞士洛桑酒店管理学院，有着相当高的酒店管理教育水平。瑞士洛桑酒店管理学院将理论与实践紧密结合并渗透在教学内涵中，在酒店管理人才培养方面首创闻名全球的、成功的"洛桑模式"，标志着该学院在探索酒店管理人才培养规律、深化旅游教育理论研究的道路上取得了硕果。瑞士洛桑酒店管理学院凭借着严谨治学的精神和学以致用的知识，使得其毕业证书成为国际酒店的通行证。在"洛桑精神""How to do，How to be（如何做，如何成为）"理念指导下，瑞士洛桑酒店管理学院为业界培养了大批国际酒店行业的杰出管理人才。这所学院的办学特点鲜明，强调实用性，兼具传统与现代化。而这也是其能够进入国际知名酒店行业高等学府之列的关键。在瑞士洛桑酒店管理学院成立的这一百多年中，其不仅在相关理论和实践研究方面取得了成功，更面向世界输送了大批杰出的酒店管理人才，其独有的"洛桑模式"也一直是相关教育领域中的圭臬。

（2）瑞士洛桑酒店管理学院人才培养模式的现状。

该学院的"洛桑模式"是已经得到全世界认可的酒店管理专业人才培养模式，并且为其他国家培养高素质酒店管理人才模式提供了借鉴与仿效的模范。洛桑酒店管理学院的办学理念明确，培养目标清晰，既富有时代精神，又体现学校特色。洛桑酒店管理学院的教学科研能力强大，校内配备了顶尖的实验室，已经研究出了具有领先意义的原创性科研成果，引领科学研究的国际前沿。其教学内容不断更新，在课程体系的构建上，兼顾酒店管理的专业知识、实践应用以及教育学知识，注重在扎实的基础上实现创新。

人才培养模式的导向归根结底是社会的需求，因此，瑞士洛桑酒店管理学院时刻紧跟酒店行业的新动态和新需求，能够灵活、主动地从社会需求出发，调整教学活动，使学校教育与酒店市场相匹配。其在创新意识、科学教育思想的影响下，向行业输送的是懂理论、会实践、能经营、擅管理的优秀人才。

瑞士洛桑管理学院对教职员工的招收看重的是职业经验，要求教师在相关企业取得一定的职位，或者会经常参加业内实践或培训，保持自己的管理知识与行业和国际社会同步更新，进而不断调整和优化课程教学内容，保证教学效率。

与此同时，该学院有着严格的学生管理标准，主要体现在入学条件上。申请入学者要有专业素质、职业背景以及多项能力，学校取消笔试而更注重学生的思辨能力、形象思维能力、心理和举止仪态等实际表现。这样一来，入学新生的质量和毕业生的质量同样有所保证。

该学院的招生面向全世界，招收来自世界各地的优秀人才，在培养目标、课程设置和师资力量等方面都具有明显的国际化特征，能够在全球酒店行业转型升级的当下，为各个国家输送优秀的管理人才。该学院运用产学研合作办学模式，产教结合，把课堂搬到酒店实现"店校合一"或"前店后校"。其办学特色主要体现在以下六个方面：

①办学目标明确，培养目标鲜明。从办学目标的角度来看，瑞士洛桑酒店管理学院一直保持着为世界一流酒店、饭店等接待企业培养高层经营与管理者的办学初衷，并一直明确要培养兼具各种技能，能够在体系庞大的酒店行业中出类拔萃的学生。具体而言，该学院的人才培养目标符合行业的发展要求和发展趋势，严格按照酒店行业的人才需求来设计教学大纲、展开教学实践，进而培养出应用性与知识性并存的专业型人才。只有将培养什么样的学生、如何培养学生这一重大目标摆在重要位置，高校才能在激烈的竞争中立于不败之地。

瑞士的一大经济支撑就是旅游业，瑞士旅游教育的一大基础思想就是"设校于瑞士"，并以国际旅游教育的水准开办。瑞士旅游学校以洛桑酒店管理学院为代表，在建校理念、师资队伍、课程设置等方面主要考虑的是旅游管理的实际需求，争取与国际全面接轨，输出满足国际旅游服务水准的人才。为了实现这一目标，该学院大部分课程都是双语教学，并且定期邀请国际相关企业精英为学生们演讲，学生可以从中获取最新的行业动态以及服务理念。在实践方面，为了强化旅游教育的国际性，该校在世界范围内广泛设置实习点，因而绝大多数学生在毕业过后都能够获得一份受到国际各大酒店行业认可的证书，能在全球多个高星级酒店找到工作，有的甚至不必经过实习期即可上任。

②教学制度。瑞士洛桑酒店管理学院和康奈尔大学酒店管理学院推行的教学制度具有一定共性，即学分制、本科生参与科研、跨学科的本科教育制度。学分制里面包括外地学分制，在这种制度模式下，学生的学习较为自由、自主，专业课程、教师、上课方式等都可以由学生自行决定。瑞士洛桑酒店管理学院允许学生在主修课程外选修课程，并且如果有需求，还可以自行选择授课教师、学习进度，甚至还能跨系、跨学院选择课程。

③以能力为核心的课程设置。瑞士洛桑酒店管理学院的本科教育课程一共有六个学期，还会专门拿出一个学期开展带薪实习活动。六个学期需要学习的有基本技能、酒店管理理论、酒店管理操作、当今酒店行业现存问题研究，其中第四学期是带薪实习。该学院操作的核心课程有专业交流技巧、研究分析技巧、酒店信息技术、餐饮控制、食品服务统计、食品营养卫生、餐饮烹饪实践、餐饮经理客房管理、客房物品、客房市场营销、客房餐饮管理、前台理论实践、客人分类账管理、技术应用、宏观经济、管理财务、资产发展规划、销售和交流、餐厅理念管理、餐厅设计、餐饮服务容量管理、食品服务信息、食品服务营销、客房管理、策略管理、服务市场营销、国际旅游管理、设备管理、金融管理、酒店运作法律、酒店环境信息技术、人力资源管理、生态环境旅游等。瑞士洛桑酒店管理学院专业课程的设置从学生能力出发，考虑到他们未来工作中可能遇到的问题进而构建课程体系，为满足学生职业长期发展的需求，课堂教学内容还会与时俱进。

④产学结合，学以致用。瑞士洛桑酒店管理学院奉行产学结合、学以致用的人才培养模式，集中体现于学校教学环节中，其本科课程可以按照培养方向分为理论性、实践性、语言学习者三类。相关课程不仅与行业现状保持同步，而且力求从理论上影响行业发展。其中，理论性课程涵盖内容丰富、基础性强大，并且及时根据市场更新理论，优化教学内容。理论课程的主要目的是为学生职业能力与综合素质能力的养成奠定基础。

当学生学习理论课程的时候，还必须在学校内部餐厅、厨房等地开展实习，参加实践操作。对于餐饮管理专业的学生，学校采取的教学方式是教师在示范厨房边讲课边演示，学生则边听课边学习操作训练，之后便立刻到实验厨房和餐厅进行岗位操作和服务。在具体的培养实践中，该学院还十分重视学生团队合作能力、团队领导能力的培养和提高。从日常的课程实践到毕业实习，该学院都提倡学生通过组建团队来完成学习任务、达到实践要求，这能为其日后的发展提供长久效益。

⑤师资建设和学生录用重视实践经验。作为酒店管理教育领域的标杆，瑞士洛桑酒店管理学院对教师的相关实践经验有着严格的要求，所有的教师都必须有足够的酒店等接待行业的工作经验和相关经历，有些重要课程甚至要求有国际一流酒店的工作经历。

该学院的教师有的是在企业有一定职位，如企业顾问，有的则是在学校工作三五年后还要再次回到酒店工作，并对国际化经营中新出现的问题开展调研，这可以在一定程度上保持教师知识的更新速度，进而保证课堂教学内容的价值和时效性。这样形成的教学闭环，加强了教师与行业的密切程度，也加强了教师教出来的学生与行业的密切程度，这是该学院之所以能培养出一批又一批优秀人才的关键所在。

21世纪初，该校提高了选拔新生的标准，只有具备一年以上相关工作经历或者接受半年以上的入学培训才能有机会正式成为该学院的本科学生；研究生则要求两年以上工作经验。因为在学校的教育观念中，只有经历过实践的学生才能真正理解酒店管理的运行规律，进而才能成长为酒店管理、旅游业管理的精英。

⑥实践教学。瑞士洛桑酒店管理学院的教学实践内容十分丰富，既有注重动手能力的操作练习课，也有注重临场发挥能力的模拟分析课，还有注重水滴探究的研究调查课。在这些课上，学生能亲手制作相关产品，还要以行业标准分析产品质量，并对出问题的地方进行调研，自行找到合适的解决办法。通常来说，当学生完成一个门类课程的学习后，就必须在校内模拟实践场所进行实践学习，然后根据学校统一安排，进入酒店参加半年左右的带薪实习。

总之，"洛桑模式"注重教学的传承与更新，追求教学的所有内容都能在日后酒店行业实践中发挥作用；学校还为学生提供了大量的实践机会、实习机会甚至就业机会，切实搭建起了"教产结合"的教学模式。

3.1.2 澳大利亚酒店管理专业人才培养模式分析

3.1.2.1 澳大利亚酒店行业人才培养概况

澳大利亚拥有得天独厚的生态环境，自然风貌奇特，并且社会经济发达，这为其吸引了大量的游客，进而搭建起了繁荣的旅游业。

早在20世纪五六十年代，旅游业为澳大利亚带来的经济效益就十分显著了，如今已成为其重要的国际产业支柱和经济支柱之一。为了保持甚至提高旅游业的发展速度，澳大利亚政府看重对旅游人才的培养和旅游工作人员素养的提高。

在此背景下，澳大利亚政府及时地向欧美发达国家学习了旅游管理和酒店行业人才培养的先进理念及方法，通过集中培训提高现有旅游从业人员的相关技能的同时加强了旅游及酒店管理专业人才的学校培养体系建设。20世纪70年代，澳大利亚第一个旅游专业开始正式招生，如今已有超过50所高校在培养旅游与酒店管理的相关人才①。澳大利亚的酒店教育特点如下：

第一，充分发挥行业协会作用。澳大利亚的几大旅游业协会如澳洲旅游理事会、由澳大利亚联邦政府资助的澳洲旅游研究局、澳大利亚旅游研究理事会等在酒店管理专业人才培养中都十分积极，为酒店管理人才的高等教育产生了不可忽略的作用。这些协会积极地为高校相关人才培养体系的建设提供思路、贡献力量，极大地深化了酒店高等教育与酒店行业的科学研究，并大大加强了高等院校与酒店行业市场人才需求的连接。

第二，专业类别繁多，就业面广。21世纪以来，澳大利亚旅游与酒店管理教育体系的专业划分已经十分细化了，包括旅游管理、酒店行业管理、休闲管理、餐饮管理、会展管理、休闲体育管理等数十类。这些专业的设置都是以行业职位需求为导向的，针对性极强。例如，为了适应行业发展需求，澳大利亚的酒店管理专业就十分注重经营管理人才的培养，同时要求他们成为对旅游业务熟悉的一流技术人才、管理人才。许多澳洲大学都开办了酒店管理专业，并且和周边企业取得了良好合作，为自己酒店管理专业的学生提供了实践的舞台，这样不仅能让学生在一定程度上实现经济独立，更能让他们积累相关经验。

第三，政府、企业、院校建立合作体系。旅游行业协会在发挥其主导作用的时候，澳大利亚政府也起到了支撑作用和指向作用。澳大利亚政府推出了大量利好旅游人力资源开发的政策，着力推动其酒店工作者综合素养的提高。在政策推动下，更多旅游企业与高校开展校企合作，共同探讨如何才能构建出一个高效的教育体系，怎样培养出符合行业实际和需求的优秀人才，并由此构建出了一个系统、完整的人才培训网络。

第四，促进学历教育与职业教育相融。澳大利亚酒店管理人才的培养源于自由职业教育，形成了职业教育与学历教育齐头并进的发展趋势，两者既相互影响又相互促进。例如，国际学历的认证就能反过来强化教育职业化的进程。

第五，注重继续教育。澳大利亚旅游业的国际口碑很好，水准高，与其从业人员的继续教育有很大关系。澳大利亚政府牵头，就旅游与酒店管

---

① 钱学礼. 论澳大利亚旅游教育对我国的启示 [J]. 世界教育信息，2005（5）：27-28.

理人才培养与各国展开培训合作，结合先进国家的相关理念，注重培养学员的职业道德、沟通能力、分析能力等。此外，澳洲相关部门也非常重视教育的重复性，注重通过人才的录用标准和规范来督促已经在酒店行业工作的员工参与教育培训来提升自己。例如，在澳大利亚，想要成为高级管理员工就必须通过相关的教育培训，这与瑞士的酒店管理人才培养具有一定相似性①。

澳大利亚所使用的"培训包"模式，成为国家职业教育中的一个重要组成，参与这个培训的人员必须达到一定的标准。这种"培训包"模式在培养职业人才方面发挥了重要的作用②。

第六，重视选修课。澳大利亚的大学选修课有另一层含义，即学生未来的职业方向可以根据选修课的选择确定。因此，选修课在澳大利亚酒店管理专业人才培养中占据了很高的位置，与非选修课相当。它们之间的差异只在于选修课有着更强的专业性，不同"课程包"包含着一定的职业方向。例如，澳大利亚格里菲斯大学酒店管理专业市场普销选修课程包就包括市场分析、娱乐市场营销学、娱乐产业客户行为学等课程。一旦学生选择了某一选修课课程包，就必须认真学习和实践课程包中的每一门课程，在该职业发展方向上进行深入的研究。

3.1.2.2 澳大利亚蓝山国际酒店管理学院酒店人才培养模式

1991 年，瑞士酒店行业代表之一弗里茨·格鲁参与出资建立了澳大利亚蓝山国际酒店管理学院，该学院一直是澳大利亚相关院校中发展最出色的教育机构，还凭借在酒店管理人才培养上取得的突出成就享誉全球。根据 2010 年 9 月英国索福瑞调查公司对全球高级酒店集团人力资源部经理所做的调查，该学院在澳大利亚所有的酒店管理学院中扮演着领军者的角色。放眼至更大的范围，其在亚太地区相关学院中仍然居于首位，在世界相关学院中居第十二位。

因为由瑞士酒店精英出资建立，所以澳大利亚蓝山国际酒店管理学院是世界上第一所能保证课程内容与瑞士先进的官方课程内容保持一致的机构。在此基础上，该学院努力创新，提出了模拟酒店真实环境的情景教学

① 郭为，许珂. 旅游政策、产业发展与就业关系的实证研究 [J]. 北京第二外国语学院学报，2014，36（3）：7-16.

② 石磊. 浅析国外酒店管理专业人才培养模式对国内的启示 [J]. 科技致富向导，2014（20）：1.

模式，并于 20 世纪末经职业教育官方机构同意，可以向学生授予高级文凭。2000 年以后，学院高级文凭课程发展成为由英国伯恩茅茨大学授予的三年制国际酒店和旅游管理文学本科学位课程。2001 年，该学院又与新英格兰大学签署了五年的合作协议，在学院的扩展课程中增添了酒店和旅游管理的商务本科课程。

2006 年，蓝山国际酒店管理学院开始了大范围的整修与扩建，并在随后与昆士兰旅游学院合作。2008 年，其又跻身为全球教育网络的一分子。此后的几年中，蓝山国际酒店管理学院不断创新，摘得多项殊荣，得到酒店行业的高度认可。蓝山国际酒店管理学院于 2009 年荣获了新南威尔士旅游奖项中旅游业和培训的金奖，又于 2010 年赢得了巴黎世界酒店行业奖项最佳沟通奖、澳洲航空澳大利亚旅游奖项的教育与培训奖。

（1）人才培养目标。

澳大利亚蓝山国际酒店管理学院人才培养模式的目标主要是面向社会服务业和餐饮业输送职业经理人，其基本目标定位于"培养高素质的国际酒店经理人"。学校用一流的教学环境，为学生带来了理论基础知识和实践技能学习的教育，促进了人才的全面发展，能满足国际酒店市场的人才需求。学院的学制为三年，其中一年是专门的实习时间，便于学生通过实践巩固理论、积累经验。该校校长特利先生也明确表示过，学校的教育目标就是培养兼具理论知识和实践技巧的人才[①]。

（2）课程设置。

澳大利亚蓝山国际酒店管理学院设置酒店管理专业本科学位和硕士学位课程。商务本科学位课程分为两个专业方向（国际酒店和度假村管理、国际会展管理），为期两年半，包括三个理论学期和两次带薪实习。此外，学院鼓励学生获取双学位，当学生获得上述某一个专业的本科学位后，还能多出六个月时间学习并考取另外一个专业的学位。

具体来说，该学院的国际酒店和度假村管理方向的不同学期课程规划包括：第一学期开设会计学基础、管理学领导力、商务沟通和技术、市场学基础、餐饮运营管理、餐饮管理和控制、国际酒店行业介绍、酒店和旅游业跨文化管理；第二学期开设 600 小时行业带薪实习、管理会计学、经济学、商务法律、人力资源管理；第三学期开设服务市场营销、会议和大

---

① 周思慧. 酒店院校中的领航者：澳大利亚蓝山国际酒店管理学院 ［J］. 教育与职业，2012 （31）：102–103.

会管理、会展管理和物流学、生态旅游学；第四学期开设 600 小时行业带薪实习、研究技巧和实践、商务管理和领导力、组织发展和变化管理、战略规划和管理；第五学期开设旅游、酒店和会展管理当代问题，会展设施管理，会展赞助管理，酒店和旅游商业道德学。

（3）职业教育的课程模式。

在课程模式上，澳大利亚蓝山国际酒店管理学院将应用型办学理念深入教学各个环节，不论是教学大纲的制定还是课程的设置，或是教材的编写，都直接向酒店行业的职业需求看齐。

该学院所构建的人才培养课程模式以就业为总方向，以市场需求为根基，与企业合作，制订行业所需的课程计划和人才培养目标。学生能够在校园内就积累到行业实践的相关经验，进而有望在毕业后实现"零距离"就业。也就是说，在高职酒店管理教育的课程模式下，该学院培养的是能够应对酒店工作中各种复杂问题的职业型复合人才[①]。

（4）情景化的课程教学。

澳大利亚蓝山国际酒店管理学院还以"四化"教学为特色，即学校设施酒店化、技能训练模块化、学生活动角色化、课堂教学情景化。该学院酒店管理专业课程经常使用仿真角色模拟法，提高学生的实践能力、应变能力。这样培养出来的学生能够发现问题并自主解决问题，还兼具团队协作精神，可以很好地适应未来工作的需要。

（5）重视实践教学。

澳大利亚蓝山国际酒店管理学院对人才培养的另一特征就是重视实践教学。从课程划分上看，该学院将课程按不同层次划分为基础课、核心课和选修课。基础课是酒店管理与旅游相关的理论学习，后两种课程的内容几乎全部是对实践能力的培养。不同于国内学生在校期间主要学习理论知识，毕业后才开始进行职业资格认证，该学院的学生需要参加实践能力职业资格认证考察，通过的人就能拿到不同等级的资格证书。

（6）规范化的实习。

澳大利亚所有与旅游酒店管理有关的大学专业都有一套统一的实习制度，并且明确指出每一个专业的学生在前两个学年内必须完成 400 小时以上的实习，实习的频率还必须满足具体的次数，不可以集中起来连续完

---

① 陈丽娜. 对澳大利亚蓝山酒店管理课程模式本土化的探索 [J]. 商业文化（下半月），2011（12）：237.

成。这一实习规则很好地确保了学生在每一个阶段的学习过后都能在实习活动中及时实践所学专业知识。

而在最后一学年，学生需要深入企业完成为期 200 小时以上的实习工作，其间，出色的学生能够提前找到工作。从对比中看出，澳大利亚高校酒店管理专业采用的是"学习—实践—再学习—再实践"的实习方式，这种方式与国内大学的方式之间存在较大的差异。

澳大利亚大学对实习的过程进行了严格的规定。学生实习时被分成若干组，每组人数不超过 20 人。学校必须从校外聘请具有实习管理经验的专家带领学生实习。另外，大学对实习企业的选择也非常重视，相关企业应具备与高校合作的经验，为学生安排一对一的指导，并能就学生具体情况形成一套有针对性的实习提升方案。

3.1.3 爱尔兰酒店管理专业人才培养模式分析

3.1.3.1 爱尔兰酒店行业管理人才培养的特点

爱尔兰位于欧洲西部，是太平洋上的一个岛国，国土面积的 3/4 都是草地，故又被称为"翡翠岛国"。

爱尔兰人很重视教育，尤其重视教育对推动社会进步、经济发展的作用。因此，当地人花在学习上的时间长期处于欧洲的前列。爱尔兰是一个教育水平较高的国家，只有 10% 的国民没有接受过高中及以上教育，其大部分年轻人会在中学毕业后进入高校继续学习，而这部分人当中又有相当一部分人会继续攻读更高学位，拥有高等学位的人数比例位于世界前列。高素质的国民教育水平也是爱尔兰经济快速发展的原因之一。

与欧洲其他国家一样，爱尔兰的酒店管理高等教育在大学以外的院校专门开设。随着爱尔兰旅游行业的逐渐成长，1943 年，在爱尔兰旅游协会的倡导和帮助下，柏林理工学院正式开设旅游与酒店管理相关专业，并实行两年制教育。1951 年，专门的酒店管理学院即爱尔兰香侬酒店管理学院正式成立，仍然实行两年制教育。与澳大利亚相似，该学院同样有瑞士人参与出资，其首任院长也是瑞士人，课程体系建设也与上述的洛桑学院有一定相似性。而后，两年制的教育体制逐渐发展到三年制，进而在 1973 年增设了四年制学士学位，到了 20 世纪末，硕士学位也正式设立。整体来看，爱尔兰酒店管理教育发展较快，并具有以下特点：

第一，与当地企业有着非常密切的联系与合作。爱尔兰酒店管理行业人才培养中存在一个显著的优势，就是学院与地方企业的关系十分紧密，能够快速根据行业的变动对自己的专业课程进行调整及完善。在大学的第三年，酒店管理专业的学生就能经由学校牵头，参加公司面试，通过后就能去往大公司带薪实习。

第二，教育模式沿袭了欧洲酒店管理专业的教学模式。爱尔兰的酒店管理教育模式延续了欧洲的一贯作风。欧洲地区的酒店管理教育长期处于世界前列，其学院开设的专业课程也有着大量科学理论的支撑，并且十分重视理论与实践的紧密结合。爱尔兰大学酒店管理专业课程的学制为3~4年，包括1~2年实习期，实习期带薪，而且薪额不菲，毕业生就业率非常高。开设酒店管理专业的学校也很多，学生们可以根据自身的情况做切合实际的选择。

第三，力求技能教育与学术教育均衡发展。技能教育侧重于技能培训、实践教学等，具有较强的职业培训特色，主要通过设置酒店操作实务、软技能课程、企业实习来实现学生职业技能的提升。学术教育侧重于管理理念、综合素养等，具有较强的学术教育特色，主要设置高层次的管理类、营销类、财务类、创业类等以较高理论水平为支持的课程和毕业论文等来实现学生理论水平和综合素养的提升。爱尔兰酒店管理专业人才培养将长期满足各方面利益相关者需求作为教育导向。酒店行业确实需要经验老到的专业技术人才和管理人才，但是实践经验与学生身份确实存在矛盾，也成了阻碍学生入职的门槛。学生可能会为了获取工作经验和专业技能去往基层岗位，但不愿意久留，更加向往高层管理岗位。因此，学校一方面要加强与企业沟通，希望企业将聘用人才的重心转移到实践经验不足但具有高级管理潜能的人才上；另一方面则要通过课程设置、教学方法、课程考核、教学设施设备建设等尽力做到技能教育与学术教育的均衡。例如，在本科教育课程设置方面，校外企业实习课时在整个教学计划中最少占据22%，最多的占据64%，各高校平均达到33%，如果把校外企业实习和校内专业实践合计起来平均数接近50%[①]。另外，爱尔兰的学校暑假时间长达3个月，每学期教学时间只有12周（另外为自学周、考试周等），学生有充足的时间去酒店、餐厅、酒吧等做兼职或做义工。

① 黄建伟，田彩云，汪金辉. 中外高校酒店管理专业人才培养模式比较研究 [M]. 昆明：云南人民出版社，2016：49.

3.1.3.2 爱尔兰香侬酒店管理学院人才培养模式

香侬酒店管理学院设立在爱尔兰西部的科莱尔香侬镇，该地本身就是闻名国内外的旅游景点，四季景色如画。

香侬酒店管理学院成立于 1951 年，历史悠久，享誉国际。该学院作为爱尔兰国立大学的一个组成部分，是爱尔兰境内发展最好的酒店管理人才培养机构之一。学院实行本科四年制教育管理模式，在大学四年期间，该专业学生有两年时间在校学习理论知识，其余时间则要去指定的星级酒店实习，并能获得一定的经济收益。该专业学生毕业后，即能获得由爱尔兰国立大学颁发，并被各大重要国际、国内行业协会承认的证书。香侬酒店管理学院的学生有许多来自其他国家，其是一所有着国际性质的学院。该学院多年来为世界众多知名星级酒店输送了优秀人才，包括迪拜七星酒店的经理，并且学院本身也是许多大酒店的经营方。数据显示，该学院于 20 世纪 90 年代毕业的学生中多数已当上了酒店经理，并且在同等院校的横向比较中，香侬酒店管理学院的毕业生大部分能够获得更优厚的薪资。这使得该学院在世界酒店管理学院的排名不断往前，并居于前列。

在爱尔兰，每年有不少优秀的高中毕业生会选择香侬酒店管理学院，但并不是每一个优秀的学生都能成功入读。因为该学院在旅游、酒店管理领域已然成为能与牛津、剑桥等大学媲美的权威存在，其追求的是"在优秀中选更优秀"。世界顶级酒店集团中的许多管理精英甚至总裁都毕业于该院校。其教师资源更是出类拔萃，世界第一家七星级酒店总经理就是该学院的一名教授，尽管不是全职，但其为学生亲自授课依然能够给学生带来莫大的收益。

2003 年以来，香侬酒店管理学院的人才培养还聚焦于中国、印度这两大市场，其看中了两国具有十足潜力的酒店行业，并有针对性地培养人才。毕业于该校的中国学生大多会在四季酒店集团等国际顶级酒店工作，具有极好的发展前景。

（1）培养目标。

香侬酒店管理学院人才培养模式秉持着"追求卓越"的精神：教学卓越、专业实践卓越、培养的毕业生卓越。学院承诺在独特教学体系方面的卓越，学院相信工作经历是管理培训中不可或缺的部分，同样重要的是专业知识、信息技术能力和外语流利水平。

（2）课程设置。

21世纪以来，该学院设置了两套课程方案：其一是四年制的国际酒店管理学士学位课程；其二是四年制的商学学士学位，并且还会向学生提供与香侬酒店管理证书配套的课程。不论哪一种，学习通过后都能取得本科学士学位，其中均包含四学期的理论学习与两年的酒店实习。

取得香侬酒店管理学院学位证书的人才能够得到欧洲乃至全球高级酒店的认可，这个文凭的价值非常高，毕竟有许多国际酒店管理领头人物都毕业于此。能取得如此高的成就，得益于香侬酒店管理学院卓越的教育方式，其着重培养学生的多方面能力，如现场操作能力、管理培训能力等实践方面的能力，以及文化知识、语言使用等理论方面的能力。这种重视理论与实践能力齐头并进的培养思路与其他顶尖的酒店管理学院保持一致。

（3）课堂教学理念。

香侬酒店管理学院的人才培养模式，在教学理念上不仅为了就业而努力，而且更重要的是从长远角度出发，培养学生能受益终身的能力。

从《爱尔兰的酒店管理高等教育》一书和《教育与培训合格证书法》等材料中可以看出[1]，该学院在培养能力体系中，除了职业技能体系外，还有认知能力体系（包括信息收集、决策、解决问题、整体思维等11个具体技能）、人际交往能力体系（包括沟通、劝说、谈判、团队精神、质疑等8个具体技能）、个人素养（包括创新能力、领导能力、创业精神、职业修养、责任意识、自立能力、适应能力、职业规划、时间管理9个具体技能）。

观察上述的能力要求可以得知，该学院不仅想要学生能找到满意的工作，更想要令其在任何岗位上都有巨大的进步空间。这决定了专业课教师多角度、多层次的教学方法，力求从多个方面提高学生的素养，而不只是让学生明白怎么获得毕业后的第一份酒店工作。单方面的知识灌输在该学院的课堂上是极为少见的，教师教给学生更多的是获得知识、运用知识的方式方法、分析思路和观察角度等，这样不仅能让学生在毕业后顺利找到酒店管理相关工作，而且即使学生不在该领域，也能凭借这些通用技能在其他工作岗位上发光发热。

---

① 颜文华. 爱尔兰酒店管理高等教育课堂教学理念及启示［J］. 旅游论坛，2010，3（5）：611-614.

（4）实践教学。

香侬酒店管理学院的人才教育兼顾了业务与管理两方面的平衡。总体而言，大一学生接近一半的学时是接受老师授课，超过一半的时间是实践训练。大一新生被分为五个实践小组，每组参与两周实践，随后轮到下一个组，其间实践的技能包括烹饪、食物科学、餐馆服务、住宿服务和信息技术等。

学生在四年的本科项目中进行两次实习，第二年是在欧洲顶级酒店的专业实践实习。学生有机会在真实的酒店环境中运用在第一年学到的知识和技能。在实习环境中，学生的语言能力、操作能力等不断得到强化，并建立起了对行业实践体系的整体认知。

学生要先参与实习面试，并根据其大学所学外语和签证决定实习地点，主要包括瑞士、德国、法国、比利时、西班牙、卢森堡、英国和爱尔兰。

第四年，香侬酒店管理学院的学生将在爱尔兰、英国、美国、欧洲、阿拉伯海湾和世界其他地方的酒店开始管理实习。实习为期至少九个月，达到培训生管理水平，实习酒店的地点遍布全球。世界顶尖国际酒店包括四季、希尔顿、迪拜卓美亚酒店集团、万豪酒店、喜达屋等都会来香侬酒店管理学院招募毕业生。

3.1.4 国外酒店管理专业人才培养模式给予的经验与启示

3.1.4.1 强化"双师型"教师队伍建设

建立起具有国际顶尖水平的教师队伍，是如美国"康奈尔模式"等酒店管理专业人才培养模式成功的主要经验之一。要想解决我国酒店管理教育中师资方面的具体问题，首先要致力于建设国际一流水平的师资队伍。

所谓国际一流的师资队伍，应当有丰富而坚实的酒店管理理论知识，并且能即刻用于酒店管理实践中，是具有较高的教育教学水平和丰富的行业经验的"双师型"教师队伍。

结合上述几个国家成功的酒店管理专业人才培养经验，我国高等职业教育中的酒店管理师资队伍建设可以从三方面入手：①鼓励高等职业院校的教师回岗锻炼。②聘请优秀的酒店或相关企业的人才来开展教学。③做好酒店管理专业兼职教师的招聘工作。高等职业院校的酒店管理专业应招聘一些学历高、技能强且拥有较高的教学能力、专业建设能力和科研水平的兼职教师，从而借助外力来改善高等职业院校酒店管理专业的师资结构，进一步提高酒店管理专业教师的教学水平。

3.1.4.2 构建以市场为导向的课程体系

在国外管理专业人才培养的模式中，职业能力培养是核心，课程体系按照酒店实际需求进行设置，奠定了人才培养各方互利共赢的局面。这不仅能满足酒店行业和市场竞争对人才的基本需求，还可以激发学生对酒店管理专业自主学习的兴趣。

从发达国家的成功经验来看，我国酒店管理专业课程可以借鉴的地方主要有以下三个：

第一，紧跟酒店行业的新形势，不断调整和规范教学具体内容。高职院校应该根据酒店职业的需求和学生的发展来制订符合发展需要的教学大纲，不断规范和更新酒店管理的教学内容。此外，高职院校的酒店管理专业教师还可以聚集起来，以集体备课的形式，发挥集体优势，突出学习重点，开展符合酒店职业需求和学生发展的教学。

第二，不断优化课程的结构，强化学生实践能力的提升。在人才培养的过程中，可以适当地增加与酒店行业实践密切联系的专业性课程，并且为实习实践环节加码，提高学生在酒店管理实践中能获取的学分，从而让学生在实践中更主动锻炼自己。

第三，根据学习的规律，调整酒店管理专业课程的顺序，将专业基础课开设在专业方向课之前。在难易程度方面，建议先易后难，循序渐进，让学生在对后续酒店管理专业问题进行进一步研究的基础上，再进行深入的研究，从而做到循序渐进、因势利导，确保酒店管理专业的学生理解并接受相关专业知识，进而提高酒店管理专业的人才培养质量。

3.1.4.3 强化行业能力和从业素质的培养

在发达国家的酒店管理专业人才培养方面，不少学院如康奈尔大学酒店管理学院很早就设置了就业指导中心，不仅指导学生就业，还邀请学校成功校友或其他酒店业精英定期交流，与学生面对面谈话，为他们提供就业和择业指导。这种经过实践证明的行之有效的做法，对我国高职教育酒店管理专业的教育教学具有重要的启示。因此，我国相关院校可以从下面三个方面对我国酒店管理专业人才的培养进行改造。

（1）强化对酒店管理专业学生的就业指导教育。

学生日常学习中涉及项目性的社会实践时，将与酒店管理相关的就业知识、就业理念传递给学生，使学生能对酒店行业的竞争局势、行情、就业需求等有明确了解，进而自觉投入对自身实力的锻炼中。同时，根据酒店管理学生的特点，严格按照学生不同阶段的身心规律，开发和设计层次丰富、选择多样的酒店就业课程，对不同阶段的学生进行有针对性的就业指导和帮助。

（2）打造专业的酒店管理就业指导教师队伍。

首先，职业院校的教师与学生日常的接触较多，对学生的发展需求也比旁人更了解，因此要发挥这一优势，构建专职与兼职并举的院校就业指导师资队伍，并提供培训机会来完善和提升就业指导教师的能力素质和知识结构，从而提升酒店管理专业就业指导的质量。

其次，通过聘请酒店行业中的优秀人士来学校举办讲座、进行兼职，传递最新的行业信息，拓宽酒店管理专业学生的就业信息和就业渠道。

（3）设立专门的酒店管理专业就业指导中心。

酒店管理具有自身的特点，设立专门的酒店管理专业就业指导中心能够更好地为酒店管理专业的学生服务。借助酒店管理专业就业指导中心，引导该专业学生充分认识自己，并规划自己的职业生涯，以此作为标准来管理自己的学习，更有针对性且更系统地帮助酒店管理专业的学生了解求职的相应方法与技巧，为酒店管理专业学生就业水平和就业质量的提高打下基础。

3.1.4.4 强化"产学研"的有机结合

从前文的论述可以看出，国外院校的酒店管理专业人才培养模式还是很重视"产学研"一体化工作的。例如，美国康奈尔大学就通过设置酒店行业研究中心专门研究酒店行业和酒店管理教育之间的问题，从而实现了研究与教学的合一；同时，通过酒店业界精英的讲座与分享，实现了产业与教学的对接；通过实习项目，将理论教学和实践教学紧密结合起来，实现了学习到运用的转换。上述做法无疑取得了成功，也能让相关职业院校深刻认识到，酒店管理专业人才的培养目标的实现，必须通过强化"产学研"一体化来提高酒店管理专业的人才培养质量。为此，相关职业院校也可以从以下三个方面来开展"产学研"一体化工作。

一是建立健全课程体系，将行业精英的讲座与交流纳入常规性教学环节中，并进一步规范精英讲座和交流的流程，从而充分发挥行业精英的示范与引领效用。

二是签订校企合作协议，与行业企业一起，共同制定学生的实习实践考核标准，确定考核方式，共同对学生的实习开展深度管理，对学生的实习进行全过程监管和帮扶，确保酒店管理专业的实习实践围绕着人才培养目标来进行，切实提升酒店管理专业人才培养的质量。

三是构建学界、业界、研究团体联合的"产学研"合作平台。学界、业界、研究团体共同建立酒店行业研究中心，以酒店行业问题为切入点，开展和强化学界、业界、研究团体的沟通与交流，共同构建酒店信息网站，实现学界、业界、研究团体的资源共享，使学界、业界、研究团体的优势互补，共同解决酒店行业难题，提高酒店管理专业人才培养的质量[①]，从而促进酒店行业的协调发展。

3.2 国内酒店管理专业人才培养模式分析

2023 年以来，在国家强有力的政策措施下，我国旅游业和酒店行业逐步恢复，热度持续回升，尤其是旅游出行方式的改变使得特色民宿、电竞酒店等新型酒店备受欢迎，也因此对当前的酒店管理专业人才培养模式提出了更高要求。本节将会阐述国内酒店管理专业人才培养模式的基本状况，并逐一分析不同基础模式的优点和缺点。

3.2.1 国内酒店管理专业人才培养模式概述

随着国家创新创业教育的发展，社会对高素质复合型人才、应用型人才需求的不断增加，校企合作受到政府、学校和企业越来越多的关注，校企合作迎来了又一个发展机遇期。与国外酒店管理专业和国内其他专业相比，我国本科院校酒店管理专业发展校企合作起步较晚，经验也不够丰富，但近年来酒店行业校企合作规模越来越大，成长迅速。2014 年，国务院印发的《国务院关于加快发展现代职业教育的决定》明确提出，坚持以促进就业为导向，适应技术进步和生产方式变革以及社会公共服务的需要，深化体制机制改革，统筹发挥好政府和市场的作用，加快现代职业教育体系建设，深化产教融合、校企合作，培养数以亿计的高素质劳动者和

---

① 谢春山，邵蕾. 康奈尔模式对我国高校旅游业人才培养的启示 [J]. 辽宁教育行政学院学报，2016，33（1）：45-49.

技术技能人才。得益于国家政策的扶持，我国的酒店管理专业本科院校能与地方企业合作，一起推动人才培养目标、师资队伍建设和实训基地建设等方面的发展，这种校企合作不论是规模、范围还是内容、质量都在不断扩大和提升。

顾名思义，校企合作的人才培养模式是在两方力量共同作用下形成的，学校和企业各自就行业职位需求、自身发展需求等方面进行分析，随即再共同探讨，一起研究并设置专业课程，制定人才培养目标、教学内容等，决策共议、责任共担，共同承担学生的教育与管理工作。

美国最早开展了校企合作的人才培养模式，称其为"合作教育"。这一模式能发挥学校与企业双方资源的优势，使学生一方面能接受学校的专业培养，另一方面又能参与工作实践，印证所学理论知识。校企合作可以实现学校与企业技术、设备资源和信息的共享，实现学校、学生、教师和企业"多赢"。

首先，对于学校来说，校企合作的形式能够让自己一直跟随市场的变化，进而制定出更加科学、合理的教学目标、育人目标等，最终实现培养高级复合型、应用型人才的目标，赢得良好的声誉和口碑。其次，对于学生而言，拥有在校学习和到企业实践的双重机会，综合能力的提高得到了多方面的指导。再次，对于教师而言，酒店管理专业教师的专业背景和就业经验普遍较缺乏，通过校企合作，教师也同样获得了与行业对接、学习实战经验的良好机会。最后，对于企业而言，校企合作可以充分利用本科院校的知识资源，将企业文化与生产理念传达给更多的人，实现人才的储备和品牌影响力的扩大，同时企业也可以邀请高校教师为企业员工讲授知识，促进员工综合素质的提高，从而促进企业的长远发展。高职院校的教学体系主要侧重于对学生理论知识的培养，有系统的教学方案和优秀的师资力量，但缺少专业的设施配备，不利于学生实操能力的培养，企业的参与可以有效弥补高职院校的资源缺失。

3.2.2　国内酒店管理专业人才培养的基本模式

国内较普遍的酒店管理专业教育校企合作形式主要有以下六种：

3.2.2.1　"订单式"人才培养模式

在我国许多高职院校中，"订单式"是一种较为常见的校企合作人才培养模式。"订单式"的培养模式即合作企业先根据实际用人需求，向学校提出人才培养意愿和标准、数量等，再由双方一起制订具体的酒店管理专业人才培养方案、教学计划，并签订人才培养协议；同时，企业要参与教学和实训，校企共同负责招生、培养和就业的全过程，毕业生经企业验收合格后即被企业录用的一种人才培养模式。这项培养模式一方面可以显著提高学校酒店管理专业人才培养的质量；另一方面也为企业降低了人力资源成本，提高了人才招聘的准确性和效率。在该模式下培养出来的人才能快速实现就业，缓解了一定的就业压力。

酒店企业在"订单式"人才培养模式的实施全程中都有参与，能够与院校之间协作制订培养方案，按需划定实习岗位、人数和时间等。根据实习期间的表现，企业还能直接录用优秀的人才。"订单式"人才培养模式实质上是学校和企业以市场需求、以学生的职业能力为出发点共同培养人才，加强了学校和企业之间的联系，使学校教育与市场接轨。

（1）"订单式"人才培养模式的特征。

一是培养目标明确。"订单式"人才培养模式是学校和企业根据双方的需求，共同制定培养目标。学校在确定人才培养规格时，主要是根据与企业签订的"订单"。"订单"对所需人才的数量、所提供岗位、人才目标等都有明确的规定，学校根据"订单"培养人才，目标十分明确。

二是课程设置的市场性。酒店管理类院校由于可以与企业进行沟通，并且进行市场调研，能在设置课程时灵活根据酒店行业对人才类型和素质要求进行完善，进而保障教学内容具有足够的针对性和时效性，保证人才培养的市场导向性。

三是毕业生就业定向性。我国"订单式"酒店管理专业人才培养模式的一大目的就是促就业。学校定时输送实习生到合作酒店企业实习，有些类似传统的"包分配"。学生在入学前，就会与企业、学校签订三方协议，学生毕业后只能进入协议单位工作。因此，"定向就业"也是该模式区别于其他校企合作人才培养模式的明显特征。

（2）"订单式"人才培养模式的优势。

与过去酒店管理专业更重视理论知识教学的模式相比，"订单式"人才培养模式强调学生的主体地位以及教师的引导作用，再加上实习的帮助，能很好地培养学生的学习兴趣并激发其潜能。

此外，通过"订单式"培养，学生从入学就开始接受其岗位所需能力的培训，积累了相关的理论经验和实践经验，极大地减少了其毕业后融入企业与社会的时间，提高了学生的就业竞争力。这样一来，既降低了学生的就业成本，也降低了企业的人力资源成本，有效地化解了高校培养人才与市场需求"供需错位"的矛盾，为降低社会失业率做出了应有的贡献。

（3）"订单式"人才培养模式的不足。

"订单式"人才培养模式虽然优势明显，但也存在一些不足。

首先，"订单式"酒店管理专业人才培养模式的最大目的是促进就业，因此教师在教学时主要围绕酒店就业所需的技能，一切都是为了让学生尽快适应工作岗位，容易忽视学生文化素养、学习思维能力等的培养。这样培养出来的酒店管理人才基础知识稍显薄弱，从长远来看，不利于学生的发展。

其次，"订单式"人才培养模式主要根据"订单"培养人才，因此学生能接触到的文化知识和实操技能都是与签订了协议的企业紧紧关联在一起，学生只能片面地了解这一个企业的情况，而不清楚其他企业的情况，不利于人才的流通。

最后，采用此模式，学校完全根据企业需要培养人才，学校没有决定培养多少人、如何培养、什么时候培养的主动权。这是一种初级的合作模式，一般在中专院校运用的较多。

3.2.2.2 "2+1"人才培养模式

我国酒店管理高职大专院校在教育过程中多采取"2+1"的人才培养模式，它也属于校企合作的一种形式。在为期三年的学习中，前两年学生主要在校学习基础理论和其他专业知识，最后一年直接到企业参与实习，随后经过"双师"指点完成毕业设计。

"2+1"人才培养模式能够实现学校和酒店资源共享及互补，使学生能够提前接触并了解酒店，将学生置于真实的酒店情境中，接受实际的工作任务，锻炼学生用理论指导实践能力、实践操作能力、创新创业能力等。

（1）"2+1"人才培养模式的特征。

一是酒店与学校共同承担育人主体。"2+1"人才培养模式是校企合作的一种重要形式，学校与企业共同承担教学主体，学校负责理论知识的传授，并安排具有一定管理和专业基础知识的学生进入酒店实习。学生进入酒店后，酒店会派出专门的指导教师，启发和指引学生将所学理论应用于工作，并且当学生遇到工作上的困难时，既可以向酒店指导教师请教，也可以向学校专业教师请教，在"理论指导实践，实践又引起理论新的思考"的循环中，学生的综合素质就能得到极大的提高。因此，在"2+1"人才培养模式中，校内与校外教师都是重要的培养主体，两者相互配合，缺一不可。

二是以培养学生综合职业能力为目标。"2+1"人才培养模式使学生在学校学习和酒店实习之间找到了更稳定的平衡，其所学理论知识能与实践能力有效接轨，为学生解决了学完后"理论无用"的烦恼。除了这一点外，酒店管理教育高职专科学校还会开设专业理论课之外的语文、经济数学、交际礼仪、商务英语、创新创业等课程，帮助企业培养更加全面的人才，为学生树立健康的就业观。在酒店实习的一年里，学生除了在实践岗位上锻炼专业技能外，其管理能力、应变能力等也能得到极好的锻炼。因此，"2+1"人才培养模式有助于学生综合职业能力的全面培养。

（2）"2+1"人才培养模式存在的问题。

虽然"2+1"人才培养模式单就理论上看是合理的，但是在实践中却会受到各种因素的影响，最终效果不一定理想。影响的因素是多方面的，这里只对目前比较突出、亟须解决的问题做一个简单介绍。

一是酒店参与度不高。如前所述，在"2+1"人才培养模式中，学校和酒店都是不可缺少的教育主体，但在实际中，酒店并没有表现出积极的参与热情。这主要表现在以下方面：

首先，学校输送的酒店人才并没有引起酒店足够的重视。酒店作为一个营利性机构，想要在竞争激烈的市场环境中生存下去，就必须盈利，因此酒店把主要心思都倾注在如何应对挑战、促进自身发展的问题上，不愿花过多的时间和精力在人才的培养和储备上，校企合作并不能引起酒店足够的重视。

其次，虽然校企合作这一酒店管理专业人才培养模式已经获得了不少院校教师、酒店管理者和学生的认可，但是国内目前的"2+1"校企合作人才培养模式尚不完善，学校与酒店的合作还停留在比较粗浅的阶段。一些时候，合作酒店只是将院校学生作为短期内解决人手不足问题的手段，安排给学生的实习工作不太具有技术含量，如餐厅服务员、客房服务员等，在这样的重复劳动中实习生不能获得太多的成长。

最后，部分酒店对于指导教师的安排并不严格，没有特定人选，即使指派了特定教师也只是停留在表面，与学生的关系并不密切。在这种情况下，实习的学生只能在老员工的带领下学习一些可能比较过时的知识和技能，甚至养成错误的工作习惯，毕竟老员工中的一部分人并没有接受过严格的职业培训。这样的实习经历无疑会降低学生实习的积极性和信心，也偏离了学校组织学生实习的目的。

二是学生实习质量监督困难。一方面，某些学校采取学生自主实习的方式，最后只要交给学校一份实习证明就可以了，甚至没有严格要求实习单位必须是酒店，对酒店的要求也是参差不齐。学生离开学校后，学校由于时间和距离等的限制并不能实时跟踪与监督学生的情况。某些学生利用学校实习机制的漏洞，为了能够毕业，随便找一个单位实习，甚至有学生通过极端的方式向单位"讨要"一份实习证明，自己却在应该实习的时间段在外闲逛或者做其他与实习无关的事情。另一方面，学生到酒店实习，酒店从某种程度上利用学生必须实习才能毕业的契机，把学生安排在酒店需要的岗位，而不是学生喜欢或者适合的岗位上，学生在岗位上也是随便应付，实习质量不容乐观。

三是缺乏高素质的"双师型"师资队伍。很多开设酒店管理专业的院校尤其是本科院校反映，在师资招聘时，很难招到具有酒店管理专业背景并且从事过酒店行业的教师，因为很多教师从学校毕业后又直接进入了学校任职，虽然在理论知识上很强大，但是缺少酒店实践经验，在教学中只能强调理论知识的学习。某些院校专业教师紧缺，不惜降低招聘要求，招聘的教师甚至是跨专业背景，对酒店行业完全不了解。所以，酒店管理专业教师的队伍中虽然有不少人的学历高、理论知识牢固，但是有实操能力的人却不多，更不用说两者都具备的"双师型"教师。

3.2.2.3 "工学交替"人才培养模式

还有一种校企合作的"工学交替"培养模式，其主要特征就是让学生在学校和酒店交替实习，基本实施方式主要分为攻读轮换制和全日劳动、工余上课制。

首先，攻读轮换制的内涵是将学生的学习和实践一分为二，一部分用于学校学习，另一部分直接进入酒店参与培训和实践；全日劳动、工余上课制的内涵是学生大部分时间在酒店参与全天候劳动，工作以外的时间才到校参与系统的课程培训。

这种酒店管理专业人才培养模式深入结合了理论与实践，致力于提高学生的动手能力和职业竞争力。"工学交替"人才培养模式把学生的学习场所分为学校和酒店，学生在学校进行理论知识学习与到酒店进行实际工作的实践进行交替循环，学校和酒店双方共同探讨，既不影响学校的课程安排，也不影响酒店的日常经营。酒店在统一安排学生工作岗位时，可根据实际情况适当考虑学生的意向。学生实习期间，酒店实习教师指导学生实践，同时校方委派专业教师，采取定期或不定期的方式到酒店对学生的实习情况进行巡查和指导，通过与学生和酒店方沟通，了解学生在实际岗位上的表现，对表现优异的学生给予及时奖励，对其不足之处给予指正。

工学交替培养模式同校企合作模式表现形式一样，能够较好地解决学生理论知识与实践操作脱节的问题，有助于学生适应社会，以及沟通、人际交往等方面能力的培养。

3.2.2.4 共建实习基地人才培养模式

院校与企业一起出资，建立实习基地供学生实习培训的酒店管理专业人才培养模式叫作共建实习基地人才培养模式。学校负责提供足够的场地和强大的师资，而企业则提供设备和技术人员。实习基地基本模拟真实的企业生产环境，但由于单靠学校建立实训基地，难以维持经费的提供，因此要建设人才实训基地，就必须借助企业的力量。企业也可以将部分生产线设于学校内，实现资源共享、产学结合。共建实习基地现阶段存在的问题表现在以下三个方面：

（1）校内实践基地缺乏。

酒店管理专业培养的人才主要是应用型人才，因此实践操作才是学校考评的重点，同样也是人力培养目标实现的关键因素。

虽然有个别院校建设了酒店管理校内实训基地，但因场地有限，教学只能通过教师现场展示、挑选个别同学现场演示的方式，设施设备更新也跟不上行业的发展，不能满足所有学生的需求。学习研发设备的缺乏也无法吸引酒店合作。

（2）酒店参与合作积极性不高。

首先，校企共建基地大多是学校出于教学改革和自身发展等需要，主动寻求酒店合作，酒店作为一个追求利益最大化的社会经济组织，只想以最低的成本带来最大的利益。酒店与学校合作共建教育基地，无疑要增加酒店支出。酒店管理者虽然知道校企合作可以给酒店带来人力资源储备、改善员工结构、提高员工综合素质等长远利益，但这些利益具有不确定性，而且部分酒店管理者仍然认为培养人才是学校的义务，酒店没有必要投入过多成本在不能直接为酒店带来经济效益的项目上。

其次，一部分院校在教育理念和设备设施上都落后于时代的发展步伐，也落后于酒店的实际工作，导致酒店不信任与学校深度合作能培养真正需要的管理人才。

最后，校企合作以及共建实训基地的形式对很多人来说还有不确定性，不少酒店和学校处于观望的状态。再加上参与实训的学生在心智上不成熟，可能会因为对工作环境的陌生、注意力不集中等因素，在实际操作时给酒店带来麻烦，造成损失。我国法律虽然对企业参与校企合作有规定，但并不具有强制性。上述种种原因导致酒店对共建校企合作基地的积极性并不高。

（3）缺乏深度合作。

虽然一些院校在共建校企合作基地上已经取得了不小的成果，但是这只停留在表面，酒店的参与并不深入，双方也没有建立完善的机制保障彼此长期稳定的合作，甚至不曾提及深度合作的内容，学校与企业的合作仍停留在学校给酒店输送实习生，酒店还是只提供餐饮服务员、客房服务员等基础性岗位，不愿对基地学生开放管理岗位。

此外，校企双方共建的实习基地多以校外实习基地为主，形式单一，决定权也掌握在酒店手中，学校机制不能与酒店机制有效融合，缺乏深度合作。

3.2.2.5　项目驱动式人才培养模式

项目驱动式人才培养模式是指学校与酒店双方共同完成一个具体的项目，并以项目为依据，共同商讨和调整人才培养目标，并为此构建相应的规章制度和实践教学体系。项目驱动式人才培养模式以项目合作为基础，学校、酒店和学生共同参与，具有很强的针对性。因为项目的具体内容是酒店和学校根据酒店项目的具体情况和学校人才培养目标共同商定的，既要保证项目的顺利完成，又要达到人才培养的目标。

该模式有很大优势，相较于其他类型的校企合作模式，能更好地吸引酒店主动参与深度合作。其主要原因在于该模式的载体是项目，将学校利益和酒店利益深深绑在一起，推动实现校企合作共赢。此外，在项目的合作过程中，学校会指派专门的教师参与到酒店的员工培训中去，推动酒店整体管理水准的上升；反过来，酒店也会指派资深职工到学校授课，还能在一定程度上提供学习的物质支持。

但在实践操作中，项目驱动式人才培养模式可操作性不强，因为在现实中要想找到既符合酒店利益又满足学校人才培养要求的项目是很困难的，所以该模式的适用范围较窄，也难以长期稳定地推广使用。

3.2.2.6　国际合作人才培养模式

国内一些开设了酒店管理专业的院校特别是本科级别院校，会与国外名校或酒店取得合作，通过学分转换、联合培养、文化体验、带薪实习等方式合作办学。例如，国内酒店管理专业规模较大的校企合作项目——万豪家族基金会的万礼豪程项目，涵盖了教师挂职、嘉宾讲座、酒店参观、区域研讨会、教学资源、国际教师、教学研讨会及学校拜访等内容，南开大学便同美国饭店业协会和万豪集团合办了"酒店管理英才班"。中山大学旅游学院也与法国昂热大学联合培养双学士学位，其学生可参加"海外实践"。TUC-FIU 合作学院也是由我国天津商业大学与美国佛罗里达国际大学合作共建。美国佛罗里达国际大学周边拥有上百个主题乐园，直接与罗森酒店管理学院酒店管理专业相对接，它与南开大学和海南大学合作，接收南开大学和海南大学的学生到奥兰多迪士尼乐园带薪实习，实习结束后，学生可获得由 UCF 颁发的结业证书，实现学分转换。

3.2.3　国内不同院校的酒店管理专业人才培养模式

3.2.3.1　香港理工大学人才培养模式

香港理工大学是我国酒店管理类专业中最负盛名的大学之一，其酒店管理专业属于酒店及旅游业管理学院，将欧美教育模式作为专业课程建设的基础，重点强调的是学术与酒店实践能力的培养。

香港理工大学酒店及旅游业管理学院创建于 1979 年的机构管理与餐饮研究系，后于 1992 年更名为酒店与旅游业管理学系。2001 年 10 月，酒店与旅游业管理学系正式调整为酒店及旅游业管理学院。2004 年 7 月，酒店及旅游业管理学院成为香港理工大学的校内独立自治学术机构。此后，该学院走上了快速发展的道路。根据《酒店与旅游研究学刊》的统计报道，香港理工大学酒店及旅游业管理学院在酒店管理专业的全球排名是第二位。

香港理工大学的酒店管理专业全部的专业课程都以社会酒店行业的需求为建设基础，总是追寻着酒店与旅游教育发展的新动态开设课程，并且其开设的专业课程相互之间还有着周密的联系。酒店管理专业本科的学位是学学士学位，因此其课程都是跨学科课程，学生经过不同学科课程的综合培养，具备了从事酒店及旅游相关复杂工作、管理工作以及专项性工作的知识与技能。

香港理工大学的酒店管理专业有很大一部分是国际学生。在学习专业课前，学生必须先学习一年的酒店与旅游业管理的泛学科课程，这些课程结合了酒店管理和旅游管理两方面的知识。完成第一年的泛学科课程学习后，学生就自主选择是主修酒店业管理学学士学位还是主修旅游业管理学学士学位。学生在酒店业管理专业学习酒店和餐饮服务管理必备的知识与能力。酒店管理专业希望得到能很好地服务客户的人才，使学生能在酒店、餐饮、旅游行业中脱颖而出。在香港理工大学的酒店管理专业人才培养模式下，学生们经过长时间的学习，坚持以客户为本的理念，能够放眼世界，做到善于分析与独立工作，应对酒店行业和餐饮业这类动态行业所面对的挑战。

同时，经过香港理工大学的培育，该校酒店管理专业的人才还具备了强大的人际沟通能力、团队合作能力和领导能力。该校培养模式对跨学科的强调，使得其培养的人才能够在中国香港乃至全球范围内的高级酒店业、餐饮服务业中担任要职，从而使香港理工大学的酒店管理专业声名鹊起。

3.2.3.2 上海旅游高等专科学校人才培养模式

在我国的酒店管理教育中，上海旅游高等专科学校无疑有着重要的地位，已经成为我国第一所通过验收的教育部旅游类示范性高职院校。

在数十载的发展中，上海旅游高等专科学校的酒店管理专业在教育教学中摸索出了一套独特而强大的人才培养模式。在培养过程中，工学结合与校企合作成为上海旅游高等专科学校酒店管理专业人才培养的指导思想。培养具有现代酒店运营管理的基本理论、专业知识与服务技能，能够胜任酒店行业服务与管理一线工作的应用型、高技术型酒店管理专业人才，是上海旅游高等专科学校酒店管理专业的人才培养目标。在指导思想和培养目标的基础上，上海旅游高等专科学校形成了阶段式的、模块化的、交互型的、人才成长型的培养模式。其酒店管理专业的课程体系分为4个模块，分别是酒店认知模块、生产性实训模块、运行与管理模块和酒店管理发展模块，并按照酒店的具体工作流程不断完善课程结构。

此外，该校还坚持与时俱进的原则，不断对自身人才培养模式进行改革与创新。2012年，上海旅游高等专科学校提出了"实景实境实际教学"

的实践教学理念，并在实践中检验了这一理念，建设 5 000 多平方米的实验宾馆。该宾馆的规格全方位比照高星级酒店标准，部门设置、岗位匹配等都十分真实。同时，学校还派遣了酒店管理专业的教师出任对应部门的主管，按照学生实际情况，安排对应的宾馆岗位，开展为期 6 个月的实习训练。其间，学校领导还专门监督酒店中的学生认真完成岗位相应的工作，在校内提前熟悉和掌握酒店管理工作的实际内容。

同一时间，上海旅游高等专科学校还开发了校内食堂作为实训基地，安排学生开展学校员工餐和招待用餐的相关工作，自主筹办"迎新自助晚宴会"等活动，采用项目驱动的方式来培养酒店管理专业人才。

上述项目开展的全部过程，不论是项目的策划、项目资金的筹措还是项目现场的布置、过程中相关环节的设置等，都由上海旅游高等专科学校的学生们负责进行。酒店管理专业教师则提供相应的指导，从而最大限度地帮助学生实现理论知识与实践开展的结合，帮助学生提升自身的专业能力[1]。可以说，用具体的项目来驱动、检验教学成果已经成为上海旅游高等专科学校酒店管理专业新时代人才培养的一大亮点。

3.2.3.3 北京第二外国语学院酒店管理专业人才培养模式

北京第二外国语学院结合自身特色，以"外语+专业""专业+多语"的方式来进行人才培养。其酒店管理学院在发挥自身外语优势的同时，十分注重理论知识与实践应用的结合，并且提出通过"应用导向、强化实践"的理念。

北京第二外国语学院长期以来和不少国际企业开展了合作，推动了人才培养的"产学研"一体化，通过与企业联合办学的形式，创建了北京第二外国语学院中瑞酒店管理学院，主要培养面向国际社会的酒店管理专业应用型人才。多年来，学院不断更新、升级校内硬件设施，以更好地满足师生们日常的酒店管理教学活动需求，能够为酒店管理专业学生的教学实践提供场所。北京第二外国语学院的教师一般都具有很高的学历，而且教学经验丰富，并在理论研究方面取得了较多的成果。不过，与国内很多传统型大学一样，该学院的教师在酒店实际经营和管理方面存在着不足，教师的酒店行业实践还需加强。

---

① 张众. 中外酒店管理专业人才培养模式的借鉴与思考 [J]. 河南财政税务高等专科学校学报，2018，32（1）：19-22.

3.2.3.4 北京联合大学旅游学院"一体两翼三平台"培养模式

1978 年，北京联合大学旅游学院正式成立，标志着我国第一所专门培养中高级旅游管理人才的教学机构开始运行；两年后，该学院开设了酒店管理系，在专门的酒店管理人才培养上位列国内之首。2008 年前后，该学院更改学制，正式成立酒店管理本科专业；到 2014 年前后，已经成为我国同类专业中的典范。

自成立以来，北京联合大学旅游学院始终坚持在吸收国际先进人才培养模式的基础上探究什么样的人才适宜本土，以及如何培养这类合格的人才这两个问题。经过数十年的摸索，该学院逐渐形成了独具特色的"一体两翼三平台"人才培养模式。在该模式下，毕业生都有着很好的就业前景，一直是相关行业较为青睐的人才。

将"一体两翼三平台"拆分来解读，"一体"即学院在酒店管理人才培养上的总目标，也就是培养创新能力强、职业素养高、国际意识强烈的，能够胜任和推动酒店业发展的高质量管理和经营人才；"两翼"即能够实现总体目标的能力，由以理论知识为导向的专业能力和职业需求为导向的职业能力构成；"三平台"即实现总体目标的具体路径，分别是提高综合素养的平台、注重点线面结合的能力提升平台、追求多维互动交流的合作平台。

（1）培养目标。

北京联合大学旅游学院酒店管理专业设置的人才培养目标主要包括：培养具有职业素养、国际视野和创新精神的，能够胜任和推动酒店业发展的高素质管理人才。

（2）课程体系与课程设置。

该学院的课程体系主要由五部分构成，分别是通识教育、工商管理学科大类教育、专业教育、实践教学和素质拓展教育。该学院按照学生的认知学习模式逐步提高难度开展通识、学科和专业课程，具体的课程设置围绕总的培养目标、培养要求展开，注重综合性与职业性，力求巩固学生理论知识的同时，提高其实践能力和职业素养。如此，该校培养的酒店管理专业人才就同时具备了扎实的综合知识和专业知识，并且能够在此基础上继续深造，具备较大的挖掘空间。

该校酒店管理人才培养模式的课程设置严格从"两翼"的能力培养方向出发，强调对学生专业能力和职业能力的双重培养。其中，专业能力就是针对酒店管理方面的能力，如酒店运营等；职业能力的针对性稍弱，主要是指在工作中的合作能力、沟通能力等。以此为导向，培养和提高专业能力的课程主要由工商管理学科的核心课程构成；培养和提高职业能力的课程则包括经典文学艺术研读课程、各种礼仪课程、多语言沟通课程等；还有针对加强学生创新意识和提高学生创业能力的素质拓展课程。值得一提的是，该学院还设有"新生研讨课"，即组织学生一起探讨创新的教学模式，让学生参与到教学的构建中，从而促进学生学习思想的提高、学习积极性的建立、学习兴趣的激发以及良好学习方式的养成。

专业能力、职业能力总是相辅相成的，专业能力的课程设置按照模块化课程的构建方式展开，着重提高学生未来成为一个优秀的酒店管理者应有的能力，在兼顾理论知识培养与实践应用能力培养的同时，也在提高学生的职业与岗位适应能力。

（3）教学方式创新。

该校以"基于场景的模块化教学法"，大胆改革和创新了酒店管理专业人才教学模式。具体而言，就是从职业能力需求出发，分析和确定哪些知识点能够提升这些能力，进而又从知识点的适当组合确定课程模块和具体课程安排，让每一个模块课程都能对应培养某种能力。

开展具体的教学活动时，教师与酒店管理专业学生在场景中一体化设计：一方面可以与学校关系友好的酒店展开合作，让学生直接在酒店环境中进行学习；另一方面也可以借助发达的信息技术，如虚拟现实技术（VR）等，构建一个逼真的场景，并且将实际工作中会遇到的难题作为课堂内容，让学生在真切的场景和情境中探讨问题并最终尝试给出解决方案，从而实现学生职业能力和专业能力的双重提高。

（4）实践教学。

众所周知，酒店管理专业重视实践环节的教学，因此该校在硬件设施的改良上投入了大量的精力和资金，建立了一系列实训室、模拟酒店、模拟酒吧等场所。学生在毕业实习环节一方面可以锻炼自身的实际操作能力，另一方面由实习指导教师指导学生探寻行业实际问题并利用所学理论知识进行解决。学生的实习指导教师为毕业论文指导教师，以使学生在科研基础上提高实践应用能力。

酒店管理专业要求学生在第二学期至第六学期中，每学期至少参加两周的集中实践活动，其中第二学期的两周实践安排在专业导论课中，以各类品牌酒店培训和酒店参观活动为主。第三、第四、第六学期的实践主要以酒店岗位锻炼实现。第五学期的集中实践主要通过课内培训实施。第四年的毕业实习,该学院会安排学生到酒店参加不少于 15 周的实习。这一阶段课堂教学内容基本完成时,学生将面临毕业,因此毕业实习过程中不仅有利于学生检验巩固书本知识,也有利于学生毕业择业。

(5)师资队伍培养。

作为教育活动的重要参与主体,师资力量的建设对人才培养的效果有很大的影响。该学院也同样重视师资力量建设,注重教师的个人素养与专业能力的提升,鼓励他们开展国际访问、提升学位。当然,该专业的应用性还要求教师要有一定的行业实践经验,并与企业、行业保持密切联系和一致的发展。例如,万豪国际酒店集团公司就与学校合作构建起了人才培养基地,为教师提升自我职业素养、实践能力提供了平台,进而间接提高教师的教学效果,从而形成良性循环。

4 新文科背景下酒店管理专业高质量人才培养概述

新文科建设是中国教育部"四新"建设的重要内容，在构建和创新中国特色学术话语体系、促进产生新思想和新理论、应对人文学科危机、繁荣哲学社会科学等方面发挥着重要作用。自 2019 年 4 月教育部、科技部等 13 个部门联合推出"六卓越一拔尖"计划 2.0，并全面启动新文科建设以来，国内专家学者对其进行了积极探讨，研究内容主要集中在对新文科进行多维度的学理释义、从整体视角对新文科建设的路径和模式进行推理验证、具体学科专业建设的思路和措施等方面，成果分布较为广泛。本章将基于这一大背景，对新文科建设下酒店管理专业高质量人才的培养进行概述。

4.1 新文科背景下酒店管理专业建设及人才培养要求

本节将基于现有认知和研究成果，阐述新文科背景下酒店管理专业建设要求与人才培养的具体表现。

4.1.1 新文科背景下酒店管理专业建设要求

前文在对新文科的内涵进行解读时提到，专业建设应变专业分割为"交叉融合""跨越专业的界限""从学科导向转向需求导向"。传统文科"分科治学"的方式以及与其相匹配的组织、模式、路径等都存在诸多束缚，不利于理论创新、价值引领和意识培养。仅依靠单一的学科知识，我们无法认清事物的全貌，而各种学科融合发展所形成的知识体系在知识的广度和深度上都有所增加，有助于我们跳出某种特定意识形态的规制，避免片面性认知或因满足迫切需要而产生的短视认知，形成对真实世界更清晰的看法。高校酒店管理专业建设遵循新文科基本原则，是专业建设适应时代变革新趋势、满足新时代文旅产业发展新需求的必经之路。

首先，酒店管理专业建设应明确其应用型特质，明晰专业建设目标是培养行业及企业所需的具备综合性知识、高素质技能的专业人才。酒店管理专业的"应用型"特质与新文科建设的时代内涵高度契合。21 世纪以来，教育部积极引导部分本科高校及本科专业进行应用型转变，以增强高等教育服务国家战略和区域经济社会发展的需求。在我国高等教育由大众化阶段迈入普及化阶段后，文科教育质量提升体现在其需要满足包括国家、高等院校、学生、家长、教师、用人单位等在内的高等教育利益相关者的多方需求。而酒店管理专业作为应用型本科专业，恰好能通过培养地区高素质人才，助力高等教育普及，服务区域经济社会发展。在酒店管理专业的建设过程中，其与政府、行业、企业、相关组织和机构等保持着密切合作，通过"产教融合""校企合作"等方式与行业、企业同频共振，进而培养符合行业和企业需要的应用型、技能型人才，具体举措包括引导企业深度参与专业建设规划、课程设置、教学内容设计、师资队伍建设等。同时，行业和企业的信息应及时反馈至专业建设中，专业建设据此灵活调整其内容。显然，酒店管理专业在应用型专业建设中所表现出的服务区域经济社会发展、以产教紧密融合强调知识应用的应用型本科专业特质，与新文科建设培养新时代社会主义接班人、实现中华民族伟大复兴的时代内涵具有高契合性。

其次，酒店管理专业建设要求落实立德树人根本任务，注重对专业人才的政治素养培养和思想品质培养。酒店行业具有传承和创新区域优秀文化的作用，这与新文科建设从意识形态方面加强建设具有中国特色的人文社科教育体系的要求相一致。2018 年发布的《教育部关于加快建设高水平本科教育全面提高人才培养能力的意见》提出了"坚持立德树人，德育为先"的基本原则，高等院校酒店管理专业应产出传承中华优秀传统文化、能把握新时代的新使命及新担当的新时代人才。酒店管理专业在建设过程中要坚持落实课程思政，将地区优秀文化融入教学内容，这对于学生正确认识文科教育在提升综合国力方面的作用具有重要意义，并且能够促进学生树立文化自信和行业自信，进一步培养地区服务意识、行业发展意识、民族振兴意识。同时，酒店管理专业在建设过程中需要时刻关注新需求、新方向、新手段，主动适应，积极求变，并在此基础上创新发展，这对于学生的创新意识和能力的培养具有重要作用。另外，高等院校在专业建设的各方面、各环节融入政治思想品德教育，是传承中国优秀传统道德品质的有效手段，能够以润物细无声的形式帮助学生树立正确的价值观。新文科背景下酒店管理专业的课程思政教育是酒店管理专业人才素质全面提升的基础，助力培养践行社会主义核心价值观、堪当中华民族伟大复兴大任的新时代文科人才。

最后，高等院校在建设酒店管理专业的过程中应注重跨学科、跨专业的课程体系设置，满足多样化学习需求。酒店行业的多样性与复杂性特点，使得以此为研究对象的酒店管理专业天然具备学科交叉和融合的特性。具体来看，现代酒店行业受到新技术和新理论的影响，在需求扩张和消费升级的背景下，结构、形态和内容都发生了改变且表现出新特点：现代酒店行业的发展趋势之一是集"吃、住、行、娱、购"于一体，行业综合性强；随着时代的发展，酒店行业形态不断演变和发展，除了传统意义上的酒店，邮轮、民宿、露营地等住宿形态逐渐占领市场份额，行业个性化突出；住宿业作为旅游业的重要组成部分，与旅游景区、交通运输、基础建设密切相关，甚至与自然环境、人文历史环境、政治环境、医疗保健等中的一个或几个要素都具备相关性，行业关联度高且全域化特点突出；受科技影响，现代酒店行业不断向智能化、信息化发展。显然，在这些时代特征和行业发展特点下，高等院校应当运用多学科知识融合的方法来研究并解决问题，基于宽泛而系统的知识结构进行综合性的整体分析。这就要求打破原有的专业壁垒，文理专业协同创新，如整合不同学科的核心基础课程，提供跨学科、跨专业课程选修方案，打造开放共享实验平台、虚拟平台、教学平台等，组建跨学科、跨专业教学团队。总之，应当明确的是，新文科背景下酒店管理专业的课程体系改革要以行业需求、实际问题为导向，在模糊学科界限的基础上通过学科、专业的交叉融合重构酒店管理专业知识体系。这可能是包括管理学、经济学、信息技术、政治学、文化学等诸多学科知识在内的综合性跨学科知识体系，此举能够有效推动学科拓展，实现知识的持续更新，助力构建中国特色哲学社会科学。

4.1.2 新文科背景下酒店管理专业人才培养要求

新文科的使命和任务是"培养知中国、爱中国、堪当民族复兴大任的新时代文科人才；培育优秀的新时代社会科学家；构建哲学社会科学中国学派；创造光耀时代、光耀世界的中华文化"。也就是说，新文科要培养的时代新人要传承中华文化、传播中国声音、创新中国理论、开创中国未来。酒店管理专业人才培养要按照新文科建设的"新人"要求，以顺应新科技革命、新经济发展、中国特色社会主义建设新阶段所提出的人才需求。

4.1.2.1 具备融合发展观念和复合型知识

新文科背景下酒店管理专业人才培养要实现的并非培养"某种人"，而是培养具备复合型知识要素及综合性技术技能的"全面人"。随着新科技革命时代的到来，信息技术、大数据、数字技术等给社会带来了巨大变革，跨界融合逐渐在各行各业显现，同时还催生了新产业形态。

酒店行业在此时代背景下，对行业人才应具备的知识与能力需求也发生了改变。比如，随着智能化、智慧化管理成为常态，酒店企业要求行业人才应具备数字化知识和能力，应用科学的方法或模型对大数据进行整合与分析，发现规律和问题，做出预测或提出解决方案。又比如，技术赋能产业融合背景下，酒店行业面临绿色发展的要求，行业人才的知识和能力则应据此满足绿色化转型升级的需要。由此可见，任何一个学科都不是一个单独的个体，其必然存在一些相关学科。在现代科技变革的时代背景下，酒店管理专业人才除了需掌握本学科知识及能力外，还需要掌握统计学、数学、公共管理、自然科学等学科知识及能力，而这些关联学科的知识在行业内发挥的作用日益显著。

另外，应当明确的是，酒店管理专业"全面人"的培养，既是基于跨学科、跨专业的知识培养和能力培养，也是主动进行跨学科、跨专业学习的意识培养和精神培养。高等院校酒店管理专业从顶层设计出发，为人才培养设计了包括课程设计、教学方法等在内的具体方案；然而，只有在人才培养过程中明确跨学科、跨专业知识体系构建的必要性，才能推动专业人才主动探究文科与文科、文科与其他学科、文科与现代科技之间的融合，实现知识持续更新和自我不断完善。

4.1.2.2 具备振兴发展观念与思辨能力

从时代发展的角度来看，当下我国正处于百年未有之大变局的加速演进期、第二个百年奋斗目标的新征程，面临新的矛盾和挑战，新文科人才建设任重道远。从传统文科到新文科，重新回归整体论阶段，并非是对过去阶段的简单否定和消灭，也不是脱离过去阶段的完全创新。酒店管理在近代科学方法论的视角下，是从旅游管理这一整体中分离出来的部分，经过相对孤立的解析，以发挥其对旅游整体性质和功能的反推作用。然而，由于对部分的理解不能完全拼接成对整体的理解，新文科背景下的酒店管理专业人才应在认识广度和深度的要求下回归整体性思考。

酒店行业在中国的发展较早，在古代就以客栈、驿站的形式出现，因此酒店管理在中国其实具备较长的历史。新文科背景下的酒店管理专业人才应当具备思辨能力，做到始终牢记中国特色社会主义发展要求，立足中国立场，并在借鉴古今中外相关理念和思想的时候，取其精华，去其糟粕，以新的整体论方法对知识进行整合和重构。同时，酒店管理专业人才应深刻认识酒店产业在经济、文化、社会发展等方面所具备的重要作用，进而能认识到其所学所为对提升综合国力、培养时代新人、建设教育强国等方面所具备的重要意义，树立起文化自信、行业自信，牢固树立文科教育的重要地位。

4.1.2.3 具备创新发展观念和创造性能力

在新文科建设学科交叉融合的背景下，综合性的跨学科知识体系是为了使现代酒店管理专业人才具备跨学科的多元复合知识素养与能力结构，从而能够以新技术、新方法、新视角对传统酒店管理问题进行再发现和再解析，产生新思路、新理论、新机制。当前，面对百年未有之大变局和人工智能、大数据、5G 时代，我国的酒店行业向着智慧化、"走出去"、跨界融合等趋势发展不可避免，这其中可能面临的矛盾和冲突仅凭传统文科的知识与思路已无法解决。因此，酒店管理专业人才应当真正认识到创新思维及能力的重要性和必要性。既然仅凭传统的酒店管理专业知识无法解释问题和提出解决方案，那么就要从其他角度进行解析，或者结合其他学科知识对问题进行重新认识。对于酒店管理专业人才而言，其应当具备的是主动创新的意识，在科技革命、经济发展和社会变革面前主动思辨、积极求变。

此外，新文科背景下的酒店管理专业人才在具备创新发展意识的基础上还应当具备创造性能力，即在主观意识的引导下具备实际动手能力。比如，在时代背景下，他们能够将融合酒店管理、人工智能、大数据分析、5G 科技甚至医疗保健、环境保护等方面的跨学科、综合性知识体系真正应用至学科建设和专业建设中，以更广阔的视角、更开阔的意识和更深厚的知识积累解读需求并分析问题，进而提出具有新方向、新特点、新气象的解决方案，实现理论、机制、模式创新，推动酒店管理专业、酒店行业的进一步发展。

4.1.2.4 具备共生发展观念与广阔视野

酒店管理专业具备应用型本科的"地方性"特点，在新文科建设中肩负着服务区域经济社会发展的任务。这对于酒店管理专业人才培养来说，既要基于本专业的办学定位、特色、资源优势等基础条件，也要结合所在区域的产业结构、经济特点、社会需求等方面的现实要求，积极探索校企合作、校政协同，邀请政府部门、行业企业、用人单位、学生及其家长等人才培养的利益相关者共同探讨并参与人才培养过程。在各方的共同管理和监督下，酒店管理专业人才培养的结果是：专业人才不仅能够明确自身发展要求，更能做到将其与社会发展要求进行对比，整合补充，充分利用高校已经搭建和不断完善的产教融合平台，使自身发展符合政府部门、行业企业、用人单位的需求。

在全球新时代背景下，文科本土化和文科国际化同时存在。21世纪以来，我国酒店行业相关研究、酒店管理专业人才培养已经取得了一定的中国特色学术成果，但仍处于发展阶段。考虑到外部世界因素对新文科建设的影响，酒店管理专业新文科建设的人才培养要求既包括前文提到的能够服务本地区经济发展，也包括促进在中国特色社会主义时代背景下的中国酒店行业发展，乃至进一步助力世界酒店行业的发展。因此，在人才培养过程中，高等院校要充分分析新时代酒店行业的发展理念、价值取向、时代精神、科学技术等，聚焦国际社会共同关注的问题，瞄准时代关键要求和重点领域，培养具有广阔国际视野、国内外大局意识、服务国家社会发展意识的专业人才。

4.2 酒店管理专业高质量人才的内涵与能力构成

时值我国向第二个百年奋斗目标进军之际，党的十九大报告明确了人才工作在党和国家工作中的重要地位，即人才是实现民族振兴、赢得国际竞争主动权的战略资源，人才强国战略也是全面建成小康社会的七大战略之一。教育部高等教育司在2021年进一步指明，中国高等教育进入普及化阶段，该阶段是高等教育发展的最高阶段，其特点是教育的高质量发展和全面提质创新。扎根中国大地的高等教育高质量发展是实现我国到 2035 年建成教育强国的关键举措，也是推动经济社会高质量发展的重要基石；而其根本与核心在于人才培养的高质量，即培养德智体美劳全面发展的社会主义建设者和接班人。本节将基于高等教育的时代背景和目标任务，对酒店管理专业高质量人才的内涵和能力构成进行解读。

4.2.1　酒店管理专业高质量人才的内涵

4.2.1.1　新时代的"文化人"

根据《教育部关于"十三五"时期高等学校设置工作的意见》，酒店管理专业属于应用型专业，主要目标为培养从事服务酒店行业及相关行业产业发展的应用型人才，行业和职业特性突出；然而，这并不意味着酒店管理专业人才是只具备相应技能的"工具人"。从教育教学规律和学生发展规律来看，在以社会变革、信息科技革命和全球化发展等为特点的新时代，酒店管理专业高质量人才应在心理品质、行动要素、核心素养方面具备较高水平，以适应和满足时代发展、社会进步需求。

在心理品质方面，酒店管理专业高质量人才具体表现为具有较强的责任感、进取心和求知欲。一方面，对于个人发展和职业发展而言，责任感是前提和基础。酒店管理专业学生只有在对所学知识、所在专业产生责任感时，才能进一步培养起对行业和社会发展的责任感，树立起行业自信和为实现中华民族伟大复兴而奋斗的意识。另一方面，在日益复杂激烈的国内外竞争环境下，积极的进取心和强烈的求知欲是促进个人持续发展的内生动力。变幻不定的内外环境使得酒店行业发展的影响因素、人才需求等也在不断改变，只有具备想要提升个人发展空间的进取心和与时俱进进行因果关系探索的求知欲，才是符合当下行业对深谋远虑、积极求变、及时应对的人才的需求。

在行动要素方面，酒店管理专业高质量人才应做到会说、会做和会想。首先，"会说"并非简单的口头表达，还包括书面、行为等形式的表达。酒店行业主要是面向人、服务人的，对外和对内的沟通交流同等重要，对个人表达能力尤为关注。比如，需要传递的信息以何种形式、通过何种方法、在何时传递给何人，都是可能产生影响的因素。其次，"会做"指的是能将所学知识应用至实际的能力。酒店行业的相关工作包括项目筹备和运营等，日常工作则主要体现在接待、处理投诉建议等方面，对从业人员的实践能力要求较高，酒店管理专业高质量人才应当是具备能快速、准确地选择所学理论知识并将其应用至解决所面临问题能力的人。最后，"会想"指的是善于学习和创新。在酒店的日常工作内容外，常常会遇到各种不同的意外情形，此时，从业人员应能基于自身不足，细心观察学习他人经验，虚心求教，甚至利用工作之外的时间不断学习。同时，企业、社会、个人都在发展和变化，常对现有状态和未来可能进行分析和探究，勤于思考，勇于创新，往往能够提高发现机会和把握机会的可能性。

在核心素养方面，酒店管理专业高质量人才应具备职业道德、担当人格、思辨意识、科学情怀和全球视野。具体而言，从业人员在运用所学专业知识和专业技能时，要遵守职业操守，将社会担当意识融入健全人格的培养；在创新实践中坚持以批判性思维做指导，辩证看待事物；基于地区、国家、世界的人文情怀，对科学技术进行开发和应用；结合多元史观，以全球视阈审视和推进酒店行业发展。核心素养指明了新时代的"文化人"应当是具有酒店行业发展责任意识和能力的人才，这样的人才还具有家国情怀、世界乃至人类发展责任意识与能力，担负着民族复兴的重任，积极参与人类进步事业。

4.2.1.2 差异自洽的"全面人"

面对社会新旧动能转化，酒店行业持续升级，并逐步向大规模、高质量方向发展，新型业态不断涌现。酒店行业对人才产生了多样化需求，除了需要能够胜任对客人服务的劳动技能岗位的人员外，还迫切需要具有娴熟语言技能、精通酒店整体运营等复合型知识要素和基本实践经验的管理人员。

酒店管理专业高质量人才应当是能满足行业、企业多样化需求的一专多能、一精多会的人才，甚至是能带领行业创新发展的人才。因此，在专业人才培养过程中应当明确的是，酒店管理专业并不是要培养本专业的"专才"，而是要培养支持和促进酒店行业发展、能够在任一相关行业做出贡献的"全才"。

一方面，在经历大类招生之后，学生基于该"类"学科方案进行学习，打好专业基石。通过系统性学习，学生能够掌握酒店行业的相关理论知识和专业技能，如酒店组织结构、各部门职责与业务、各岗位要求等。另一方面，基于生源特点、个人成长与时代契合、个性化发展等要求，学生能够通过一定的选择机制，充分利用现代信息技术，获得并筛选海量资源，在丰富的平台上获得进一步提升。这些拓展知识可以是教材范围之外酒店管理专业的，使学生在本专业进行纵向深入学习；也可以是酒店管理相关学科的，如旅游管理、经济学、社会学、语言学、历史学、数学、计算机技术、人工智能等，学生能够进一步开展跨学科横向学习。

在纵向深入学习和横向拓展学习的同时，通过参与各类创新创业实践和专业相关赛事，学生能够真正将知识进行应用。这一环节的知识应用既能起到检验学生知识获取、理解、使用水平的作用，也能帮助学生持续发现并调整知识获取视阈。例如，在竞赛中学生发现自身现有知识无法解决某一特定问题，接下来他便能有针对性地进行知识拓展，从而实现知识的交叉融合。此外，高等院校所举办的多类高端论坛、名师讲堂等，也能拓宽学生的视野至经济社会、区域、国家、全人类发展等方面，在打造高端学术引领学生成才方面具有重要作用。

综上所述，酒店管理高质量人才是能够满足酒店行业多样化需求的人才，同时也是符合其个人发展要求和个性成长的人才。这类人才能够解决的一大突出问题即个人发展需求和行业人才需求之间的矛盾，使自身的个性成长与行业发展保持同频共振。他们既具备扎实的酒店管理专业知识和技能，也能依托其个人兴趣拓宽视野，利用跨学科知识来解决酒店行业的问题、走出困境，甚至能通过科学研究延伸和创造新理论、新方法。

4.2.2　酒店管理专业高质量人才应具备的专业能力

高等院校酒店管理专业人才培养目标仍多以 2012 年教育部颁布的《普通高等院校本科专业目录》为参照标准，培养"掌握现代酒店经营管理的基本知识和服务技能，从事酒店经营管理和接待服务的高级管理人才与高级技术应用型专门人才"。这一目标较好地阐述了酒店管理专业能力是从事酒店行业职业活动所需要的专门知识和技能，具有较强的行业应用特性。

具体而言，酒店管理专业能力包括专项能力、业务能力、综合管理能力和应变能力。首先，专项能力指的是依据酒店行业相关企业各部门工作内容的差异，具有能够进行酒店产品开发设计、市场营销策划、人力资源管理、采购物流管理、质量监督控制、投资收益分析等部门专项工作的能力。其次，业务能力指的是具有能够按照酒店行业各岗位的日常业务流程规范进行操作的能力，涵盖有形产品制作和接待、清洁、安全保卫、培训等无形要素的生产与管理在内。再次，综合管理能力更多地要求从企业甚至行业发展的整体视角来解读，涉及范围包括酒店行业相关企业的服务组织、运营协调、产业融合、跨文化交际、项目运营等方面。最后，应变能力即应用酒店管理专业知识发现和分析酒店企业、酒店业经营管理中的新问题、突发问题、危机问题等，并具有能够做出正确应对方法的能力。专业能力是酒店管理专业高质量人才能力结构的基础。个人只有通过提高并巩固自身的专业能力，即提高类化迁移和整合所学专业知识与技能的能力，在了解酒店行业真实工作环境、解决专业问题、完成一定职业任务时才能做到有的放矢。

4.2.2.1　酒店管理专业高质量人才应具备的方法能力

酒店管理专业具有天然的交叉属性，自然、社会、信息科技、医疗健康等学科中的理论知识和方法都可以为其所用。因此，酒店管理专业高质量人才应具备相应的方法能力，广泛地获取知识，并将包括哲学、社会学、文学、法学、医学等通识内容进行深度融通。

方法能力指的是在从事酒店行业服务、经营和管理工作过程中所需要的工作方法和学习方法，具体包括学习能力、大数据获取能力和分析处理能力。首先，学习能力指的是在变幻不定的世界中，能对酒店行业、行业相关企业经营管理过程中所面临的具体问题进行发现与判断、获取相关信息并进行解读、与时俱进地学习和接受新技术的能力。其次，大数据获取能力是适应当下大数据时代的一种能力，包括能够进行数理统计、数智化操作、酒店和旅游大数据获取等，通过获得尽可能多且准确的信息，为后续进行数据分析打下坚实基础，提升酒店行业在服务质量管理、宾客关系管理、市场需求预测等方面的水平。最后，分析处理能力指的是问题发现和关键信息提取、资料检索、分析模型建立等方面的能力，其主要作用在于完善发现问题关键、挑选重要信息、检验相关假设、提出解决方案的问题处理闭环。

方法能力是酒店管理专业高质量人才的基本发展能力，基于个体特性，在独立学习、获取信息、分析处理信息方面都会表现出差异。但在自我认知和个人成长的基础上发展起来的方法能力，是能够促进学生不断获取酒店行业相关的新技能、新知识、新信息和新方法的重要手段，培养符合时代需求的自我学习、数智化信息处理、数字技术应用等能力。

4.2.2.2 酒店管理专业高质量人才应具备的社会能力

在关于职业能力构成的相关研究中，社会能力是其中的重要组成部分。从人的社会属性来看，它是所有人从事社会工作所必须具备的一种能力。对于酒店行业的从业人员而言，这种能力又尤为重要。因为其身处一个开放的社会环境，需要频繁地与人交流、与人合作、解决问题、应用语言等，而这个社会环境范围既包括酒店相关企业，也包括区域、国家乃至世界。

社会能力是指与他人交往、合作、共同工作和生活的能力，具体表现为在从事职业活动的过程中所需要遵守的行为规范、价值观念和调整控制能力。我们可以将其分为自我管理能力、人际交往能力和社会适应能力。

首先，自我管理能力体现在意识管理和行为管理两个方面。意识管理是能进行正确的自我认知，明晰个人能力、个人发展阶段、个人职业生涯规划等；同时能树立起正确的世界观、人生观和价值观，其具体表现为包括爱岗敬业、诚实守信、宾客至上等在内的职业道德。行为管理则强调个人能够承受一定的工作压力和生活压力，并能在压力下进行情绪自控，避免将个人情绪带至工作中。

其次，人际交往能力既包括个人自身的语言表达能力，也包括与业务相关的公关协调、沟通能力，还包括在酒店企业中的团队合作能力与意识。酒店行业从业人员对内需要组织或参与团队活动、与团队成员进行有效交流，对外需要在团队服务意识下与顾客、合作者、竞争对手等利益相关者进行有效沟通。

最后，社会适应能力具体表现为社会担当、遵纪守法、与时俱进、求真务实等社会责任感。酒店管理专业高质量人才是具备强烈的社会责任心，自觉自律，紧跟时代要求进行自我提升，兼顾个人、酒店企业、酒店行业、社会经济发展的人才。

社会能力更多表现为一种行为能力，指导酒店行业从业人员应当如何做，并解释了为什么这么做。个人的发展是在酒店相关企业中的发展，也是在社会中的发展；而酒店相关企业的发展则是由无数个人发展组合而成的，在酒店行业甚至区域、国家和世界中的发展。因此，个人离不开社会，而酒店也是"社会人"，无论从个人发展还是酒店发展的角度而言，酒店管理高质量人才都应该基于自身和行业企业的社会性培养其社会能力。

4.2.2.3　酒店管理专业高质量人才应具备的创新能力

在当前时代背景和教育理念下，创新是行业发展进步的助推器，同时也是促进学生自身发展成才的一种手段。因此，在当下人才竞争日益激烈的情况下，高质量人才在传统职业能力范畴之外，更应该具备创新能力，以获得未来发展优势，助力酒店行业和经济社会的发展。

一方面，创新能力表现为人才具有创新意识。我国经济发展从高速增长向高质量发展转变，酒店行业面临由模仿创新向自主创新的战略转换需求，行业所需的高质量人才应该认识到这一点，需要具备将我国酒店行业从跟随者转变为引领者的意识和觉悟。国际酒店企业的发展有其优势，也对我国酒店行业的发展提供了参考和借鉴。我国酒店行业和酒店企业的发展应当立足于中国国情，这就需要酒店管理专业人才具备相应的创新发展意识，跳出传统酒店行业和国际酒店行业的发展模式，这也是实现中华民族伟大复兴的必然要求。

另一方面，酒店管理专业高质量人才的创新能力体现在创新实施上。在社会变革、科技发展、信息迭代的时代背景下，面对快速更新的海量知识，酒店行业人才也要能够不断更新其认知框架，以持续性、常态化的跨学科学习重构专业知识架构。变化的开放式问题和跨界融合成为新时代不变的主题，酒店与文化、语言、社会、科技、医疗、经济等的联系日益加强。因此，酒店管理专业高质量人才应当习惯打破边界，擅长获得超越自身熟悉领域的信息，并能以结果目的为参照挑选知识和整合知识，进而以跨界产出促成合作。

4.3　新文科背景下酒店管理专业高质量人才培养的意义

本节将从国家、学科专业以及人才三个方面出发，论述新文科背景下酒店管理专业高质量人才培养的意义。

4.3.1　国家人才强国战略的要求

党的十九大报告提出了"人才是实现民族振兴、赢得国际竞争主动的战略资源"这一重要论断，将人才工作上升至党和国家工作的重要位置。从国内形势来看，自改革开放以来，我国经济的快速发展在很大程度上得益于人口红利带来的劳动力成本优势。酒店行业属于劳动密集型产业，在这一阶段也充分利用人口红利的机会窗口获得了快速发展，并据此吸引外商投资，助力地区与国家经济的快速增长。然而，近代人口结构演化、供需特征转换等因素使得人口红利难以进行持续性的增长，甚至出现弱化、消失的现象。可见，在当前时代背景下，继续依靠人口数量不是一个好方法，而提高劳动力的质量和拓展人才的比较优势就成了发展的关键，人力资本红利成为人才高质量发展的根本逻辑。

此外，我国高等教育毛入学率在 2021 年达到 51.6%，高等教育在学总人数超过 4 430 万人，这两个数字在 2019 年时分别是 20.0% 和 4 002 万人。我国至此建成了世界最大规模的高等教育体系，高等教育也由此进入世界公认的普及化阶段。高等教育毛入学率的提高是扩大我国人才培养规模和人力资源供给规模的有效衡量指标，也是支撑产业转型升级和高质量发展的基础。截至 2021 年年底，我国接受高等教育的人口达到 2.4 亿人，新增劳动力的平均受教育年限达到 13.8 年，劳动力素质得到了稳步提高。《中国教育现代化 2035》提出，"十四五"时期，通过努力改善办学条件、提升高等教育竞争力、加强理工农医人才培养等措施，2025 年高等教育毛入学率可达 60%，2035 年高等教育毛入学率可达 65%。习近平总书记强调，虽然我国高等教育的办学规模和年毕业人数已居世界首位，但是规模的扩大并不意味着人才培养质量的提高和效益的增长。因此，我国在步入高等教育普及化初级阶段后，随着高等教育规模的继续扩大，高等教育发展的重点应转向高质量专业人才的培养。

从国际形势来看，在百年未有之大变局下，国际力量对比持续发生变化，分化趋势愈加明显；加之中美贸易摩擦不断升级，我国经济发展转型也面临更加复杂的环境。在这样的时代背景下，我国集中精力办好自己的事，同时积极参与全球治理，推动国际新秩序的重构。我国所坚持推动的国际新秩序具有"持久和平、普遍安全、共同繁荣、开放包容、清洁美丽"的特点，这一新秩序也获得了世界上越来越多的国家的认可。要实现这一目标，习近平总书记强调，就要提高我国参与全球治理、规则制定、议程设置、舆论宣传、统筹协调等方面的能力。这就意味着，要提升我国在国际社会的话语权。这就需要一大批坚持党和国家方针政策、了解我国国情、具备全球视野、熟练的外语能力、熟悉国际规则、能进行国际谈判的专业人才来实现。联合国教科文组织也提出，当今世界存在各种冲突和矛盾，人类面临种种挑战，教育应承担未来可持续发展的责任。

　　基于以上对于国内外复杂环境的分析，新文科背景下酒店管理专业高质量人才培养具有鲜明的时代性，是助力人才强国战略促进全面建成小康社会的现实要求。首先，新文科背景下的酒店管理专业高质量人才能够促进经济增长。党的十九大提出，人力资本应当在经济增长动力中产生更大贡献。自 2012 年我国劳动人口总量达到 9.22 亿人的最高值后，劳动年龄人口增量转为负值；然而，劳动年龄人口的知识技能水平在不断提高。在网络化、数字化转型时代，知识加速更新迭代，具备快速学习能力和知识融合与应用能力的酒店管理专业人才远比数字技术、互联网技术等信息技术本身更为重要。这些人才与传统酒店行业的从业人员不同，除了具备基础业务技能外，他们还能运用其所掌握的跨学科、与时俱进的科学技术解决酒店行业所面临的实际问题，识别行业发展趋势并提前做好准备，以复合型知识提高抓住机遇的机会，进而提升服务地区和国家经济发展的效果。其次，新文科背景下的酒店管理专业高质量人才以其创新创造能力助力中国学术话语权的提升。社会分工与协作方式逐步转向基于知识关联进行，酒店行业也在知识融合化趋势下发展。酒店管理专业高质量人才并非依据传统标准化模式培养而成，而是具有超越酒店管理领域的认知，看到并能够融合其他相关领域发展的人才。他们可以在深化跨学科分工与协作的基础上进行知识融合，立足于中国社会实际，产生中国特色酒店管理的新理论、新方法、新模式，助力构建中国学术知识体系，进而提升中国学术话语权。最后，新文科背景下的酒店管理专业高质量人才是提升国际竞争力的重要因素。中美两大经济体之间的贸易关系前景愈发不确定，使得我国酒店行业发展所面临的国内外竞争环境愈加复杂。自 2018 年起，我国酒店积极实施"走出去"战略，其规模和品牌效应在世界范围内都取得了一定的成效；然而，我国酒店在系统化、复杂化的行业网络构建方面仍然有待提高。新时代的酒店管理专业高质量人才应该具有爱国情怀和国际格局，同时能够进行国际对话和跨文化沟通，在我国深化对外开放的过程中，以其对国内外知识的链接与融合，最终实现酒店行业国际协同模式。

4.3.2　提高专业人才供需适配度

　　高等教育迈入内涵式发展的新时期，各类高校以"立德树人"为导向，适应新时代发展格局的新需求，稳步落实教育质量提升，办好人民群众满意的高等教育。然而，"培养什么样的人"才是符合时代需求的人才，是现阶段所面临的新问题和新挑战，只有准确把握这一问题导向，才能进而回答"如何培养这样的人"和"人才培养效果如何"的问题。从宏观层面来看，高质量人才是能够助力全面建成小康社会、助力中华民族伟大复兴的人才；从中观层面来看，高质量人才应是满足各行各业现实需求、助力产业转型升级和创新的人才。因此，新文科背景下酒店管理专业高质量人才培养是在缩小行业人力资源供需差异，进而推动实现人力资本红利的重要手段。

从行业人才需求侧来看，我国国民经济结构面临重大调整。2019年，我国第二产业增加值比重为39.0%，第三产业增加值比重达到51.9%。同时，受益于国家经济的快速发展，我国酒店行业规模也获得了持续扩大，酒店客房数量截至2019年年底达到414.97万间，在"十三五"期间的年均复合增长率达到17.87%。即使受到全球化疫情的影响，截至2022年第三个季度末，我国筹建酒店的数量达到3 604家，筹建客房的数量共计超过68.42万间。由此可见，我国已经成为世界上酒店行业发展最快、辐射带动能力最强的国家之一。

与此同时，酒店行业自身大规模、高质量的发展，催生了多种新型业态，致使人才需求结构也相应发生改变。一方面，酒店行业人才需求应具有结构性特点和多样化特点。酒店行业同时存在可以快速上岗的岗位和需要经历长期培养后才能胜任的岗位，所以其既需要能够从事一线服务技能岗位的人员，也需要具有全局意识，以及优秀的语言沟通能力、组织管理能力的管理者。另一方面，酒店行业的新型业态不断涌现，管理层的角色从管控者向赋能者转变。信息科技不断发展的当下，干扰愈多则不确定性愈强，很多时候组织要依赖员工做出决策。不论是传统酒店还是智慧化酒店、绿色酒店、体验式酒店等新型业态酒店，管理者自身能力固然重要，但能打造出自组织、自驱动和自激励的企业团队组织的赋能型管理者才是新时代酒店高质量发展所迫切需求的。

从专业人才供给侧来看，我国人口的受教育程度不断提升，劳动年龄人口技能水平不断提高。我国历来是人口大国，新中国成立初期，劳动年龄人口的人均受教育年限仅为1.6年，这个数字在1985年超过8年，2021年提高到10.9年，它在一定程度上反映了我国的人力资本水平在持续提升，为打造知识型、赋能型、创新型产业人力资源结构打下重要基础。

2000 以来，国内开设旅游和酒店管理专业的高校超过 1 600 所，其中本科院校有 515 所；开设酒店管理专业的高等院校共 747 所，本科院校有256 所，年均毕业生人数约为 4.6 万人，我国开办酒店管理专业的高校与毕业生数量已位居世界前列。然而，从现有酒店管理专业人才培养方案来看，相关院校仍然以模式化教育为主，注重酒店行业核心知识体系构建，由于人才培养模式单一，专业人才培养结果的差异化明显。同时，在 1 600 多所开设旅游和酒店管理专业的本科院校中，招收研究生的有 188 所，招收博士研究生的仅有 60 所，可见旅游和酒店管理专业人才虽具备较为充足的供给数量，但高层次人才在旅游和酒店管理专业高等教育体系中的占比明显不足。

综上所述，酒店行业人才供需的现状是：酒店行业的快速扩张在市场上产生了大量的人才需求，同时也带动了酒店管理专业高等教育的发展，促进了人才供给的产出增加。然而，在酒店行业人才需求和供给出现"双高"的情况下，酒店行业同时存在行业用工难和学生就业难的现象。究其原因，是高校酒店管理专业人才培养供给侧和酒店业产业需求侧在结构、质量、水平上还无法完全适应，仍然存在"两张皮"的问题，以至于虽然高校人才产出量增加，但这些人才无法匹配酒店行业市场的需求或符合需求的人才不愿留在该行业。

要解决酒店行业人才供需不平衡的问题，依照新文科建设要求进行酒店管理专业高质量人才培养是必然的。党的十九届五中全会审议通过了《中共中央关于制定国民经济和社会发展第十四个五年规划和二〇三五年远景目标的建议》，明确提出"建设高质量教育体系"的任务要求。高等院校应明确我国所处的时代背景，主动适应国家战略发展的新需求和世界高等教育发展的新趋势，全面提高酒店管理专业人才培养能力，加快形成高水平人才培养体系，培育服务地区与国家发展的新时代人才。

新文科背景下的酒店管理专业建设要立足于中国国情，通过拓宽视野和聚焦社会与科技变革，培养具有国际视野、与时俱进、主动创新的高质量人才。这类人才的其中一个突出特点就是能有意识地进行跨学科知识融合，并基于个人兴趣和个性进行差异化发展，这是酒店行业人才培养从数量到质量转变提升的重要表现。同时，在高质量人才培养过程中落实行业相关企业的高度参与，既能保持人才培养与行业需求的同频共振，也能实现行业相关企业进行按需培养。总之，新文科背景下酒店管理专业高质量人才培养能够缩小行业人才需求和高校人才供给之间的差距。在酒店行业人才供需趋于平衡的状态下，高校酒店管理专业毕业生的就业率和行业留存率都将提升，这有助于吸引和激励新的人才留在该专业。

4.3.3　个人发展需求和价值实现

随着我国高等教育规模的不断扩大，我国高等教育层次学生规模也在不断扩大，如何实现人才培养质量的整体提升已成为愈加重要的课题，高等教育要从注重数量的发展转变为注重质量的发展。习近平总书记在 2021 年 9 月 27 日的中央人才工作会议上强调，我国拥有世界上规模最大的高等教育体系和各项事业发展的广阔舞台，完全能够持续造就大批优秀人才和培养出大师，以坚定的决心和自信走好人才自主培养之路，培养高水平复合型人才。

在新文科建设的背景下，党和国家的相关政策和论述为高等院校在新时代履行人才培养职能指明了清晰的方向。在人才培养的发展道路上，高等院校不能只聚焦社会、行业需求，而忽略了学生个人需求和价值实现需求。在深化高等教育普及化发展的过程中，高质量人才培养的误区之一就是以拔尖创新型人才培养为主，忽略了其他占据绝大多数的普通大学生。

高等院校中的绝大多数大学生不挂科、不出格，也并非"低质"人才，只是在各方面不出众，即相较于拔尖人才而言，他们显得平平无奇，也因此在优等竞争性评价下受到忽视。一些普通大学生在四年的大学生活中如同看客，可能从未在课堂发言，从未参加各类专业竞赛，也从未参与各类社团组织，因此鲜少获得来自老师和同学的赞许。由于"摆烂"和"躺平"的心态，他们也几乎没有和行业专家或教授进行过深入的交流讨论。同时，社会经济的发展使得存在巨大身份落差的学生们同处一处学习和生活，而一些学生因自身身份由特殊到普通的巨大落差导致的失落感陷入自卑困境，不自觉地向"边缘化"发展。另外，受到现有社会竞争文化的影响，外界倾向于对表现突出的学生做出"成功"评价；相反，对于不突出的学生做出"失败"评价。甚至有一些学生自己也认为，作为普通学生，他们与拔尖人才属于对立面，放弃了表现自我的机会，但是他们的个人发展需求和实现个人价值的期望并未消失，只是在其将本应拥有的资源和机会主动让出或被动挤占之后，产生了对将来学习、生活、就业的迷茫感。

在提倡建立高质量人才培养体系的同时，对社会现状不闻不问、正义感和良知道德淡泊的"局外人"大学生却越来越多。究其原因，是人才培养模式无法满足学生的诉求，学生付出的努力无法获得相应的回报。中国正处于第二个百年奋斗目标的新时期，处在世界百年未有之大变局中，国内外竞争不断加剧，"胜者通吃"的观念在这样复杂多变的激烈市场竞争中往往被认为是最经济、最效率的选择，因此高等院校倾向于将资源集中并提供给这些突出人才，而对绝大多数普通大学生仍然实施传统教育。

例如，行业相关企业在进行人才招聘时，相较于学生的知识储备情况，更注重学生更高层次的能力和品质，如系统性思维、团队思维、创新思维等。而一些高校只集中资源打造少数学生团队和学生品牌，参与专业竞赛、学术研讨的总是固定的几个学生或学生团队，其他"普通"大学生未能获得相关训练，在求职就业时便处于相对劣势。一部分学生转而将升学作为毕业后的另一条出路，一些高校因此改造了诸多考研自习室，将中学应试教育延续至高等教育阶段；但这些选择考研深造的学生并不全是出于自身对学术的热情，也可能是为了逃避就业压力。

高质量人才培养应兼顾拔尖人才与普通人才的培养，因为人才培养并不是"成王败寇"的竞赛，教育的本质是孕育人性之美、转变人性弱点、补足人性缺失。普通大学生是绝大多数高等院校学生的真实样貌，也正因如此，他们是高等教育普及化阶段我国教育发展最值得关注的群体。不论学生是否参加社团组织、专业竞赛、学术活动等，他们都在自己的专业领域里勤勤恳恳地学习，每一位学生都有获得相对平等的关爱、尽情享受精彩学习生活的权利。

一方面，满足学生全面提高知识和技能的需求。现代技术的迅速变革，使得酒店行业对从业人员提出了更高要求，高等院校酒店管理专业根据行业需求重构知识体系，如将数据应用、数字技术、绿色发展等理论与传统酒店管理专业知识相结合，协助学生据此初步构建具有时代特性的酒店行业基本知识架构。同时，基于酒店管理专业的应用型特点，通过校企合作提供丰富的社交与实践平台，助力学生获得和培养行业所需要的社交能力、人际关系、实践经验。

另一方面，满足符合个人兴趣爱好的发展需求。消费水平和消费结构的升级使得个人特点愈发清晰，高等教育应协助学生发现其个性及个体差异，不断实践和尝试，在持续试错过程中逐步明确个人发展目标并制订相应的个人发展计划。例如，酒店管理专业人才的发展道路可以是高端奢华型酒店、经济型酒店、民宿等各业态中的企业职员，也可以是行业协会、政府组织成员，还可以是酒店管理及相关专业的科学研究人员等。

综上所述，新文科背景下酒店管理专业高质量人才培养是培养能够实现个人发展需求和个人价值的行业所需人才。高等院校应在帮助学生识别和发现自身价值观、确定自己真正关心的事物的基础上，根据学生的个人价值观和兴趣设定发展目标，通过持续学习和实践，定期评估，及时反馈和调整，在试错的过程中帮助学生逐渐实现目标和提升自身价值，保持对学习、生活和工作的热爱，以积极的心态迎接未知挑战。酒店管理专业高质量人才不仅是满足行业需要的人才，也是符合自身个人发展需要和个人价值观的人才，是个人价值在行业和社会的充分实现。

4.4 新文科背景下酒店管理专业高质量人才培养相关理论基础

本节将分别论述"差异化教学"理论、"扎根"理论和"职业锚"理论三个新文科背景下酒店管理专业高质量人才培养相关理论基础。

4.4.1 "差异化教学"理论

4.4.1.1 "差异化教学"的概念及其发展

国内外关于"差异化教学"的研究由来已久，"差异化教学"理论的起源可以追溯至 20 世纪初，教育心理学家卡尔·罗杰斯和亚伯拉罕·马斯洛等人的研究中强调学生个人经历和个体需求在学习过程中的重要性。这一时期的研究侧重于了解学生不同的学习需求，包括学生个人能力、兴趣和爱好，为之后更加以学生为中心的教学方法奠定了基础。

20 世纪 80 年代至 90 年代，"差异化教学"理论进入了发展与完善阶段，研究重点在于评估"差异化教学"对学生参与学习和学习动机产生的影响，以及其在提高学生学业成绩方面的有效性。心理学家霍华德·加德纳提出了"多元智能"的概念，即学生有不同的学习风格和优势，教学应当根据每个学习者的需求进行调整。心理学家卡罗尔·汤姆林森和理查德·金特里等人对"差异化教学"进行了进一步的深入解读，将"差异化教学"

的范围拓展到教学内容、教学方法、教学评价体系等多个方面。他们提出"因材施教"的理念，持续进行教学评估，并根据评估结果调整教学策略，以满足个别学生的独特需求。"差异化教学"被确立为一种具体的、得到广泛认可的教学方法。

在我国，"差异化教学"理念可以追溯至 2500 年前，孔子《论语·雍也》提道："圣人之道，粗精虽无二致，但其施教，则必因其才而笃焉。"孔子的两名学生子路和冉有向其提出了同一个问题，但孔子却给出了不同的答案，原因在于两名学生在性格上存在个体差异，只有有的放矢地进行有差别教学，使每个学生都能扬长避短，才能使学生各自获得最佳发展。自 20 世纪后期起，得益于当时的教育改革和现代化建设，我国开始更加注重以学生为中心和因材施教的教学理念研究。随后，在 21 世纪初，我国九年制义务教育政策正式实施，相关研究表明，基于"差异化教学"理论所进行的教学活动是能够更好地满足学生多样化需求的重要手段。因此，该理论在我国各类各级院校得到了广泛的应用和实施。

在过去的几十年里，"差异化教学"理论在世界范围内受到越来越多的青睐。进入 21 世纪后，国内外"差异化教学"研究范围扩大到其在各种教育环境中的实践效果检查、结合技术进行的方法细化和改进、以数据驱动决策支持"差异化教学"创新、"差异化教学"对不同学生群体的影响等领域。"差异化教学"被视作一种促进学生自主学习和满足日益多样化的学生群体需求的重要工具。

近年来，我国也有越来越多的高等院校和教师接受并深入探索了"差异化教学"理论，然而目前对于"差异化教学"并没有统一的定义。总的来看，"差异化教学"指的是根据受教育者的天赋差异以及兴趣导向的不同来组织人才培养的一种教学活动。通过这种活动，在认识到学生不同学习需求、学习风格和学习能力的基础上，教育工作者有组织、有目的、有计划地引导学生进行自主学习，从而促进不同学生的优势得到充分发展，以满足社会发展需求。

"差异化教学"是一种以学生为中心的方法，强调在集体教学中共性和个性的辩证统一，即在集体活动中发展良好的个性，兼顾个性发展与集体主义精神的培养。在人才培养过程中的"差异化教学"理念应用，是要立足于学生的个性差异，认识不同学生的独特优势及劣势，通过定制的教学策略和资源分配，以量身定制的个性化教学方案来解决差异，为每个学生提供最适合他们个人需求的学习体验，从而充分发挥其自身潜力。"差异化教学"理念的核心在于尊重差异、理解差异，将学生个体差异当作资源加以开发利用，坚持贯彻"所有学生都能学习并取得成功"这一信念，通过创造相应的学习环境并提供个性化学习支持，如提供不同的教学指导、灵活的分组、个性化评估等策略，提高学生的学习参与度和积极性，进而提升学生的学习效果。

4.4.1.2 "差异化教学"的特征

"差异化教学"要能充分认识到学生在学习风格、知识储备和个人能力方面的优势与劣势，通过提供最适合他们个人需求的学习体验，充分发挥其潜能并取得成功。"差异化教学"的关键要素包含受教育个体之间的差异、实施教育主体之间的差异、社会需求的差异等，其特征正是来源于此。

第一，持续评估。"差异化教学"所提供的个性化、量身定制教学的关键前提是评估学生的现状与进步情况，而这是一个持续性的过程。"差异化教学"可以采用的评估方式包括形成性评估、总结性评估、诊断性评估、绩效评估等；通过将评估结果用于指导教学决策，实现提高学生的学习参与度和积极性，进而实现相应的人才培养目标。对于学生而言，持续性评估能够帮助学生明确其知识缺口，即下一阶段需要补充的知识和技能是哪些；同时，当其定期接受评估时，能够产生要掌握所学内容的责任感，较清晰地认识自己正在学什么，以及还需要学什么才能获得成功。对于教师而言，通过持续评估学生的现状及进步情况，能够发现学生存在的困难，并有针对性地提供克服挑战所需的资源和支持；同时，教师也能根据持续评估识别有效的教学策略与教学材料，对效果不佳的教学资源进行修改或调整，从而确保学生获得最好的支持性指导。

第二，因材施教。"差异化教学"最显著的特征之一就是强调"因材施教"。由于每个学生都具有独特的学习需求，"一刀切"的教学方法并不是对所有学生都有效；相反，因材施教旨在根据每个学生的个体优势、劣势和学习偏好，为其提供定制化的学习体验。因材施教的前提是对每个学生的需求进行评估，在此基础上对教学方法和材料进行相应调整。差异化教育强调因材施教的其中一个原因在于，它允许学生按照自己的节奏进行学习活动，这对于在个人发展和进步速度方面存在差异的学生而言至关重要。通过因材施教，教师可以确保每个学生都能在其需要的时候获得他们需要了解的知识，而不必等待其他同学赶至同一进度，或者因为其暂时无法理解知识而感到沮丧和压力。因材施教的另一个优点在于其有助于提高学生的学习参与度和积极性。当教学是针对学生的具体需求和兴趣爱好量身定做时，学生更有可能产生自主学习的动力和能力，这将提高学生的学习参与度，进而使其获得更好的学习成绩和学习效果。

第三，灵活教学。"差异化教学"理论中提到，学生具有独特的能力、兴趣和学习方式，而这些要素都会随着时间的推移而变化。因此，在人才培养过程中，教师需要能够相应地调整教学方法和资源，以灵活的教学策略确保为学生提供相应的支持。例如，将学生按照个人能力和学习风格进行分组，以提供适合这一群体需要的教学方法，像是提供更多自主讨论空间或提供额外的支持。随着信息技术的发展，在线学习工具和教育软件在教师教学中的使用频率越来越高，一系列学习活动和教学资源被提供给学生，学生能够自主选择学习内容、学习方法，甚至能够根据自身需要调整学习任务的难度，并在必要时获得教师的额外支持。此外，支持和包容的学习环境是灵活教学的另一个重要因素。培养积极开放的课堂文化，可以使所有学生都感受到被重视和被尊重，并积极在这个平台上进行合作，进而培养学生的社区意识和团队能力。

第四，多方合作。在"差异化教学"中，合作是一种支持和增强学生个体学习体验的方式，通过打造积极开放和兼容并包的学习环境，在共同努力实现共同目标的同时，达到实现个人目标的目的。一方面，教师在课堂上打造民主和谐的教学环境，通过小组项目或结构化小组活动，让学生在共同完成一个项目或任务时进行知识、技能、观点分享；同时注意将具有不同优劣势的学生进行配对，以优劣互补促进合作和相互支持，彼此帮助克服困难、完成挑战，进而培养起社交技能。另一方面，教师要尊重学生差异，要将促进学生健康发展的良好合作环境从学生之间向外延伸至师生之间、家校之间、校企之间。由于教学环境涉及教学活动所必需的各种客观条件，包括学生、学校、家庭、社会在内的多方合作至关重要，教师应当在必要时为学生提供额外指导或给予更多空间，学校与家长就学生个体差异应进行及时沟通并给予充分尊重，校企应深化合作进行多样化人才培养以满足社会需求。

4.4.1.3　"差异化教学"理论的应用

面对已知的任何学习群体都不可避免地存在广泛差异这一事实，教师只有试着不断理解学生在掌握关键内容和技能上的成长，建立和巩固学生与学习之间的桥梁，才能通过高质量教育帮助每个学生获得学习与生活上的成功。"差异化教学"是实现高质量人才培养的基础，以其清晰性、艺术性和科学性满足学生的需求。

首先，营造"差异化教学"环境。教学氛围极大地影响着身处其中的教师和学生，在一个努力实现差异化的环境中，其氛围更有可能影响教学活动的成功与否。"差异化教学"环境以互相尊重为基本要求，致力于让每个人都感受到自身是受欢迎的。个人的观点和看法被同学和教师无条件接受，教学内容、教学方法和教学模式适合每个人，不存在某个人或某个群体感觉自己的存在很渺小的情况，从而产生对学习环境的归属感。同时，"差异化教学"环境应当能让学生产生安全感，不仅是来自身体上的安全感，更是在需要寻求帮助时，能够收获认真的回应，而不是得到嘲笑或讥讽。以积极开放的心态接受他人帮助并为他人提供帮助，在这样充满安全感的环境中，必要的支持总会及时出现，学生因此感受到自己的成长备受期待，也更加勇于探索新技能和尝试新冒险。

其次，在"差异化教学"中思考和解决学生的个性化需求。事实上，存在于个体之间的一致性非常小，"差异化教学"理论在指导高质量人才培养过程中所带来的好处远远超过在哲学等某些领域内所提到的负面影响。在传统教育观念下，学生通常被分为优等生、中等生、后进生三种类型，教师通过给不同学生布置不同作业来实施"差异化教学"；然而，这种方法可能让一些学生觉得自己和那些拿到"真正"作业的大多数学生不一样，"与众不同"不仅没有对他们产生积极影响，反而滋生了自满或者自卑情绪。成功的"差异化教学"是识别和满足三类学生的需求差异，让所有学生都觉得学习是有把握的、有挑战性的、有安全感的以及能够实现目标的。对于学习能力较强、接受能力较快的优等生而言，重点在于协助设定较高学习目标，制订实现目标的计划，经历挫败，分享喜悦，在每次成功后继续坚持挑战自我；对于数量庞大的中等生而言，亟须避免低估学生而使其产生的自我迷失，这类学生的需要是协助其发现自身的价值，以成长型思维看待问题，积极探索学习和人生抱负并为此制订相应的计划；对于后进生而言，他们更需要的是来自教师的信任和支持，协助其发现个人潜能，结合个人实际能力和特点提供支持及帮助。

最后，转变教师的角色。在"差异化教学"理论中，教师不再是知识的所有者和传授者，而是学生的合作对象与学习机会的提供者，其重心在加深对学生的理解和进行针对性指导。应当明确的是，"差异化教学"所强调的教师的作用并不是同时满足所有学生的需求，而是引导学生承担更多的学习责任。在教授知识之前，教师应当先教育学生，让学生感受到教师的关心和重视，积极支持学生，而这种关心和支持是凌驾于学生学习成绩和考试分数之上的。通常，评估是在教学结束后进行，其结果被用来确定学生对学习内容的掌握情况；然而，在"差异化教学"理论指导下，教师应将评估当作其思考和进行教学规划的依据，通过采用多种评估形式为学生提供展示知识、理解能力和技能的机会。此外，教师还应兼顾结构性知识传授和批判创造性思维培养，传递给所有学生的学习任务都应当至少具备理解和运用所学知识的要求，鼓励学生结合更深层次或其他学科的知识来完成任务；同时，可以定期分配给学生与其需求和兴趣相符的学习任务，有效结合学生自主选择与教师任务安排，帮助所有学生提高能力。

4.4.2　"扎根"理论

4.4.2.1　"扎根"理论的概念及其发展

关于"扎根"理论的研究可以追溯至 19 世纪末，社会学家马克思·韦伯的研究强调个人的经验和观点在理解社会现象方面具有重要作用；埃米尔·涂尔干则强调了系统观察和分析的重要性。20 世纪 60 年代，巴克·格拉泽和安塞姆·施特劳斯整合了个人和系统观点，从前人研究中获得灵感并发展了"扎根"理论，将其作为进行研究的系统方法。

格拉泽和施特劳斯于 1967 年在其专著《扎根理论之发现：定性研究的策略》中首次描述了"扎根"理论的概念，这是一种定性研究方法，旨在从经过系统收集、编码、分类和分析后所获得的经验资料中产生对现象的理论解释。理论"扎根"在数据中，并非从一个预先设想的理论或假设开始，而是通过灵活动态的方法，发现可能事先并未发现的新概念和新关系。

一些学者随后对"扎根"理论进行了一系列批判性评价。罗尔夫·唐普德批评"扎根"理论过于灵活和无结构，缺乏清晰和系统的程序，这可能导致研究过程缺乏严谨性和一致性，研究者在理论发展中则可能做出主观解释和产生偏见。伊格·古巴和伊万娜·林肯认为，"扎根"理论对数据编码和分类的强调可能会导致数据丰富性和复杂性程度的降低，并因此可能无法充分代表参与者的意见。贾尼斯·莫尔斯等学者则提出编码过程可能很耗时，也容易导致研究人员对数据进行主观解释，因偏见的产生而忽略数据中的重要主体和概念。为了回应这些批评，格拉泽和施特劳斯持续对"扎根"理论方法进行了改进，强调严格的数据分析的重要性，并对数据编码和分类做出了更为明确和系统的说明。

我国对于"扎根"理论的研究始于 20 世纪 80 年代，研究初期主要涉及社会与心理问题研究，如社会变化对个人和家庭的影响。陈向明在 1999 年发表的《扎根理论的思路和方法》是我国关于"扎根"理论这一质性研究方法的最早介绍。20 世纪 90 年代至 21 世纪初，"扎根"理论在中国逐渐引起越来越多质性研究者的关注。2012 年，吴继霞和黄希庭使用"扎根"理论对中国人诚信结构进行了研究，标志着中国使用"扎根"理论形成本土概念的开始。2015 年之后，国内关于"扎根"理论的研究大幅增长，逐渐拓展至教育学、心理学、社会学、经济学、医学等各个领域。近年来，技术发展的运用也影响了"扎根"理论在我国的发展，数字技术和工具的广泛使用帮助研究者从更大、更多样化的人群中收集数据和分析数据，从而产生对研究问题更深入、更全面的理解。由于我国的社会特性，西方国家关于"扎根"理论的研究方法和研究结果不一定适用于我国复杂的社会与文化现象，这为我国"扎根"理论的研究带来了一定的挑战，但也有助于研究者以新的独特的视角加深对中国社会和中国文化的理解，进而发展中国本土化的"扎根"理论。

"扎根"理论是一种从下往上建立实质理论的方法，即在系统性收集资料的基础上寻找反映事物现象本质的核心概念，并通过这些概念之间的联系构建相关的社会理论。在过去几十年里，"扎根"理论一直是批评和争议的主体，一些研究者认为它过于主观，缺乏严密性，过于开放，可能会导致没有充分数据支持的理论的产生。然而，尽管存在诸多批评和争议，"扎根"理论已经成为一种广泛使用的定性研究方法，作为寻求理解复杂社会现象的重要研究工具被应用于各种学术学科，并衍生了包括比较分析和形式理论等在内的变体。进入 21 世纪后，得益于信息技术的发展，使用数字工具来管理技术和分析技术，以及使用虚拟方法从分散的研究对象处收集数据，都大大提高了"扎根"理论研究的效率和效果，它仍然会是研究者以更加灵活而细致的方法理解复杂的社会现象的宝贵工具。

4.4.2.2 "扎根"理论的基本思路

首先，产生研究问题。"扎根"理论和其他研究方法最大的区别在于研究问题的产生阶段，其他研究方法大多从对现有文献的阅读和回顾发现现有研究的不足，进而提出研究问题，但"扎根"理论强调研究问题的自然显现。研究主题产生的第一步是确定一个感兴趣的领域，研究者带着对该领域某方面问题以笼统、模糊的兴趣进入研究情境。接下来，研究者通过观察、访谈、文件分析等方式初步收集数据和资料，在研究情境和与研究对象的互动中自然地发现并提出研究问题。由此可见，"扎根"理论的起点具备极高的灵活性，且研究问题来源于复杂的社会环境和文化环境，因此具有较高的实际研究意义和时代性。

其次，收集研究数据。"扎根"理论的关键组成部分之一即研究数据收集，因为这些数据是生成理论的来源。"扎根"理论研究下所收集的数据应当是丰富而全面的，从而帮助研究者对研究对象进行深入和细致的理解。数据收集是一个迭代的过程，研究者可以使用包括访谈法、观察法、文献分析法等方式进行多源数据收集。在最初阶段，研究者通常采用目的性抽样的方法，选择具有足够代表性的样本进行研究，这些是其抛开先入为主观念并进入情境后，从中初步获取的经验和材料；接下来进行数据收集时，研究者可以根据实时研究进展选择下一步的抽样对象进行材料收集。

再次，处理研究数据。这主要是对研究数据进行编码，它也是"扎根"理论最重要的步骤。编码指的是通过对事件之间、事件与概念之间、概念之间的不断比较，识别数据中的关键元素，并将这些元素转换为理论生成的类别。编码过程开始于对数据的初步审查，研究者读取数据并确定相关主题，然后进行开放性编码，即将数据打散、赋予概念、以新方式重组，目的在于从资料中发现其概念类属，实现研究数据向概念化和抽象化的转变。在这一阶段，研究者既什么都相信也什么都不相信，始终牢记最初研究目的，但同时也为预先没能设想到的目标保留余地。当开放性编码完成，接下来就要进行选择性编码，研究者的关注点转向编码过程中确定的核心范畴。所谓核心范畴，就是与尽可能多的其他数据及其属性产生关联、能够解释大部分研究对象的行为模式、频繁出现且有意义的变量，研究者只对这些处于核心范畴或与其有足够关联的数据进行再次编码，目的在于将这些重点类别进一步发展成理论命题。此外，研究者应在编码的过程中填写分析型备忘录。通过写作的方式，记录研究者在整个研究过程中的想法，促使研究者对资料中出现的问题进行思考，逐步深化并完善理论构建。

最后，构建研究理论。随着代码、范畴和理论命题被开发，研究者便可以发展理论本身。一方面，通过将代码、范畴和理论命题综合成对数据的连贯和逻辑合理的解释，研究者以细密的描述性分析为补充，进行相关主题的理论构建；而随着数据收集和分析的持续进行，理论也会不断被完善和修订。"扎根"理论以数据为基础，从数据中发展起来，是一种自下而上的研究方法，这也意味着理论并不是强加在数据上的，而是在理论编码和分析的过程中被发现并发展起来的。另一方面，"扎根"理论旨在进行理论构建，因此不论在研究设计阶段还是在资料收集与分析阶段，研究者都应对自己提出的现有理论、前人研究理论、资料中所呈现的理论保持敏感，这能帮助研究者在资料收集过程中保持一定的焦点和方向。在最终构建起自己的理论后，研究者仍需进行文献回顾，即将自己构建的理论与已有文献进行不断比较，从而对已有概念、范畴和理论进行发现和补充。当在不断比较的过程中无法再产生新的概念与范畴时，研究者所构建的研究理论即达到饱和，研究理论构建工作宣告完成。

4.4.3 "职业锚"理论

4.4.3.1 "职业锚"理论的概念及其发展

"职业锚"理论最初由美国麻省理工学院斯隆商学院的埃德加·施恩教授领衔开发。基于对该学院44名毕业生职业发展变化的纵向研究，施恩教授发现这些学生最终的职业生涯发展与其在校时的动机和价值观可能存在差异，很多人在工作了一段时间后才真正意识到自己的某些需要和才能，并识别和完善了自己的价值观，而当这些与其最初的工作不相符时，他们往往通过改变职业使自己达到最佳状态。

据此，施恩教授在1978年引入了"职业锚"的概念，即影响个人职业选择的稳定而持久的动机、价值观和优先事项。早期的"职业锚"理论包括技术职能型、管理型、自主独立型、安全稳定型、创造型五种类型。之后的10年，施恩教授扩展了这一理论，增加了服务型、挑战型、生活型三种类型，并深入解释了个人可以如何利用自己的职业锚做出职业生涯中的明智决定，提出职业定位的重要性，并指明这些定位因素会随着个人的成长和发展而变化。

（1）技术职能型。技术职能型人专注于发展特定领域或具有特定功能的技术技能与专业知识，乐于面对来自专业领域的挑战，对自我的认可来自其自身的专业水平。

（2）管理型。管理型人具有管理他人的愿望，追求工作晋升，希望承担超越个人责任之外的部门及组织整体责任，将组织的成功看作自己的工作职责。

（3）自主独立型。自主独立型人渴望控制自己的工作，从组织的约束中脱离出来。其具体表现为希望自行安排工作方式和生活方式，保留自身的工作风格，追求能施展个人能力的工作环境。

（4）安全稳定型。安全稳定型人的主要追求是稳定和安全的工作环境以及工作保障，抵触高风险和频繁的变化，他们希望能够比较容易地预测将来并会因此感到放松。

（5）创造型。创造型人的动力通常来自创建一个新的企业、产品或服务，勇于冒险和克服所面临的障碍，希望向外界证明这些成就来源于他们自身的努力。他们常常保持学习的状态，并持续评估可能的机会。

（6）服务型。服务型人希望通过工作产生积极的影响，这种影响符合他们认可并一直追求的核心价值，他们期望工作岗位和企业组织能让他们实现这种价值。

（7）挑战型。挑战型人总在追求新的和具有挑战性的机会，看似无解的问题、强硬的对手、困难障碍等都是他们的激励因素，工作应当持续激发他们的斗志，简单容易的工作会使他们厌烦。

（8）生活型。生活型人想要平衡工作和个人生活，希望将个人、家庭、职业整合为一个整体，因此他们对包括灵活的工作安排、富有弹性的职业转换等在内的职业环境非常重视。

20世纪90年代后，越来越多的研究者和从业人员开始研究"职业锚"在个人职业发展和企业人力资源管理中的作用，这一理论基于施恩教授的研究成果得到了持续发展。派特西亚·罗曼罗和乔妮·马丁斯等研究者发现，"职业锚"类型与工作环境的匹配程度将影响个人的工作绩效、工作满意度和工作稳定情况。"职业锚"与工作存在一致性，这种一致性与工作结果之间的关系强弱受到工作可选择性的影响。马丁·德班和露西·劳里安等研究者表示，文化背景的差异也会影响个人职业定位，组织在制定多元化和包容性举措时应当考虑到这一点。来自不同文化背景的个人应当了解自己的职业定位以及其与组织中其他人的不同之处，并从中获得收益。在过去的20年中，"职业锚"理论研究的重点转向了女性以及千禧一代的职业发展。玛丽·米切尔和艾立森·查普等研究者发现，女性和千禧一代在职业生涯中面临着独特的挑战，而其职业定位在克服这些挑战方面可以发挥重要的作用。企业也可以为女性和千禧一代提供与其职业定位相匹配的成长机会和发展机会，从而达到支持他们职业发展的目的。阿迈勒·曼索里和玛丽·米切尔的研究指出，个人的"职业锚"在其职业决策中发挥着重要作用，组织可以通过理解和调整员工的"职业锚"来支持其职业发展。

自 20 世纪 90 年代以来，我国对"职业锚"理论的研究发展迅速。研究者早期的研究重点在于探索我国经理人的职业定位，以及他们与其他国家职业经理人的不同之处。之后，随着竞争加剧，人才的作用与地位日益突出，我国关于"职业锚"理论的研究也逐渐与国外主流研究方向保持一致。个人在进入工作环境后，会获得相应的实际经验，这些经验是否与个人自省的动机、价值观、才干相符合，以自我满足和补偿达到稳定的职业定位，具体表现为对员工职业生涯规划、大学生职业生涯规划等主题的研究。总体来看，"职业锚"理论被人们广泛当成职业生涯规划工具来使用，在企业经济和高等教育领域获得了更多关注。虽然目前的研究多基于理论层面而较少有实证研究，但随着经济社会新型组织的出现以及人力资源管理中对个体差异的重视，"职业锚"理论的研究与应用仍旧值得我们深入探讨。

4.4.3.2 "职业锚"理论的功能

"职业锚"理论对个人发展和高等教育人才培养都具有重要的功能作用。

首先，对个人而言，"职业锚"理论能够让其认真审视自己所具有的能力和职业发展方向是否相符、个人价值观和实际工作是否相符，即个人职业定位应与所要从事的职业相匹配。"职业锚"为理解个人职业决策提供了较为全面的框架，能够帮助个人做出明智选择。个人利用"职业锚"可以提高对自我的认知。"职业锚"理论的核心在于一个人理解自己的个人价值观、技能和驱动自己进行职业选择的动机，通过提高自我认知、发展自我意识，个人可以做出更加符合自身目标和抱负的明智决策。"职业锚"理论的初步应用，即将个人归入八大类型中，基于对自己的了解做出职业选择。

例如，一个自主独立型的人可能更希望独自学习和工作，并能控制自己的学习内容、学习进度、学习方法等；而安全稳定型的人则更倾向于接受提供稳定学习环境，能够获得稳定知识产出。同时，自我认知的提升也有利于个人发现自己的局限性，并以此为依据进行决策。又比如，一个技术职能型的人可能会寻求各种机会来发展自己的技术技能，若他认为自己缺乏必要的知识和技能，他可能会考虑接受额外的培训和教育，或者通过各种可能的方式手段补足这些技能。

"职业锚"也能帮助制订个人规划。个人规划包括职业规划、学习规划等多个方面，是个人生涯管理的重要因素。"职业锚"理论在帮助人理解个人价值观、技能和动机的基础上，以此驱动个人的选择和决定，通过了解个人定位，制订出与个人目标和抱负相一致的发展规划，如将来可能成为行业从业人员，也可能选择继续升学。个人规划的起点就是对自己的"职业锚"有自知之明，一旦有了明确的个人定位，就可以有针对性地进行个人发展探索、新技能与能力培养，寻找与个人定位相一致的机会。一旦有了确定的目标，个人就应有目的地进行自我培养和训练，包括道德素养、思想素质、能力素质等方面，使自己不断满足实现发展规划的必然要求。此外，我们应当看到个人规划是一个持续的过程。随着个人的成长和变化，其个人定位可能也会发生变化，发展规划也因此需要进行相应修改，以适应个人不断变化的价值观、技能和动机。

最后，"职业锚"是高等教育人才培养的重要工具。随着社会经济的不断变革，高等教育的学生具备较强的时代特性，了解学生的兴趣爱好、技能和价值观，引导其走向合适的轨道，培养专业高质量人才，才能促进行业相关企业和社会的健康发展。"职业锚"为高等教育指明了一些基础工作和管理工作的重点，以帮助其实现高质量人才培养和专业发展的目标。

"职业锚"要求提供一个兼容并包的学习环境。一个群体的进步需要来自不同"职业锚"的支持，每个人因个人价值观、技能和动机的不同，会产生不同的观点和想法。在一个多元化和包容性的环境中，他们可以提供独特的见解而不受约束，从而推动创新和创造力。与此同时，也有人从安全稳定的角度出发，避免盲目冒进。当每位学生都获得了足够的重视，他们会感到受尊重，个人满意度会增加，产生学习积极性，团队合作效率也会提升，共同为群体发现新的机会和解决复杂问题而努力。

教师基于对学生"职业锚"的了解，可以实现高效人才培养。首先，学生在利用"职业锚"了解自我的同时也使教师掌握了学生的个人发展需要。若教师能够给予学生帮助和指导，助力学生实现自己的理想，那么学生相应地也会为其个人发展贡献更多努力。清晰的人才培养方案是实现这一目的的开始，学生若能基于详细的人才培养方案和相应的课程体系介绍进行个人发展定位，判断其个人价值观、技能和动机是否与专业相匹配，便能更加快速地找到自己的"职业锚"。其次，教师也应当认识到个人"职业锚"是在发展中变化的，要注意结合人才培养目标，引导学生形成满足行业发展所需的各种"职业锚"，进而打造一个完整的产业专业"职业锚"体系。再次，根据个人"职业锚"的类型，教师提供不同性质的激励。由于不同"职业锚"类型的学生具有不同的理想、愿望和需要，因此教师需要采取不同的激励措施。例如，为创作型的人提供新的研究课题，让服务型的人参与社会活动，以不同的方式适应每个学生特定的"职业锚"需要，使他们产生更多的满足感，这样才能达到想要的激励效果。此外，教师还要从"职业锚"角度进行绩效评价，适当加强对能力提高程度和提高方向的评价。通过定期绩效评价，学生可以发现自己的优势和不足，加强对个人能力及各方面更加清晰的认知，这对于学生正确地找到自己的"职业锚"并持续提高自身能力有重要作用，也有利于将学生个人"职业锚"与行业人才需求相结合。

"职业锚"的变化性需要高校构建多样化发展的机制。由于学生个体的需求和自身能力在不断变化，同时社会环境和世界格局也在不断变化，当学生认为目前的发展道路阻碍了其个人目标的实现，在其发展阶梯上没有发展空间，或仅仅是对其他发展道路产生兴趣，但当他无法转到另外的发展阶梯中寻求机会时，学生就会对专业产生越来越多的不满和愤慨，甚至会放弃这个专业。如果高校能够提供多样化的发展机制，并能使学生在多重发展阶梯中进行灵活的横向选择和纵向选择，及时发生合理的知识流动，那么学生更有可能在专业内找到一个可以实现自我价值的"职业锚"，从而避免了行业人才流失。

5 新文科背景下酒店管理专业高质量人才培养现状

在新文科建设背景下，为了满足我国酒店高质量发展对管理人才的需求，各高等院校酒店管理专业的人才培养模式正在不断创新中。本章将论述处于新文科建设背景下酒店管理专业高质量发展的现实困境，随即结合国内外相关院校的实践情况，总结成功经验。

5.1 新文科背景下酒店管理专业高质量发展面临的现实困境

酒店行业在很大程度上依赖于员工所提供的产品质量和服务质量，这是提高顾客满意度与忠诚度的关键因素之一，也是促进行业持续高质量发展的重要基础。因此，酒店行业高质量人才的培养至关重要，而高等教育是为酒店行业培养并输送高质量人才的重要来源。在过去的数十年里，得益于我国酒店行业的快速扩张，我国酒店管理高等教育获得显著发展，拥有酒店管理及相关专业的高等院校数量明显增加，但是现阶段我国酒店行业人才仍然表现出质量相对偏低、无法满足行业发展需要等现象。酒店行业进而出现人才流失严重、供需错位导致矛盾升级的情况。其主要原因表现为专业人才培养方案、专业人才培养效果、专业人才培养质量保障体系三个方面。

5.1.1 专业人才培养方案与行业岗位要求适配度不佳

随着我国经济的不断发展，人民生活水平不断提升，我国的国内旅游市场规模增长速度十分可观。在 21 世纪的第二个 10 年间，我国国内旅游总人次和国内旅游收入均保持逐年稳定上升趋势。2019 年，我国国内旅游人次超 60 亿，酒店住宿行业收入超 6 770 亿元，在旅游业总收入中占比超过 10%。然而，自 2019 年年底，受新冠疫情影响，旅游业遭受到巨大冲击，2020 年国内旅游人次及旅游收入大幅减少。2023 年，随着疫情防控政策的调整，诸多限制性因素解除，我国旅游业重现往日生机，而旅游业的良好发展也将对酒店业起到极大的助推作用。从数据统计来看，2023 年的春节长假期间，我国旅游人次超过 3.08 亿人，恢复至 2019 年同期的 88.6%；国内旅游收入超过 3 758 亿元，恢复至 2019 年同期的 73.1%。旅游饭店的销售收入同比增长 16.4%，经济型连锁酒店的销售收入同比增长 30.6%，提供个性化服务的民宿产品销售收入同比增长 74.2%；热门旅游目的地，如三亚、西安、西双版纳等均出现了"一房难求"的盛况。尽管新冠疫情对于旅游业的影响正在逐渐减小，但是后疫情时代酒店行业的市场基础、消费方式、投资需求均已改变，市场顾客对于旅游度假的认知也发生了变化，酒店行业不能完全以疫情前的数据做参照，而应积极主动地探索酒店行业未来的发展趋势和方向，这也势必会对酒店行业本身的组织结构、工作岗位、人员设置等产生较大影响。

一方面，在需求规模持续快速扩张下，酒店行业各岗位的人才需求数量增加。相关招聘网站的数据表明，酒店行业中各个档次的酒店都表现出对岗位人才的需求。其中，国际高端酒店的岗位数量最多，岗位投递比例也最高，竞争最激烈；国内高端酒店的招聘岗位数位居第二，但投递比例低于岗位数量较少的中档酒店和精品酒店，由此反映出国内高端酒店的人才吸引力相对不足的现实。在旅游经济总体复苏的背景下，酒店行业中的岗位人才需求覆盖酒店经营的各个部门，包括从一线部门职位到高层管理者。其中，前厅、客房、餐饮等部门的一线职位需求量较大，对岗位人员的要求也较低；工程职能类和中层管理类的岗位需求也较为突出；部门经理、主管等负责人岗位的需求占比较少，且对从业经验和行业能力要求较高。总的来说，酒店行业在快速上岗和长期培养的岗位上同时存在人才需求。

另一方面，酒店行业集中度提升，连锁化趋势明显，战略发展类岗位愈发重要。我国酒店处于快速成长阶段，已经出现如锦江国际集团、华住集团、首旅如家集团等优势企业。虽然受到新冠疫情、国际政治局势等方面的影响，酒店行业扩张速度放缓，但我国经济型酒店和中端酒店的发展前景依然乐观。具备品牌影响力和专业化运营能力的酒店企业将逐步发展为头部企业，这些企业未来市场份额的持续扩大使得酒店行业的集中度将不断提升。在这样的行业背景下，酒店连锁化发展是必然趋势，涉及产品开发、运营保障、市场开拓、财务计划等工作的相关岗位也越来越重要。酒店行业需要大批高学历、高层次的人才，以实现企业战略管理和行业战略发展。

此外，在经济高质量发展阶段的当下，酒店新业态不断涌现，据此产生了越来越多的新职业和新岗位。这些新职业和新岗位具有明显的时代特点，技术性较强，精细化程度高，专业化要求高。有些职业能够套用酒店行业原有岗位，如非遗菜系传承人和厨师、线上餐厅装修师和公关宣传等；有些职业则会产生新的行业岗位，如酒店收益管理师、民宿房东等。然而，这些新职业和新岗位还存在一定的专业技术壁垒，在岗位薪资较高的同时，岗位要求也相应提升。

值得注意的是，在行业发展势头正好的背景下，酒店行业正面临一个重大挑战，即酒店管理专业人才培养与行业需求之间存在的结构性失调问题，具体表现为高校人才培养方案与行业的岗位要求不适配。这种不适配给酒店企业和从业人员都带来了许多问题，包括难以找到合适的员工、高离职率、工作满意度低、员工忠诚度低等，不利于酒店行业规模的快速扩张和实现它对经济发展的重要作用。

自改革开放以来，我国开设酒店管理专业的高等院校在数量上已经大幅增加，毕业生规模也在持续扩大。根据中国高等教育学生信息网的数据，2020 年以来，有 747 所高等院校开设了酒店管理专业，其中本科院校256 所，每年该专业毕业生约为 4.6 万人。然而，大部分高等院校的酒店管理专业人才培养方案至今仍以模式化教育为主要特征，缺乏对学生个体差异、个体需求的关注，因此学生在学习过程中缺少学习兴趣和学习自主性，无法做到主动发现问题、分析问题、解决问题并进行创新思考等。

酒店行业是一个快速发展且充满活力的领域，在全球范围内的从业人员超过数百万人。酒店管理专业教育是从行业中提取规律，并以此整合成专业知识和技能教授给学生，帮助其在酒店行业取得成功。传统的模式化教育往往依赖于理论知识和教科书的学习，忽略了行业实际的实践经验。这种方法可能导致学生所习得的技能和经验与行业岗位需求之间的不匹配，因此学生并没有对该领域可能出现的独特挑战和特殊需求做好充分准备。

　　模式化学习使得酒店管理专业人才的培养模式单一，具体表现在教学内容、教学方法等方面，可能导致教育采取"一刀切"的方式，与酒店行业的多层级岗位需求和多样化业态发展都不相符。

　　首先，在教学内容上，模式化学习的一个关键问题是，它可能导致专业课程内容缺乏相关性。酒店行业是一个实践性特点突出的领域，实际操作经验、解决问题的技巧和独立思考能力都至关重要。然而，许多高校在设置酒店管理专业课程时侧重于理论知识和教材内容的学习，并没有为学生提供足够的机会来获得这些技能和经验，又或者以模式化要求来进行实践教学。这可能导致学生无法满足行业需求，其很难在酒店行业找到合适的工作。另一个关键问题是，模式化学习可能是僵化且不灵活的，无法跟上酒店行业快速变化的需求。行业在不断发展，新技术、新趋势和新需求不断涌现，新岗位、新职业应运而生。然而，许多高校在进行教学时对这些变化的发现和适应缓慢，导致学生并不能与时俱进地掌握相应的知识和技能，在酒店行业的人才市场竞争中显得准备不足。由于学生的专业技能和经验与行业岗位需求之间不匹配，雇主难以找到合适的人员，学生也难以在该领域找到合适的工作。此外，模式化教学也会导致学生缺乏参与性和积极性。许多课程是为了满足一套标准要求而设计，却不是依据行业企业或学生的具体需求而量身定制。这就可能导致学生在进行了多年专业学习后，却不具备在酒店行业取得成功所需的技能和经验。由于学生无法接触到和获得在酒店行业成功所必需的技能与经验，他们会失去对专业学习的兴趣，失去学习动力，甚至失去对专业的信心。这就导致其较低的绩效水平和较低的专业满意度，甚至可能提高转专业率或退学率，进一步导致酒店行业人才供需的不平衡。

　　其次，在教学方法上，模式化教学下酒店管理专业的教学方法仍然以传统的课堂讲授法为主，以教师为中心，填鸭式的教学方法阻碍了学生创新意识和创新能力的培养，也没有给予学生充分发挥主观能动性的机会。同时，学生学习效果的主要考核手段以卷面考试为主，机械性地完成教学活动，与酒店管理专业人才培养的初衷相违背，进而导致酒店管理专业毕业生就业对口率较低。

5.1.2　专业人才培养效果与行业人才需求匹配度不足

　　从现阶段酒店行业的发展来看，其对人才的需求可以从四个角度来理解。首先，酒店行业需要的人才类型包括能够从事基础性服务工作、可以快速上岗的专业技能人才及基层管理人才，以及经验丰富的高层次管理人才。调查数据显示，酒店行业当中的最大缺口是基层服务人才和基层管理人才，他们在酒店组织中的占比最大，对酒店经营具有至关重要的作用和价值。其次，酒店行业倾向于选择26~30岁年龄区间的人才，这个年龄段的人才普遍被认为能够提供相对稳定的价值；酒店行业对人才的学历和性别没有过于特殊的需求。再次，酒店行业对人才的工作经验没有过多需求，行业企业普遍认为实践经验可以通过在岗实际操作来实现。最后，酒店行业普遍对专业人才的工作素养有较高要求，即希望专业人才能对工作岗位产生一定的尊重和热爱，进而提升酒店的品质。当然，酒店行业的人才需求也具有一定的指向性，主要在于以下四个关键之处：

第一个是行业人才的专业技能过硬。酒店的经营发展建立在提供卓越的客户服务上，专业知识和技能储备充足，能够进行热情、友好、有效沟通的人是酒店行业所偏好的人才。此外，解决问题和解决冲突的技能也备受行业相关企业关注，因为酒店行业的日常工作内容及性质要求员工必须能够以专业和有效的方式处理顾客的投诉并解决纠纷。

第二个是行业人才的团队合作与协作能力优秀。酒店行业是一个高度协作的领域，为顾客提供的卓越服务是在员工的共同努力下实现的。因此，酒店行业对于那些能够在团队中进行有效工作、能与他人进行有效沟通和协作、具有强大人际交往能力的人才倍加青睐。这些人才在酒店扩张和持续发展过程中，能够帮助酒店与利益相关者建立良好的关系，达成谈判目标，培养和领导优秀团队。

第三个是行业人才的创新性与适应性较好。酒店行业定期受到新技术、新趋势的影响，使得其具有复杂、多变的特点。因此，行业对于能够快速适应新情况并能创造性地思考以找到复杂问题解决方案的人才予以高度重视。这些人才能够将技术技能、批判性思维和企业家精神相结合，提升决策的科学性。

第四个是行业人才的工作素养较高。工作素养通常表现为员工具有职业道德和职业精神，这些与酒店行业日常工作质量息息相关。始终如一地做到按时上班、遵守规则、保持专业风度的人才更有可能为顾客提供高水平的服务，并给顾客留下积极的印象。同时，行业人才的工作素养也会影响企业的声誉，具有职业道德、敬业精神的员工更有可能留住顾客，并以此提升企业竞争力。而当行业人才感受到其正在为企业成功和行业发展做出有意义的贡献时，他们更可能对自己的工作感到满意，从而提升自身的工作效率和工作质量。

可以明确的是，酒店行业人才需求已经从单一劳动力逐渐向市场耕耘者、行业变革者、价值创造者转变。然而，高等院校酒店管理专业人才培养的效果却与行业需求不太匹配，这种不匹配会对行业企业的服务质量以及该领域人才的职业前景产生重大影响。

造成酒店管理专业人才培养效果与行业人才需求不匹配的第一个主要原因是人才培养目标不明确。我国高校酒店管理专业人才培养目标的设定多从掌握基本知识和服务技能这一要求出发，以能够从事酒店经营管理和接待服务的高级管理人才与高级技术应用型专门人才为培养结果。以至于教师在教学过程中过于依赖教材，而忽视了社会发展的变化和行业发展的实际需求，导致人才培养目标缺乏导向性和前瞻性。传统的酒店管理专业人才培养关注的是对学生基本专业知识和能力的培养，主要目的在于满足当下行业和社会的需求，而忽视了对学生的素质教育和创新提高，一旦行业和社会发生变化，由于学生不具备相应的知识和技能，将很难做出准确的判断。同时，模糊的人才培养目标影响了学生对于行业岗位多元化和行业发展不确定性趋势的认知，学生无法获得全面发展，所学知识和技能只能让他们获得一些"对口"岗位的工作。这导致的最终结果是，专业人才产出缺乏相关性效果和实用性效果，与酒店行业多形态、内涵式发展匹配程度不高，且无法满足学生个人多样化生涯发展需要，毕业生职业生涯发展的后劲不足。

造成酒店管理专业人才培养效果与行业人才需求不匹配的第二个主要原因是人才培养计划的侧重点偏离。高等院校酒店管理专业在课程结构设置方面多以酒店管理概论、酒店前厅管理、酒店客房管理、酒店餐饮管理等传统的技能服务型课程为中心，理论与实践课程都围绕这些内容进行设置，忽略了酒店行业的变化与发展现实，未能设置不同专业方向及不同岗位的培训计划，与当前行业高质化、多维化、文化性的管理创新需求不匹配，且在培训计划中往往侧重于传授理论知识，实践环节占比较少甚至缺失。这种做法导致教学缺乏实用性，理论知识无法得到有效验证，学生很难将所学知识和技能应用到现实世界中。同时，人才培养计划的持续时间和强度也影响了人才培养效果。酒店管理专业的人才培养计划集中在大学本科四年中，其中第一年又以通识基础课程为主，专业学习从第二年开始，在较短时间内只能侧重于酒店行业狭窄的技能范围，没有足够的时间或机会提供给学生进行跨专业、跨学科的自主学习，这可能导致学生的知识和经验缺乏一定的深度和广度，对将来选择就业或是继续深造都会产生较大影响。值得注意的是，我国并没有单独开设酒店管理专业的硕士研究生与博士研究生项目，在本科以上层次的教育中，酒店管理、旅游管理、会展经济与管理等相关专业归整为"旅游管理"。若学生在本科层次学习中无法做到知识拓展或深入挖掘，将对其在本专业的继续深造产生较大阻碍。

造成酒店管理专业人才培养效果与酒店业人才需求不匹配的第三个主要原因是师资力量及教学规范化建设不足。专业教师缺乏行业一线经验，在教学过程中容易照本宣科，以教材内容作为授课重心，忽视行业实际情况和复杂多变的现实。这就导致课程教学内容中的知识难度偏低，无法使学生的创新意识和创新能力得到发展。同时，专业教育多采用单一考核方式，即通过卷面考试成绩来衡量学生对知识的掌握情况，且考核范围基本都在教材范围内，使学生产生"只要在期末考试之前突击学习就可以取得高分"或"扩展学习对考试成绩没有帮助，所以不需要学习"的思想，阻碍了学生的学习自主性。这些问题都使得高校酒店管理专业的人才培养无法适应教育部对本科课程教学提出的高阶性要求和创新性要求，也无法达到相应的挑战度标准。学生也可能因此缺少学习兴趣，对所学专业产生不信任感，以至于人才培养效果与酒店行业需求出现偏差，不利于酒店行业的持续繁荣。

5.1.3 专业人才培养质量保障体系的有效度不足

酒店管理专业人才培养过程涉及高等院校、行业企业、各级政府、学生等多个利益相关主体，而各主体在人才培养中的地位以及诉求并不相同。若只关注本身诉求，容易导致人才培养过程中出现各自为政、沟通信息不对称等问题，无法保障在实践教学过程中落实全面质量监管。

因此，酒店管理专业人才培养质量保障需要高等院校内外共同出力才能实现。从高等院校内来看，主要是人才培养方案、人才培养计划应符合行业和社会的发展需要，即培养顺应时代需要的人才。从高等院校外的行业相关企业等利益相关者来看，它们应当将自身对人才的需求告知高等院校，确保高等教育人才培养的方向符合行业和社会的发展预期。

我国酒店管理专业人才培养质量保障体系缺乏有效度的主要原因是高

等院校与行业企业等利益相关者之间缺乏沟通和协作。这个问题对行业企业和高校学生来说都会产生重大影响，并在行业中造成许多问题，包括行业企业难以找到合适的人才、行业人才流动率增加、工作满意度和行业忠诚度下降等。

之所以会产生沟通和协作不足的情况，是因为高等院校和行业企业之间缺乏理解。酒店管理专业教育提供者本身对行业需求和要求的了解往往是有限的，可能对人才在行业中取得成功所需的知识、技能和经验未产生清晰的认识；而行业企业则对高等院校酒店管理教育和人才培养项目没有较清楚的认知。这种缺乏理解的状况可能导致酒店管理高等教育无法提供与行业企业需求相关的培训计划，或者在计划实施过程中无法进行必要的调整，最终使得人才培养结果与行业需求不相符。例如，我国现有80%以上的酒店管理专业开设为期6个月及以上的校外实践课程，但是大多数院校的合作单位为高星级酒店。由于日常工作的标准化、流程化程度较高，且实践活动主要在单一类型酒店的一线部门岗位进行，依靠酒店基层管理者开展，这些学生所获得的专业技能和经验非常有限，与酒店行业多业态、多岗位的需求不相符。此外，一些高等院校可能没有意识到多种跨学科的新技术和新知识是酒店行业发展的必然趋势，因此并没有将相关知识和技能纳入专业人才培养计划，而参与这些专业人才培养计划的学生在毕业时将缺乏在酒店行业取得成功的必要条件。这对酒店管理专业人才培养质量保障造成源头性影响。

导致缺乏沟通和协作的另一个因素是高等院校和行业企业等利益相关者之间缺乏进行合作的激励要素。高等院校通常专注于自己的目标和目的，如学术声望、学生入学率、学生就业率、考研成功率等，忽视了与利益相关者合作的共同利益，尤其是与行业企业合作对人才培养质量提升的巨大推力。同样，行业企业等利益相关者可能只看到高等院校为其带来的短期实习工、提供招聘宣讲机会等眼前利益，而看不到投入时间和资源与高等院校发展合作关系的长远价值。例如，由于酒店管理专业应用性特点突出，校外实践成为人才培养过程中不可或缺的一环。学生通过参与校外实践，切实置身于高度社会化的酒店环境中，在真实的工作场景里将专业知识与实际岗位相融合，增强学生的实践能力、专业技能和专业素质。通过校外实践，还能够帮助学生熟悉酒店，进而缩短毕业后的就业适应期，对提升就业率和就业质量具有重要作用。

因此，如何选择合作企业对高等院校酒店管理专业教育的影响是深远的；行业相关企业也可以利用这一机会初步培养起学生的满意度和忠诚度，为其将来就业做好充足准备。此外，由于缺乏合作激励措施，也可能导致高等院校不寻求行业相关企业提供人才培养计划及其实施效果的反馈意见，而这些反馈意见对于确保人才培养计划与时俱进具有至关重要的作用。如果没有来自行业相关企业等利益相关者的反馈意见，高等院校酒店管理教育可能无法响应行业不断变化的需求，从而可能无法提供与行业新趋势、新技术对应的人才培养计划，学生也因此可能无法及时获得行业当前和将来所需的知识与技能。

高等院校和酒店行业中的利益相关者之间缺乏沟通和协作还可能是由于高等教育自身愈发标准化和缺少协调性。从根本上看，教育系统往往是有差异的，不同施教者有不同的教育方案和教学标准，这可能导致采用不同方案培养的学生拥有不同水平的知识和技能。若无法对教学过程进行有效的全面控制管理，可能会导致人才培养结果出现质量参差不齐的现象，进而增加了行业相关企业识别和吸引符合需求的人才的难度，专业人才对行业认同感降低，专业吸引力减弱，行业人才流失率升高。缺乏沟通和协作导致的结果可能是人才培养计划与工作岗位要求不适配、人才培养效果和行业人才需求不匹配，以及行业内的高离职率、较低的工作满意度和忠诚度。酒店行业难以吸引和留住符合要求的人才。行业相关企业也无法在快速变化的行业竞争中保持优势而获得成功。

总之，酒店管理专业人才培养质量保障体系有效度不足的主要原因是高等院校和行业利益相关者之间缺乏有效沟通和合作。由于无法对人才培养的全过程进行全面、有效的监督和管理，人才培养方案可能无法保持与时俱进，专业人才培养效果不符合当下和未来的行业人才需求，进而无法实现酒店管理专业高质量人才培养的目标。

5.2 新文科背景下酒店管理专业高质量人才培养的实践基础

酒店行业是世界上发展最快的行业之一，据统计，它在世界范围内创造了全球 10% 以上的国内生产总值。随着酒店行业的不断发展，其对于高质量人才的需求也越来越大，在新文科理念下，酒店管理专业学生被期望拥有运营管理酒店、度假村和其他酒店行业相关机构所需的知识和技能，并具有发现与发展酒店新业态的眼光和能力。世界范围内的许多高等教育院校对酒店行业高质量人才培养方案做出了探索，积累了一些宝贵经验。

5.2.1 国外酒店管理专业人才培养实践

5.2.1.1 康奈尔大学酒店管理学院人才培养实践

康奈尔大学酒店管理学院在全球酒店管理专业教育领域具有较高的声誉，该校高质量人才培养的特点主要体现在课程设置、行业合作、校友网络建立等方面。

首先，学院的课程设置侧重于为学生提供在酒店行业取得成功所必需的知识和技能。课程内容包括餐饮管理、酒店行业法律、收益管理、酒店领导力等领域，基础的通识课程还包括葡萄酒和饮品管理、固定资产管理、金融管理等领域。课程体系设计全面，涵盖了酒店行业的各个方面。该校课程设置的一个显著特点是学生能够通过实习和实践活动获得行业所需的经验，即学生可以进入 800 多家向该校提供实习、研究和校园招聘机会的酒店行业相关企业，实践岗位涉及酒店运营、市场营销、金融活动、人力资源等各个领域。通过实践，学生所获得的经验对他们将来进入酒店行业起到至关重要的作用。实践活动为学生提供了将课堂所学知识和技能应用到现实世界环境中的机会，也为他们提供了与行业专业人士建立联系并获得宝贵指导的机会。

其次，康奈尔大学酒店管理学院与多家行业领导者建立了合作关系。该校与希尔顿酒店集团、凯悦酒店集团、万豪国际酒店集团等行业领导者的合作伙伴关系，为该校学生提供了接触最新行业趋势、行业工具和科学技术的机会。这种合作伙伴关系也为学生提供了学习指导机会和参与行业活动的机会，提高了学生与行业实际的联系，对将来学生就业和继续深造产生重要影响。

康奈尔大学酒店管理学院最著名的行业合作项目之一是行业沉浸计划（以下简称 IIP）。IIP 于 1922 年由该校霍华德·米克教授创办，是一个体验式学习项目，为学生提供了在酒店行业获得实践经验的机会，学生花费一个学期的时间在酒店、餐厅或旅游公司等与酒店行业相关的企业中进行全职工作；这个环节将在具有丰富经验的行业专业人士的监督下完成，他们作为学生的导师为其提供指导，帮助学生发展技能并获得宝贵的行业经验。IIP 最早创办时旨在为学生提供酒店行业的实践经验，但经过多年的发展，该项目已成为同类项目中最受尊敬和覆盖面最广的项目之一。21 世纪以来，IIP 的合作对象已经扩大到与酒店行业相关的其他行业，与全球超过 1 000 家企业合作，包括大型连锁酒店、邮轮公司、餐饮公司等，且项目内容还包括一系列研讨会、实地考察和相关活动等。

康奈尔大学酒店管理学院的另一个值得关注的合作项目是院长领导系列（以下简称 DLS）。DLS 项目已有超过数十年的实施经验，由一系列活动和研讨会组成，由行业领袖担任主题演讲嘉宾。这些行业领导者们与学生分享他们在行业的经验，帮助学生更好地了解行业现实，并帮助他们培养领导技能。同时，DLS 项目还为学生提供了与行业专业人士交流甚至获得工作机会的契机。

再次，康奈尔大学酒店管理学院与行业相关企业建立合作关系时，表现出了较强的指向性和全面性。在大型连锁酒店领域，该校的合作对象包括万豪国际酒店集团、凯悦酒店集团、希尔顿酒店集团等。万豪国际酒店集团与康奈尔大学合作推出了万豪国际烹饪学徒计划，该项目为学生提供了一个在全球万豪酒店获得实习烹饪经验的机会，学生在万豪酒店厨师的监督下工作，并获得各种烹饪技巧的实践经验。在餐饮企业领域，康奈尔大学与可口可乐、百事可乐、雀巢等公司建立了合作关系，这些合作伙伴为学生提供了在市场营销、品牌推广、产品开发等方面学习的机会。例如，雀巢公司与康奈尔大学合作推出了雀巢专业发展计划，学生在雀巢公司专业人员的指导下参与实际的产品开发、市场销售等项目，获得宝贵的行业指导机会。在大型旅游公司领域，康奈尔大学的合作伙伴包括达美航空公司和 Expedia（全球最大的在线旅游公司）等。以达美航空公司为例，康奈尔大学与其合作推出了达美航空公司全球销售发展计划，学生在达美航空公司专业人员的监督下从事全球销售、市场营销、客户服务等方面的工作，获得宝贵的实践经验。

最后，康奈尔大学酒店管理学院建立了令人瞩目的校友网络。该校拥有超过 16 000 人的校友网络，其中许多人是酒店行业的领导者。该校的校友网络是其进行高质量人才培养实践的重要一环，为学生提供了与行业专业人士联系并获得指导的机会，帮助学生获得对行业有价值的见解，且能帮助学生获得参与行业活动和获取行业工作的机会。

另外，除了课程、行业伙伴和校友网络外，康奈尔大学酒店管理学院还设置了学生俱乐部和社团组织，包括酒店管理学院大使、酒店商业计划竞赛和国际酒店顾问协会等。酒店管理学院大使是由学生担任学校和酒店行业的代表，参与招聘活动、展示校园、指导新生等。酒店商业计划竞赛是面向酒店管理专业学生的年度活动，学生需要提出新的酒店概念并为其制订全面的商业计划，该项目为学生提供了展示其创造力和战略思维技能的机会，在促进企业家精神和创新精神培养方面获得了很大成功。国际酒店顾问协会（以下简称 ISHC）是一个专业组织，为酒店顾问提供了一个聚集在一起分享知识和专业技能的机会。康奈尔大学酒店管理学院是 ISHC 的创始成员之一，也是唯一一个属于该协会会员的学术机构，为该校学生提供了与行业顾问联系并获得宝贵指导的机会。

5.2.1.2 理诺士国际酒店管理学院人才培养实践

理诺士国际酒店管理学院经历了多年的发展，在酒店管理教育领域以培养酒店业高素质人才而闻名，该校毕业生受到酒店行业雇主的高度追捧，其中很多人在行业内成为行业领导者。该校的人才培养具有注重实践经验、培养全球视野、进行行业合作的特点。

一方面，理诺士国际酒店管理学院强调学生实践经验的获取，这是该校专业教育的重要组成部分。学校教师由具有酒店行业丰富经验的专业人士组成，他们在酒店行业的各个领域都拥有多年工作经验，通过将这种经验带到课堂教学中，学生有机会向这些拥有实用知识和技能的专业人士学习，并将这些知识和技能应用于之后的职业生涯。学校为学生提供了实习机会，该校学生有机会进入全球超过 2 000 家酒店及其他相关行业进行实习，包括餐饮、客房、宴会等各个部门，从而能够将课堂所学知识和技能应用至现实生活中。学校也组织学生进行实地考察，参观不同的酒店组织，如酒店、度假村、餐厅等，使学生有机会亲眼看见行业相关企业的运作，并能够实际察看和理解酒店行业的相关幕后工作。该校还为学生提供酒店行业各个领域的实践培训机会，如烹饪艺术、家政工作、前台操作等，培养其将来工作所需的专业技能。此外，学生可以使用模拟操作，实际运营一家酒店，在安全的环境中练习专业技能和专业知识应用。总之，这些实践经验对于想要在酒店行业工作的学生而言必不可少。通过为学生提供获得实践技能的机会，学生能够将所学知识应用于实际生活中，且能与行业专业人士建立起联系，帮助学生实现职业生涯目标。

另一方面，理诺士国际酒店管理学院致力于为学生提供酒店行业的全球视野。理诺士国际酒店管理学院在瑞士、西班牙和中国设有校区，为学生提供多元文化的学习环境。学生来自世界上 100 多个不同的国家，这种多样性能使他们接触到不同的文化和生活方式，并在这个过程中学会欣赏文化之间的差异与相似之处，为他们在全球化的世界环境中工作做好准备。同时，学校的课程设置专注于酒店行业的国际化特征，包括跨文化交际、国际旅游管理、全球营销等课程在内，其教学内容旨在教授学生了解不同的文化和习俗，以及如何与来自不同背景的人共事。此外，该校还为学生提供了出国学习的机会，使他们能够更加深入地了解不同文化。学生可以在理诺士国际酒店管理学院位于瑞士、西班牙或中国的校区学习，也可以选择在与理诺士国际酒店管理学院有合作关系的其他院校学习，为学生提供了了解不同文化与生活方式的独特机会。总而言之，理诺士国际酒店管理学院通过为学生提供多元文化环境、国际课程和海外学习机会，培养学生的全球视野，有助于帮助其在全球化趋势和环境下工作做好准备。全球视野对于希望在酒店行业工作的学生而言必不可少，因为酒店行业本质上是国际化的，需要能够与来自世界各地具有不同文化背景的人合作的人才。

另外，理诺士国际酒店管理学院与酒店行业的领导者们建立了合作关系。包括四季酒店、丽思卡尔顿酒店、文华东方酒店等在内的国际知名酒店为该校学生提供实习、工作、就业机会，以导师计划为学生提供培训和指导。合作关系也为学生提供了与行业领导者建立联系的机会，能够帮助其与为实现生涯目标提供支持的人建立起联系，持续获得对酒店行业有价值的认知和见解。值得注意的是，理诺士国际酒店管理学院也建立了一个超过 12 000 人的校友网络，校友网络中的许多人都是行业领导者，他们对于那些想要在酒店行业建立个人网络并寻找相关机会的学生而言是一个宝贵的资源。

5.2.2 国内酒店管理专业人才培养实践

5.2.2.1 中山大学人才培养实践

中山大学在酒店管理专业教育领域进行了多次改革，是国内酒店管理专业教育领军院校，也是我国内地该学科唯一上榜 QS 世界大学学科排名的高校。中山大学在培养酒店管理专业高素质人才方面做出了全面计划，主要包括课程体系架构、实践设施构建、拓展平台搭建三个方面。

　　首先，中山大学旅游管理学院从 2014 年开始进行模块化教学探索，并增设了与数字技术相关的一系列新课程；2019 年，其对标国际一流旅游管理院校，制定了"管理""可持续""新科技"三大模块，并将学院的课程依次纳入相应模块；2021 年，学院全面梳理专业课与选修课。中山大学旅游管理专业下酒店管理方向的课程体系主要分为管理理论及基础技能模块、酒店管理专业特色模块、面向未来的综合管理模块三大模块，学生能够在学习过程中循序渐进，逐步完成理论基础学习、专业知识学习以及贴合现实的前沿趋势学习。课程设置不仅要求学生掌握酒店行业相关理论知识和技能，同时也帮助学生树立良好的品德并提高其心理素质，勇于对未来发展趋势进行思考和探索，树立起行业自信，进而培养起社会责任感和广阔的全球视野。同时，课程体系中还包含了酒店管理相关跨学科课程，学生可以根据专业要求、个人兴趣和个人能力在有限范围内进行课程修习选择，以全面了解酒店相关跨学科基础知识，并能够据此对酒店行业中跨行业和跨体制等复杂问题进行综合分析与研究，培养其解决复杂问题的能力。

　　其次，中山大学为酒店管理专业学生提供了丰富的实践教育课程。校内实验室种类多样，并配置全方位行业前沿教学软件，如 Opera 酒店管理系统、3DShow 教学软件等，学生可以通过校内实践教学课程初步获得行业经验和知识应用经验。在校外实践领域，该校的合作企业包括喜来登酒店、万豪酒店、W 酒店等知名酒店集团，长隆旅游度假区、迪士尼乐园等综合旅游度假区，广交会、珠海航展、深圳国际会展中心等知名会展企业，为学生提供实地参观和实习的机会，以获得进入行业所必需的实际经验，加深对行业的理解，缩短其进入行业后的适应期。

　　最后，中山大学与利益相关者深度合作，搭建科研教学平台和校企合作平台。中山大学旅游管理学院与中国旅游研究院、南开大学、国家信息中心、文化和旅游部、联合国教科文组织等发展合作关系，已建立起八个核心科研教学平台，为专业教学提供了丰富的资源平台。同时，该院与华住集团、万豪集团、东呈集团、岭南集团等酒店集团保持着长期教学科研合作关系，为应用型专业发展提供了良好的进入性。该院的校企合作对象还包括港中旅、华侨城、中国旅游集团等旅游业龙头企业和华为、阿里巴巴、中国联通、中国移动等相关行业优秀企业，为酒店管理专业人才培养提供了更广阔的视野和更丰富的资源，促进跨学科培养的落实。另外，中山大学与国内外知名院校合作进行人才培养，如日本立教大学、澳大利亚格里菲斯大学以及我国的香港中文大学等，将国际化与本土化教育相融合，促进学生知识、技能和素质的提高。数据表明，该院有 40% 左右的毕业生前往我国的清华大学、北京大学、复旦大学、香港大学以及国外的剑桥大学、康奈尔大学等知名高等学府进行深造。

5.2.2.2 华侨大学人才培养实践

华侨大学是我国最早获批开办酒店管理专业的院校之一，经过数十载的发展，该校酒店管理专业教育处于我国领先水平，于 2021 年入选国家级一流本科专业建设"双万计划"。在酒店管理专业人才培养方面，该校表现出国际化办学、产教学研融合的特点。

华侨大学具有显著的侨校特色，酒店管理专业通过国际化办学形成了国内外学生融合培养体系。一方面，该校通过学生交流、学生实习、毕业生就业等项目进行国内外联合培养。学生在校内完成包括商业、管理和酒店方面的各种课程学习，随后可以前往其他国家（地区）进一步学习并获得酒店行业相关实践经验。这有助于学生拓展全球视野，为国际职业生涯发展做好准备。同时，学生通过对当地文化和传统的切身体会，学会理解和欣赏当地文化，兼顾全球视野和本土化发展。另一方面，该校酒店管理专业还与香港理工大学、澳门旅游学院等共建教师交流、师资共用、科研合作等项目，促进学院师资水平提升。在教导学生具备全球视野之前，教师本身也应当具备相应的知识和技能，因此教师个人素质的提升也非常重要。华侨大学不断探索和发展国内外师资融合的教学模式，是优化国际化人才培养效果的关键基础。结合学生"走出去"和教师"引进来"，酒店管理专业人才能够通过双向国际化获得全球视野，同时兼顾本土化意识培养。

华侨大学酒店管理专业在人才培养过程中的另一个值得关注的方面，就是其体验式学习。该校在国内外建立了 20 多家实践教学基地，合作对象包括万豪国际、洲际酒店集团、香格里拉酒店及度假村等全球领先的酒店集团，通过定期为其派送实习生，为学生提供获得实践经验和发展行业技能的现实机会。该校建造了国内一流的教学实践平台，拥有两个国家级实验教学示范中心，其提供的模拟教学使学生获得进入行业所需的必要技能，也能加深学生对行业的理解，为其职业生涯发展做好准备。此外，该校酒店管理专业还建立了一个"酒店孵化器"来支持学生发展自己的酒店企业，在商业规划、营销和金融等方面提供指导，结合实习与行业合作获得的实际经验，使学生切实理解并掌握酒店相关企业发展所需的知识与技能。在理论与实践高度融合下，学生能够为在酒店行业的成功就职、专业继续深造做好充分准备。

5.2.3　人才培养实践总结述评

酒店行业是一个复杂多变的领域，对行业人才具有专业性、持续性的需求，行业从业人员必须具备管理酒店、度假村和其他酒店相关机构运营所需的技能和知识。为了满足这一充满活力的行业发展对人才的需求，国内外许多高校都开展了酒店管理项目以培养酒店行业高质量人才。从这些取得较高评价的人才培养实践来看，主要包括课程设计、理论与实践相结合、校企合作三个方面，它们基于此创造了一条能够引领酒店行业走向未来的人才发展之道。

首先，酒店管理专业高质量人才培养的一个关键基础即课程设计。课程应侧重于学生在酒店行业生涯发展和获得成功所必需的知识与技能，通常包括酒店、管理、商业等学科知识。酒店行业相关课程为学生提供行业及其各种组成部分所涉及的知识，包括食品、饮品、住宿、旅游等方面的内容；管理类课程侧重于学生管理技能的发展，如决策、解决问题、团队合作与建设等内容；商业类课程则为学生提供基本的管理和领导原理、财务管理、市场营销等方面的基础理解。但是随着科学技术的发展和社会的不断变革，酒店管理专业课程设计也应做出相应调整，增设与行业发展趋势相关的跨学科课程，如增设包括收益管理、酒店业创新、数字技术等知识在内的课程，以实现知识和技能传授的与时俱进。同时，课程设计还应强调对学生批判性思维的发展，这对于解决酒店行业复杂问题和进行行业决策至关重要。因此，酒店管理专业课程体系中应当包括要求学生分析复杂问题并开发创造性解决方案的课程，如创意策划、沙盘推演等。另外，课程设计还应包含实践经验，即高校应为学生提供获得行业实践经验的机会，让学生在应对现实情况之前做好心理准备。在进行课程具体设计时，高校还应强调学生领导技能、沟通技巧的发展。在酒店行业，领导团队、激励员工、进行战略决策等都是职业生涯发展中不可避免的环节，所以酒店管理专业课程应当包括专注于团队合作与协作、冲突解决、书面和口头沟通、跨文化沟通等课程。总之，酒店管理专业课程设计对于培养该领域的高质量人才至关重要，使学生获得对行业的全面理解、批判性思维、解决问题和进行决策、沟通技能、实践经验以及领导力的发展是专业课程知识架构中必须包含的内容，这些内容对于学生在复杂多变的行业环境中取得成功必不可少。

其次，酒店管理专业高质量人才培养的另一个关键基础即理论与实践的融合。通过将理论知识与实践经验相结合，学生可以更加深入地了解酒店行业，并获得在酒店行业取得成功所需的技能。对于酒店管理专业的学生而言，他们必须不断学习和发展其技能，才能保持与行业发展相匹配的技能；因此，高校应当持续地提供专业发展机会，帮助学生拓展其知识、发展其技能。实现理论与实践融合的一种方法是进行体验式学习，通过对实践经验的反思达到学习的目的。这种类型的学习可以通过案例研究、模拟操作、角色扮演等方式进行，帮助学生将理论知识应用至现实世界的场景中，发展其解决问题的技能，增强创造力和创新力。实现理论与实践融合的另一种方法是项目学习，即从事一个模拟真实世界场景的项目，如制订营销计划、宾客关系处理、创建酒店产品等。这种类型的学习使得学生能将理论知识应用于特定的项目，为其提供实践经验，并允许其发展项目管理技能。此外，绝大多数高校的酒店管理专业教育都通过实习为学生提供实践经验，学生既能在专业领域内获得实际行业工作经验，也能获得从行业专业人士处得到的指导机会。总之，理论与实践的融合是酒店管理专业高素质人才培养至关重要的一点，学生通过亲身体验酒店行业，能够深入了解行业运作，并促成其对在该领域内获得成功所必需的各种因素有更加清晰的认知，甚至能够发现行业内可以改进之处，进而利用其所学理论知识开发创造新的解决方案。同时，在复杂多变的酒店行业里，包括日常经营事务在内的很多方面是不可预测的，因此需要行业从业人员具有独立思考和快速反应的能力，而获得这两种能力的快速有效的方法就是行业实践。根据实践经验，学生可以不断地获得实时解决问题的能力和批判性思维。

最后，酒店管理专业高质量人才培养还有一个关键基础是校企合作。校企合作对于人才培养高校、行业企业、酒店管理专业学生三方都有好处，最终助力提升人才培养效果和实现高质量人才培养。校企合作最重要的作用之一即为学生提供实习机会。实习岗位涉及酒店行业各个部门，包括客房运营、餐饮运营、销售、人力资源管理、财务管理等各个方面。通过与行业专业人士一起工作，学生能够习得行业必需的知识与技能，包括沟通、领导、客户管理、投诉处理等；学生在实际接触酒店行业运营的过程中，更加真实和广泛地了解整个行业。校企合作提供的实习机会也是学生与行业专业人士建立密切联系的机会，学生在实习期与经理、同事和其他专业人士的互动是其今后建立人际关系网络的宝贵机会，有助于其将来在这个以人为本的酒店行业中的职业生涯的发展。学生通过在酒店行业获得真实经验，完成实际工作任务，也可以树立自信心、提升成就感。可以说，行业实习是学生更好地了解行业、获得行业所需知识和技能的重要途径，这些都将使其在行业就业时更具竞争力。另外，高校通过师资融合、校企合作共建课程与专业、企业定制项目等手段为高校自身和学生都提供了了解行业发展现状和趋势的途径，有助于高校深入了解行业所面临的机遇与挑战，并将这些内容融入课程教学或增设跨学科的新课程，提高人才培养结果与行业现实需求的适配度。总之，对于应用性特点突出的酒店管理专业而言，高校通过与行业组织搭建丰富的实习就业平台和科研平台，为学生提供了行业专业指导与实践经验，同时也助力学生获得更多更适宜的就业机会，高校也可以继续发展成为酒店管理教育的领先者。

6 新文科背景下酒店管理专业高质量人才培养的基本理念、目标设定及模式构建

"新文科建设"是在科学技术与经济社会加速发展和变革的双重背景下，教育部为全面提高复合型文科人才培养质量而提出的。在适应新文科对多学科交叉融合发展的新要求方面，酒店管理专业人才培养面临着新技术革命和新产业发展的机遇与挑战。本章将站在新文科建设的角度，研究酒店管理专业高质量人才培养的基本理念、目标设定及模式构建。

6.1 新文科背景下酒店管理专业高质量人才培养的基本理念

6.1.1 人才培养理念的内涵

对于"理念"的理解，旧哲学流将其与"观念"相联系，柏拉图哲学的"理念说"认为事物是理念的"影子"或"摹本"；康德哲学将其称为"纯粹理性的概念"，即从知性产生而超越经验可能性的概念。理念是看法、思想、思维活动的成果，是把人从个别事物中抽象得到的普遍概念加以绝对化并将其看作事物的原型。理念来源于具体的社会现实和人类的实践活动，同时又可以用于指导社会实践。

基于对理念的解释，高等教育领域中包括教育理念、高校办学理念和人才培养理念，三者之间存在密切联系。教育理念是教育主体在教育实践及教育思维活动中形成的，对教育所产生的具有价值取向或价值倾向的理性认识和主观要求，通常表现为人们认为"教育应当如何"或"教育应当

具有何种状态"的判断；教育理念在形成的同时也被用于指导教育实践活动，致力于实现"好教育"的目标。高等院校以教育理念为指导确定自身的办学定位，是高校对于自身"如何办学"和"如何办好学"等问题的深层次思考结晶，这主要落实在人才培养上。人才培养理念则是对高校办学理念和人才培养目标定位的凝练，也是对其人才培养经验的概括总结。先进的人才培养理念，能够引领今后一个时期的人才培养路径。在学术研究中，"人才培养理念"是一个非常重要的研究对象，因为其关乎人才培养的目标和方法，也关乎教育的方向和发展。人才培养理念涉及教育学、心理学、社会学等多门学科，受到历史、文化、社会等多方面的影响，其应用效果也因实际和政策等多层面的作用而有所不同。

曾任美国耶鲁大学校长的理查德·莱文（RichardLevin）在其就职演说中提到，他们致力于保存和发展知识宝库、捍卫自由探寻和自由表达的权利、培养领导力和思考力、创造人类成就、挖掘人的潜力等，这些内容本身即教育的目的，也是改善人类物质文明和提升人类精神文明的有效途径。哈佛大学荣誉校长陆登庭（Neil Rudenstine）在北京中外大学校长论坛上的演讲中说，良好的教育是要营造一种氛围，能够提供更多的机会，进而使理智的力量渗透到世界的各个角落；要提供表达的场所，使经过时间考验的各种不同观点能够接受事实和辩论的挑战；要提醒社会成员，有时不遗余力追求的目标是错误的。曾任牛津大学校长的柯林·卢卡斯（ColinLucas）认为，大学存在的目的是探究事物的本质、发现区分真实与表象的方法、理解事物存在的意义。一所伟大的大学应当具有包容性，知识探索范围包括人类知识的全部领域；学习环境中的所有学科都包含独立思考、创造力、领导力、决策力、责任感、道德良知等成功所必需的社会美德和个人美德的培养；大学应立足于对各自国家的认同，能够同时理解与他国之间合乎情理的差异。大学在社会中所起到的作用绝不只是推动经济发展。曾任剑桥大学校长的乐思哲·博里塞维奇也指出，经济成长不应成为驱动大学的力量。一所好大学要为教授提供足够的时间和空间，通过从容选择为学校的知识体系持续做出贡献；一所好大学要为教职员工提供独立管理的环境，以促进学术繁荣发展；一所好大学要对学生的全面发展负全责，这可以通过一对一督学实现。于他而言，理想的大学生应具有极高的学术天分和刻苦学习的潜能，具有独立人格和自由思考能力，要有志向并能不断以此为目标鞭策自己，还要有改变世界的雄心壮志。

从几位世界知名高等院校校长的主张中可以看出，大学在自主开展人才培养、科学研究、社会服务和文化传承创新等活动时，应当始终牢记大学的宗旨和使命。人才培养理念是人才培养的重要理论基础和指导思想，对指导人才培养实践、提高人才培养质量、促进人才培养与社会发展的良性互动具有重要价值，也对推动人才培养改革和教育发展具有重要的意义。

6.1.2　酒店管理专业人才培养理念的建构原则

随着社会经济的不断发展，酒店行业已经成为人们生活中不可或缺的一部分，而优秀的酒店管理人才是行业发展的重要保障。然而，要想培养出优秀的酒店管理专业人才并非一件易事，如何构建符合酒店行业需求的人才培养理念已成为当前高校酒店管理专业所面临的重要问题。在此之前，应当明确的是，酒店管理专业人才培养理念的构建要以学术研究为基础。

学术研究是一种系统性、深入性的研究方法，能够帮助人们更好地了解行业需求和发展趋势。在酒店行业中，通过学术研究可以使人们深入理解酒店行业的发展方向、市场需求和未来发展趋势，对于指导酒店管理专业人才培养具有重要意义。随着酒店行业的不断发展和人们对旅游住宿需求的不断提升，酒店管理专业对人才的素质要求越来越高，包括具备更广阔的视野、更广泛的能力、能够根据市场需求和顾客要求提供更为优质的服务等，人才培养理念也因此不断更新和完善。同时，学术研究也能帮助人们了解行业技术发展方向，如人工智能、大数据技术、互联网技术等在酒店行业的应用，对酒店管理专业人才培养和发展方向也具有重要的指导意义。

同时，学术研究可以为酒店管理专业人才培养提供指导和借鉴。通过对酒店行业中的先进管理经验和成功案例进行研究，可以使人们了解到行业管理模式、服务标准、运营理念等方面的发展和先进成果，对酒店管理专业人才的培养具有借鉴与参考价值。而在对行业发展趋势和需求所进行的学术研究中，提出了新培养理念和新培养方法，这些则促进了人才培养实践的创新与发展。例如，在现代化酒店管理中，酒店管理专业人才应当具备广泛的专业知识和技能，同时也要具备跨文化交流和沟通能力，因此在人才培养实践中，高等院校可以有针对性地引入更多跨学科的知识和技能，以确保酒店管理专业人才具备适应当前时代发展趋势和行业需求的相关能力。

此外，学术研究可以提高酒店管理人才的素质。学术研究是推动酒店管理专业教育改革和创新的重要途径，通过提高酒店管理专业人才的综合素质和专业技能水平，他们可以更好地适应行业发展需求。也就是说，学术研究为培养更多具有综合素质和专业技能的酒店管理专业人才提供了支持和保障，进而提升了人才培养的质量和水平。通过学术研究，还可以使人们了解到行业的发展趋势和行业的未来需求，以此指导酒店管理专业人才的职业规划和发展方向，即为酒店管理专业人才提供职业发展支持。例如，学术研究进一步明确了酒店行业的国际化趋势，这使得培养具有国际视野和较强语言能力、沟通交流能力的酒店管理专业人才更为迫切。

基于学术研究可以发现，酒店管理专业是一个高度复合型的专业，其人才培养既需要注重知识的传授，也需要注重实践能力和社会责任感的培养。在此基础上构建酒店管理专业人才培养理念应当遵循的原则包括以下四个：

第一，实用性原则。实用性原则指的是酒店管理专业人才培养应当紧密结合行业实际需求，注重学生实践能力和职业素养的培育。酒店行业具有高度服务性，因而对人才的实践能力和职业技能要求较高，高校通过将一些课程设置为实验实践类课程，为学生提供深入了解酒店行业运营模式、服务标准和管理技巧的机会；也可以组织学生参与职业能力竞赛，以激发学生的竞争意识和职业素养。另外，积极的校企合作也是将学生置于实践环境、培养其实践能力和适应能力的有效手段。

第二，教育与科研相结合原则。酒店行业是具备高度复杂性的服务行业，需要以一定的理论做支撑、以科学研究作为实践操作指导，注重学生研究能力和创新能力的培育。理论课程是学生了解酒店行业基本理论、服务标准、管理原理等的重要途径，也为实践教学提供了基础知识和基本指导；在教学基础上进行的科学研究是对酒店行业发展趋势和规律的探索，在培养学生科研能力与创新能力的过程中为酒店行业提供持续的科学支持。

第三，以学生为主体原则。酒店行业需要具备多方面能力与高素质的人才，因此在人才培养理念构建过程中，高等院校应当尊重学生的兴趣、特长和潜力，对学生进行差异化的个性培养。通过心理健康教育、职业规划指导、专业学科竞赛等一系列学生工作，高等院校能够更好地了解学生的发展需求与个人特长，并据此实行个性化培养，让学生能在学习中得到更好的发展。同时，通过设立奖学金、组织学术讲座、开展学术交流等措施，高等院校还可以为学生提供更加优质的学习环境和学术氛围，有效激发学生的学习兴趣和学习动力，以学习热情进一步提升其自主学习能力。

第四，国际化原则。酒店行业具有国际性突出的特点，使得其在日益显著的经济全球化背景下，对具备跨文化交流能力和国际竞争力的人才的需求日益迫切。高校酒店管理专业人才培养不仅要通过国际化课程让学生了解国际酒店管理的运作模式和服务标准，开拓学生的国际视野，也要积极开展国际学术交流和国际实习交流等项目，让学生进一步了解国际酒店管理行业的实际情况，通过理论和实际的深度结合提高学生的国际竞争力与跨文化交流能力。

6.1.3　新文科背景下酒店管理专业高质量人才培养的理念更新

随着时代的不断发展和社会的不断进步，新文科建设已经成为当前社会的热门话题。同时，科技的快速发展、经济的全球化、教育的多元化以及人们对人才培养要求的不断提升，促使酒店管理专业人才培养理念也需要不断更新，以适应新文科建设背景下酒店行业对具备广阔视野、丰富的实践经验、较强创新能力、人文关怀意识的高质量人才的需要。具体内容包括以下五点：

第一，构建多元化的教育体系。在新文科建设背景下，多元化教育体系的重要性日益突出，人们对于高等教育的期盼不只是进行专业知识的传授，还要培养学生的综合素质与创新能力。因此，酒店管理专业应当构建起多元化的教育体系，注重学生综合素质的培养，使学生能够具有更加广泛的知识和技能，同时也能适应不同的工作环境和行业需求。

第二，注重实践教学。随着社会的发展，行业和企业对于专业人才实践经验的要求也越来越高。对于应用型特点突出的酒店管理专业而言，更应注重实践教学，使学生通过实践来加深对酒店管理工作的理解与把握。同时，实践教学也能够帮助学生提升自己的工作技能和实践经验，为其日后的职业发展打下良好而坚实的基础。

第三，注重培养创新精神。在新文科建设的时代背景下，创新已经成为各个领域的重要标志，创新能力也已成为各行各业都注重的核心竞争力。因此，酒店管理专业也应当注重培养学生的创新精神，鼓励学生在学习和实践中发挥自己的创造力，积极进行跨专业、跨学科的知识整合，不断创新和改进酒店管理工作中的各种方案及方法。

第四，注重培育职业素养。酒店管理的职业性质之一即与人产生较多联系，因此要求酒店管理专业人才培养过程注重人文关怀和职业素养培育。这就意味着，人才培养的结果不仅要实现实际效果，还要基于正确的职业道德、职业规范、职业技能等提供个性化与差异化产品，以更好地适应社会环境和行业发展的需求。

第五，开拓国际化视野。随着经济全球化进程的加快，酒店管理的国际化趋势也日益明显。基于此，酒店管理专业应当注重开拓学生的国际化视野，使学生能够了解和掌握国际酒店管理的最新理念和最佳实践，为其日后在国际酒店管理领域的发展做好充分准备。

6.2 新文科背景下酒店管理专业高质量人才培养的目标设定

6.2.1 密切联系经济发展进程的演进特点

自新中国成立以来，随着经济社会的发展和旅游业的逐渐繁荣，酒店行业在服务业中的地位和作用也在不断演变和提升。酒店管理高等教育作为连接行业生产与人才培养的教育活动，其专业人才培养目标既是对一定时期行业生产现实需求的具体表现，也是对当下和未来行业人才整体素质发展的引导。我国酒店管理专业高等教育人才培养目标的演进与我国的时代背景、经济社会发展以及服务业的变化密切相关。

新中国成立初期，我国酒店行业处于起步阶段，主要服务对象为政府人员和外国游客。自20世纪60年代末起，随着中国对外开放政策的逐步实施，酒店行业得到了空前发展机遇，酒店也成为外国游客在中国旅游期间的主要接待场所之一。但是此时，酒店管理行业逐渐兴起，专业人才稀缺，酒店管理专业人才培养的主要目标在于培养具备基础知识和基础专业技能、能够胜任日常管理工作的人才。

进入20世纪80年代，随着中国经济的快速发展，国内旅游需求增加，酒店行业开始呈现出多元化和专业化的发展趋势。同时，改革开放的进一步深入促使我国市场经济加速发展，国际酒店品牌开始进入中国市场，酒店管理行业在获得快速发展机遇的同时，也呈现出国际化发展趋势。此时，酒店管理专业人才培养的目标逐渐转变为培养具有创新精神和实践能力的人才，鼓励学生在学习过程中积极探索、尝试和创新。除了拥有基本的酒店管理专业知识和技能外，学生还应当了解市场营销、财务管理、社会文化等方面的知识，以便更好地适应市场竞争的需要。

21世纪以来，随着国内旅游业的蓬勃发展和旅游消费水平的提升，酒店行业的地位和作用进一步提高。然而，酒店行业在面临前所未有的发展机遇的同时，也面临着新的挑战，如人才短缺、竞争加剧、科技更新等。因此，不断提升服务品质和管理水平，为国内外游客提供更好的服务和体验是酒店行业保持并进一步提升其在服务业中的地位和作用的必然需求。随着经济全球化的深入，酒店管理专业人才培养的目标又一次发生了变化，要培养具有国际化视野、能够进行文化融合的人才，这些人才应当具备跨文化交流和沟通的能力，了解不同国家及地区客人的需求，并依此提供个性化服务和特色化服务。

总的来说，随着时代的变迁和酒店行业的发展，酒店管理专业人才培养目标也在不断演变。这主要是因为社会经济的不断变化与行业的不断进步，使得酒店行业不断面临新的挑战和机遇，而为了适应市场需求和行业发展趋势，人才培养的主题也在不断变化。从本质上说，酒店管理专业人才培养目标的不断调整和改变是为了适应新时代行业发展的要求。

6.2.2 新时代酒店管理高等教育人才培养目标的展望

21世纪以来，国际旅游市场的蓬勃发展与国内旅游市场的日益成熟，要求酒店管理专业教育注重国际化视野、跨文化融合、个性化服务、服务体验等方面的培养；科技的不断进步和广泛应用，要求酒店管理专业教育适应数字化与智能化趋势，培育具有数字能力和创新能力的人才；文化背景的变化与人才培养理念的调整，要求新文科背景下酒店管理专业人才培养的重心应逐渐从知识传授和技能训练转向素质教育与能力培养。

6.2.2.1 新文科背景下酒店管理高等教育要培养专业能人

酒店管理专业需要培养具备相关专业知识和技能的人才，这是酒店管理教育的核心目标之一。作为一个具有高度服务性的行业，不断提高服务质量是酒店行业发展的必然要求，因而培养学生扎实的专业知识和技能就成为其中非常关键的一环。酒店管理是一个复杂的行业，涉及客房、餐饮、营销、财务、人力资源管理等多个方面。因此，包括客房管理、餐饮管理、酒店组织管理、人力资源管理、财务管理、市场营销管理等方面在内的酒店管理能力，是酒店管理专业人才应当具备的基本知识和技能。这些知识和技能是酒店行业相关从业人员必须掌握的基本素质，也是酒店管理专业学生在专业教育中必须学习的内容。掌握这些专业知识和技能的人才能够胜任酒店管理活动中的各项工作，从而提高酒店的整体管理水平与服务质量。

在人才培养过程中，高等院校应当注重专业知识与行业实际的结合，强调实践性与应用性，使学生能够在结合理论与实际的过程中更好地掌握专业知识与技能。同时，酒店行业不断发展和变化的特点也要求该专业学生不断学习和更新自己的知识，及时了解最新的行业动态与趋势，充分且主动地利用校企合作的双方获得更多学习实践机会与职业发展支持。

6.2.2.2　新文科建设要求培养酒店管理创新能人

培养酒店行业的创新能人是酒店管理专业教育适应行业和社会发展需要的应然选择，也是新文科建设要求培育新时代社会科学家的需要。经济全球化和科技进步的不断加速，世界各国在信息时代都加紧推进创新创业活动，在这样的时代背景下，创新已经成为各行各业最为重要的驱动力。在酒店行业中，以顾客为重心、不断创新的服务理念已经成为行业发展的主旋律，只有不断创新才能满足顾客的需求，保持企业在行业中的竞争力。

显而易见的是，在行业的创新要求下，人才创新能力的培养已经成为酒店管理专业人才培养的重要目标之一。酒店管理专业创新能人是具有创新创造能力的人才，通过敏锐的市场洞察力和预判能力，他们能够及时了解市场变化和市场需求，并及时提供适应市场的服务和产品。同时，他们利用自己的创新思维和创造力，不断提出新的点子与解决方案，以助力新产品和新服务的开发，更好地满足顾客需求。然而，只有创新的意识和想法是不够的，还需要具备实践能力与执行能力。酒店管理专业的创新能人能够充分运用自己的实践经验和实际操作能力，将创新理念转化为实际操作，并推动其成为现实。

6.2.2.3　新文科教育要培养酒店行业的交际能人

在全球化时代背景下，酒店行业的重要性日益增加，文化多元性要求酒店关注具有不同文化背景顾客之间的交际需求。这表示，良好的跨文化沟通能力能够使酒店从业人员与顾客进行更加有效的沟通，从而适应多元化的顾客需求，这也是新文科建设在"传播光耀时代、光耀世界的中华文化"这一层面上的具体表现。因此，交际能力已成为酒店行业从业人员不可或缺的技能之一，酒店管理专业高等教育要培养具有出色交际能力的专业人才，是满足酒店行业对高素质人才需求的必然要求。

交际能力指的是一个人在人际交往中所表现出的各种能力，包括语言沟通、心理沟通、人际关系处理、应变能力等。酒店行业往往视交际能力为员工成功的关键因素之一，这是因为从业人员在与顾客产生联系的过程中，越能快速地建立信任、顺畅沟通、进行情感互动，则越有利于营造优秀的客户体验，进而助力酒店高质量发展。作为旅游业的支柱产业之一以及服务业中的重要组成部分，服务质量是酒店竞争的核心，而员工的出色交际能力会对酒店服务质量产生直接影响。一位能够与客人进行愉快交流的员工，可以使客人在入住期间感受到温暖和亲切，也是构建顾客忠诚和良好企业形象的关键因素。

6.2.2.4　新文科建设背景下要培养酒店团队合作者

当前社会中，信息技术的发展加速了全球化进程和市场化进程，世界各地的酒店能够进行更为紧密和广泛的合作。同时，国际化和多元化的市场环境也导致酒店面临着更加复杂和多变的市场需求，酒店之间的竞争越来越激烈。在这样的背景下，酒店必须注重团队之间的合作，以更好地适应市场变化和客户需求。具体来看，酒店行业是一个高服务型行业，酒店的服务质量和客户满意度是酒店赖以生存和发展的关键，团队合作可以促进酒店员工之间的信息共享、资源共享和工作协作，通过提高服务质量与顾客满意度进而提高酒店的竞争力和整体效益；员工之间通过共同探讨业务问题和提出解决方案，也能够推动酒店行业的持续创新和可持续发展。从员工的角度来看，酒店团队合作要求员工相互合作、相互支持、相互学习，这种合作和学习可以促进员工的个人成长，提高员工的综合素质和职业技能，从而为员工的职业发展打下坚持基础；也可以增强员工的归属感和荣誉感，使他们更加珍视自己的工作和团队，进而提高员工的工作积极性和责任心。由此可见，培养酒店行业的团队合作者不仅对酒店行业自身的发展具有重要意义，也对整个社会发展具有深远影响。

为了培养酒店团队合作者，酒店管理专业人才培养首先应当注重提高学生的沟通能力，包括口头沟通、书面沟通、非语言沟通等多种形式的沟通技能。沟通是团队合作的基础，既要求学生能够清晰地表达自己的意见和想法，也要能够理解和接受他人的意见与想法。其次要注重团队合作意识、团队合作技能、团队建设能力的培养，其核心在于学生关注并理解团队目标的重要性，进而能够为实现团队目标而共同努力。在这个过程中，学生的自我发展对于团队合作的成功也具有至关重要的作用。相关专业通过提供培训、学习机会等方式，激励学生不断提高自己的职业素养和综合素质，并能培养起尝试新事物、提出新想法和新方案的勇气，进而激励学生共同合作、共同成长、共同分享团队成果。

6.2.2.5 新文科建设要培养酒店行业的领导者

旅游业的快速发展使得酒店行业也得到了迅猛发展，这对酒店经营和管理的要求也越来越高。对于酒店领导者而言，他们需要具备管理、营销、人际交往、沟通、协调等多方面能力，以确保酒店的正常运营和产品服务的高质量。同时，在经济全球化趋势下，酒店行业的竞争也越来越激烈，不同国家和地区的文化差异与市场需求差异都影响着酒店经营和管理策略。这些策略的制定与实施在很大程度上依赖于酒店领导者的决策，酒店领导者能否利用数字化管理手段和高效的数据分析对市场需求和消费者行为进行正确理解进而制定更加精准和有效的经营管理策略，决定了酒店在应对激烈市场竞争时的成功与否。

人们对于酒店经营和管理的要求日益提高，也是对酒店领导者要求的日益增加，因为酒店领导者在酒店经营和管理中具有举足轻重的作用。随着酒店行业的变化和发展，酒店领导者的角色和作用也在不断地改变。首先，酒店领导者的首要作用是指导酒店战略和发展。他们应当具备战略思维和规划能力，能够制订并指导酒店的长期发展计划和战略规划，帮助酒店适应市场需求和未来发展趋势。其次，酒店领导者负责管理酒店运营。这意味着酒店领导者既能够协调各个部门和团队，管理酒店的日常运营，保证酒店的服务质量和顾客满意度，又能以危机管理和风险控制能力确保酒店的运营安全和稳定。再次，酒店领导者应建立和维护企业品牌与企业文化，并带领团队实现共同目标。为应对激烈的市场竞争，酒店领导者需要通过品牌塑造和文化建设来提升酒店的品牌价值和市场竞争力，引领团队共同创造独特的酒店文化和服务标准，并结合自身行为宣传和维护酒店的品牌形象，带领酒店团队共同实现酒店的发展目标。最后，酒店领导者要推动酒店行业的发展。酒店领导者需要关注酒店行业的发展趋势和变化，这不仅是自身制定经营和管理策略的需要，也是积极推动酒店行业创新和发展的需要。酒店领导者通过与其他酒店领导者、业界人士、学界人士等进行交流和合作，共同推动酒店行业的进步和发展。

酒店相关企业应对市场竞争和酒店行业自身发展的需要，都对酒店管理专业高等教育培养酒店行业领导者提出了迫切需求和更高要求。为了满足行业发展的现实需求，培养优秀的酒店领导者，高等院校首先应当提升学生的综合素质，主要包括专业知识、专业能力、职业态度、职业价值观等方面。作为未来酒店领导者的学生应具备扎实的专业知识和专业技能，同时还需要具备创新精神和领导力，能够独立思考并解决问题。其次，行业导师的指导是培养学生领导力的有效手段，通过经验丰富的教师或自身酒店领导者的指导和支持，相关专业学生在知识、技能、价值观等方面都能获得成长和提高。此外，实际经验的累积也是培养酒店领导者过程中不可或缺的一环。在日常教学中，学生团队合作既是培养团队合作精神的手段，也是建立和锻炼团队领导能力的有效途径。通过变换在团队中的角色，学生得以获得不同的"工作"经验来累积管理经验和领导经验，从而不断提高自己的管理能力和领导能力。在这个过程中，学生还要不断学习并掌握新的管理技能和领导技能。也就是说，学生团队合作的过程中，应当同时掌握作为团队成员和团队领导者的技能以实现共同目标的方法。

6.3 新文科背景下酒店管理专业高质量人才培养的模式构建

习近平总书记在党的十九大上指出，就业是最大的民生，我国要坚持就业优先战略和积极就业政策，实现更高质量和更充分就业；党的十九届五中全会审议并通过的《中共中央关于制定国民经济和社会发展第十四个五年规划和二〇三五年远景目标的建议》，明确了"建设高质量教育体系"的任务要求。

随着我国酒店行业朝着高质量发展，新业态不断涌现，酒店从管控角色向赋能角色的转变，催生出了高质量个性化人才需求。但传统酒店管理专业偏重于培养技能服务、统一规格的"标准化"人才，导致人才培养与行业需求脱节,本科毕业生专业就业对口率较低,造成了酒店管理专业人才培养与行业需求的结构性失衡,这成为我国酒店行业进一步发展的瓶颈,亟待突破。在新文科背景下,高等教育的发展也已经从单纯注重知识传授向注重培养学生综合素质进行转变,培养造就一批又一批有政治追求、社会担当、创新精神和实践能力的高质量人才,是新时代教育的历史责任和重要使命。

6.3.1 新文科背景下酒店管理专业高质量人才培养模式的构建思路

立足于高质量培养,坚持"两个一致",学生学习自主性以其个人兴趣为内驱力、毕业就业为外引力,课程教学从"以教为中心"向"以学为中心"的转变和课程教学从"统一规格培养"向"多元化个性能力培养"的转变,能够有效激发学生的学习主动性,进而培养自主学习能力。具体来看,酒店管理专业高等教育要做到"个性化差异培养与酒店行业多样化需求一致""综合型能力提升与行业需求一致"。在"两个一致"的人才培养新理念下,高校要突破传统的标准化教育体系,要从学校内外部获得优质资源,以打造多层级、公平开放的育人平台,培养学生个性化、全面化发展的潜质与能力,引导学生基于自身能力和个人兴趣选择合适的发展道路,并帮助学生树立正确的行业价值观、择业观,以助力实现学生高质量发展。

6.3.1.1 扎根能力多元,坚持个性化育人

高等院校酒店管理专业教育面临着人才培养与行业市场需求脱节的问题,行业岗位对人才的多元需求促使高校拓宽育人路径。具体来看,酒店管理专业教育应在注重通识教育的基础上,以专业精细化、人才的能力综合化为导向,打造"模块化、定制化、精细化"的育人路径,并同时保证路径之间的交叉互融、开放体验和个性发展。此举旨在重塑学生的专业知识结构,通过学生自主探索和实践性学习,丰富其所掌握的知识,加深知识的全面性和系统性、能力的多样性和层次性、创新创业思维的立体性和整体性发展。

6.3.1.2 基于互利共赢,坚持共同体文化

酒店管理专业高质量人才培养与学生、高校、企业等利益相关者都息息相关,将高质量人才培养目标内化为各利益相关者的共同价值观和自觉行为,能够有效保障酒店管理专业人才培养的有序开展和过程的可控性。

从根本上说，"学生资源共建—教师资源共享—项目优势互助"是校企合作得以缔结的出发点，协议等契约精神则是校企合作协同育人的质量保障手段。校企双方应坚持"相互开放、相互依存、相互促进"的共同体文化，营造酒店管理专业高质量人才培养的良好氛围，突破价值取向的瓶颈，以人才培养质量监管的良性循环促进校企协同育人效应的最大化发展。

6.3.2　新文科背景下酒店管理专业高质量人才培养模式的构建策略

新文科背景下酒店管理专业高质量人才培养应遵循因材施教的原则，基于行业对人才的多样化需求和学生自身多元化发展的需要，进行差异化教育。学生以兴趣驱动，在不同维度中进行多元选择，形成"以能力发展为中心，高质量产出为导向"的立体型一流专业育人模式。

6.3.2.1　立足行业发展现实，差异化教学目标

对教学目标进行差异化设计是酒店管理专业高质量人才培养模式构建的关键，也是突出高等教育与行业发展现实之间密切联系的关键。酒店行业复杂多变的特点和酒店管理专业应用性突出的特征都证明了结合行业发展现状进行教学目标的差异化设计是必要的：一方面，酒店行业既需要能够胜任简单对客服务的劳动技能岗位的人员，也迫切需要熟练掌握语言技能、具有沟通技巧、精通酒店整体运营、熟悉数字信息技术、拥有全球化视野的复合型管理人才；另一方面，酒店行业内存在因等级、类型的差异而导致的岗位设置与人员需求的差异，传统的"培养高星级酒店管理人才"这一培养目标已无法产出满足行业内的精品酒店、民宿等非标准住宿企业对人才的需求。

针对企业现实需求，根据布鲁姆的理论，本书将酒店行业的人才需求划分为知识、技能、素质三个层次，酒店管理专业教育据此也将教学目标分层设计，以逐步实现培养学生掌握专业知识、获得专业技能、树立职业态度与职业价值观的目的。具体来看，结合行业实际需求所设计的教学目标包括三个层次：第一个层次为基础教学目标层次。学生应当了解酒店行业概况及其发展现状，包括现阶段酒店行业内各企业的类型、等级、组织结构、运营方式、基本业务内容等基础知识。第二个层次为能力提升目标层次。其重点在于培养学生掌握各部门、各岗位的专业技能，包括但不限于传统酒店业态中常见的前厅部、餐饮部、客房部、财务部、人力资源

部、市场营销部等部门的运营管理知识，也包括酒店收益管理、智慧酒店管理、数字营销管理等与时俱进的知识内容，以提高学生与企业、酒店行业人才需求的适配度。第三个层次为意识塑造目标层次。学生既要能够从管理者的角度分析和解决酒店行业的相关问题，也要能够发现、辩证性评价酒店行业所面临的机遇与挑战。同时，学生还要树立宾客至上、爱岗敬业、诚实守信等职业态度和职业道德，更要将个人发展与行业、社会发展以及中华民族的伟大复兴相结合。

6.3.2.2　满足个性发展需求，差异化课程体系

学生个体在学习、个人发展、职业生涯规划等方面存在差异化需求，这就要求高校以多样化的课程体系来实现课程育人目标与酒店行业人才需求的有效对接，进而提升学生对将来择业方向的认知清晰度。酒店管理高等教育应当充分认识到学生对学习的准备程度，以及学生过去的学习经历，了解学生的学习能力水平，同时要尊重学生的学习兴趣与学习成就动机，在此基础上构建教学内容架构，以支持和促进学生的差异化发展。

首先，高等院校酒店管理专业教育应保持对酒店行业发展趋势、新业态和新模式等方面的跟踪研究，及时发现和掌握酒店行业对人才需求的变化，结合本专业学生的职业发展情况对专业课程进行分类，构建起传统酒店业态、非标准住宿业态等多样化课程体系。

其次，相关专业要对课程内容进行分类整合，并将具有相关性的跨专业、跨学科课程纳入体系中，以丰富的课程内容持续完善课程体系。显然，差异化课程体系摒弃了过去以培养高星级酒店管理人才的单一育人目标，是根据酒店行业发展现状进行动态调整，在有针对性的基础上设计和建立起来的，以适应行业对人才的多样化、动态性需求。

最后，学生自主选课制度也是差异化课程体系构建与实施的重要环节。学生应当被允许根据个人需要，依据个人能力和个人兴趣，自主制订个人学习计划，并据此选择个人需要修习的课程内容。为最大限度地利用学生兴趣驱动选修，相关专业还应当保持课程体系内的互融性，即学生既能够选择某一课程体系作为主要修习方向，又能够通过自主选课制度修习另一课程体系内其感兴趣的内容；或者学生在学习中途兴趣发生改变，希望转换修习方向，也可以通过自主选修相关课程的方式达到这一目的。差异化课程体系与自主选课制度的有效结合，是通过建立和实现学生以兴趣驱动选修，进而达到人才培养要求，也是学生兴趣导向与课程体系建设的

良性互动，以个性化学习促进学生择业精准度的提升。

6.3.2.3　基于学生个体差别，差异化教学模式

酒店管理专业应用性、实践性强的特点突出了教学内容与行业前沿动态保持高度一致的重要性。因此，构建差异化目标导向的能力培养教学模式是逐步实现学生能力进阶的重要手段。差异化教学着重体现学生的主体地位，坚持"立德树人，以学生全面发展为中心，激发学习内在动力"的理念，关注学生个体基础能力、专业能力和综合能力在现有阶段和未来发展需求方面的差异，关注教师与学生、学生之间的互动，充分利用讨论式、启发式等多种授课方法，有效结合信息化教学手段，以实现教学相长。

差异化教学将目光扩展至课前学习环节和课后学习环节。通过在课前为学生提供相关学习资料和布置学习任务，一方面培养学生的自主学习能力和意识，另一方面根据学生完成情况分析并得到教学内容的重难点。在课堂教学环节，教师根据课前学习结果进行有针对性的重难点讲解，以便将更多时间留给学生进行小组讨论或设问互动，从而打破传统课堂上教师"一言堂"的现象，既能激发学生的学习兴趣，也能及时检测学生的学习效果。课后是学生总结课程收获的时间，通过查找相关资料，对行业热点问题展开讨论，进一步促进学生对知识的吸收和转化应用，同时引导学生根据个人兴趣进行知识的拓展性探索。

差异化教学的重点在于教师主动将"主导者"角色交给学生，而自己转变为教学的"引导者"和"辅助者"，通过营造平等、自主、参与的学习环境，在充分尊重学生选择和兴趣的基础上，引导学生以批判性、创造性的视角看待问题，有组织、有目的、有计划地引导和辅助学生主动构建自身知识体系，充分发挥学生的学习主动性和自主学习能力。此外，教师通过指导学生参与各类行业竞赛、考取行业资格证书等，进一步激发学生的个人学习兴趣，提高其学习效果和个人能力，充分实现课外学习时长的有效拓展。在此过程中，教师还应注重学生个体优势在团队合作学习中的充分、有效发挥，促进学生团队合作者和领导者能力的培养，进而识别和打造学生团队品牌。

6.3.2.4　落实多样化高质量培养，差异化考核评价

为避免酒店管理专业高等教育受传统教学思维的影响，确保人才培养产出符合酒店行业对人才的时代需求，高校在检验专业教学效果时应摒弃

过去侧重于学生个人对所授知识掌握程度的观点，而重视学生的知识应用能力。酒店管理专业课程考核多由课堂出勤、课堂参与度、课后作业、期末书面考试等部分组成，是强调个人能力评价的考核机制。显然，这种方式无法有效检验学生的学习效果，也阻碍了学生对知识的有效吸收和转化，进而导致学生对酒店行业整体认知的弱化，影响其职业选择。同时，对个人能力评价的考核机制会使在团队合作要求下的教学方法无法发挥其作用，不利于学生协作能力、创新能力、自主研究能力的培养，最终导致人才培养质量与酒店行业人才需求之间的差距日益扩大。

面对这样的现实，新文科背景下酒店管理专业高质量人才培养需要通过多样化的考核方式来实现，即从知识、能力、素质三个层面对学生进行多层次、多角度的考核。考核评价的内容包括学生掌握酒店管理基础知识的水平、将专业知识应用至解决行业实际问题的能力、酒店行业价值观和职业道德的树立情况等。同时，酒店管理专业教育应避免落入"考得好等于学得好"的误区，片面地以终结性考核作为衡量学生学习效果的指标，或仅关注学生的个体学习效果，而应关注到学生素质拓展部分的发展。例如，学生参加各类专业相关赛事、大学生创新创业比赛等，均可纳入素质拓展或实验实践考核环节，充分激发学生的参与热情和培养创新创业能力，逐渐学会自主学习、团队合作、创新创业。

7 新文科背景下桂林旅游学院酒店管理专业高质量人才培养实践

在新文科建设背景下如何培养出社会和行业需要的优秀酒店管理专业人才，既是教师的职业追求，也是学校新时代创新发展的必然要求。本章将以桂林旅游学院为例，对其酒店管理专业人才培养方案的设定、政产学研协同育人创新以及质量保障体系建设进行研究和借鉴。

7.1 新文科背景下桂林旅游学院酒店管理专业人才培养方案设定

7.1.1 培养目标

本专业面向现代文旅产业和广西经济社会发展的需要，秉承"创特色名校，育旅游能人"的办学理念，遵循"适应行业需求，深化产教融合"的指导思想，培养国内一流的具有良好的家国情怀、国际视野、创新创业精神、职业道德和人文社会科学素养，系统掌握经济学、管理学、现代旅游业基本理论及酒店经营管理专业知识，具备酒店经营管理、团队沟通合作、现代信息技术应用与传播能力，毕业后能在国内外酒店住宿业相关业态及旅游行政管理部门从事经营管理、咨询策划、教育培训等方面工作的德智体美劳全面发展高素质应用型文旅人才。

7.1.2 毕业要求

本专业学生毕业时应达到以下三方面素质、知识、能力结构要求：
第一，素质结构要求。本专业学生应具有良好的思想素质和道德品质，践行社会主义核心价值观；具有健康的体魄和良好的心理素质，达到教育部规定的《学生体质健康标准》，具备较强的安全意识和良好的劳动素养；具有良好的团队协作精神、时代意识和国际视野；具有良好的酒店及相关行业的职业道德和职业素养；具有较高的审美素养。

第二，知识结构要求。本专业学生应掌握数学、经济学、管理学及旅游学的基本理论和基本方法；掌握哲学、法学、信息技术、艺术和职业发展方面的通识性知识；熟悉酒店经营管理的专业理论、知识与方法；熟悉国家关于旅游业、酒店行业的方针、政策与法规。

第三，能力结构要求。本专业学生应具备较强的酒店经营管理能力和服务意识，以及能够运用酒店管理理论分析和解决问题等方面的能力；具备信息处理操作和应用技能，以及能够运用现代信息技术手段开展酒店经营管理活动的能力；具备较强的英语交际能力和跨文化沟通与管理的能力；具备较强的创新创业能力和初步的科学研究能力；具备获取和更新酒店管理相关知识的自我学习的能力。

7.1.3 主干学科与核心课程

主干学科：工商管理、经济学。

核心课程：管理学原理、经济学原理、旅游学概论、市场营销、会计学、统计学、旅游接待业、旅游目的地管理、旅游消费者行为、酒店管理概论、酒店运营管理、酒店客户管理。

7.1.4 主要实践性教学环节

主要实践性教学环节：英语综合能力训练（Ⅰ~Ⅱ）、饮品品鉴与创意、酒店管理信息应用实验、酒店沙盘模拟实验、公共劳动、军事技能、社会实践（Ⅰ~Ⅱ）、第二课堂、认知实习、生产实习、专业社会调查（社会实践）、毕业实习、毕业论文。

7.1.5 学制、修业年限与毕业标准

桂林旅游学院酒店管理专业标准学制是 4 年，修业年限是 4~6 年。酒店管理专业本科毕业标准如表 7.1 所示。

表 7.1   酒店管理专业本科毕业标准

平台与课程	必修					选修				总计
	通识教育平台	文旅素质教育平台	专业教育平台		实践教学平台	文旅素质教育平台			专业教育平台	
			专业基础课程	专业核心课程		限选课		任选课		
						专业概论类	四史教育类			
应修读最低学分	40	3	24	14	32.5	2	0.5	2	31	149

据表 7.1 可知，学生应达到以下三项要求方可毕业：

①具备良好的思想素质和身体素质，达到《国家学生体质健康标准》。

②文旅素质教育课程应修满 7.5 学分。

③学生应完成本专业各类课程学分修读要求，总学分修满 149 学分。

酒店管理专业课程与毕业要求的对应内容如表 7.2 所示。

表 7.2   酒店管理专业课程与毕业要求的对应内容

一级目标	二级目标	内容与要求	支撑课程
素质结构	思想道德素质	具备坚定、正确的政治方向，以及正确的世界观、人生观和价值观	思想道德与法治、形势与政策、马克思主义基本原理、毛泽东思想和中国特色社会主义理论体系概论、中国近现代史纲要、第二课堂、专业社会调查课程、"四史"教育类
		具备优良的道德品质	
	科学文化素质	具备良好的团队协作精神	形势与政策、住宿新业态专题、跨文化沟通与管理
		具备与时俱进的时代意识和较广的国际视野	
		具备高度的职业责任感和敬业精神	
		具备明确的职业意识、较强的职业认同感和良好的职业修养	旅游礼宾礼仪、酒店管理概论、大学生职业发展与就业指导、认知实习
		具备较强的审美意识，能够将美学知识运用于酒店经营管理活动	艺术欣赏、酒店实用美学、饮品品鉴与创意、奢侈品管理
	身心素质	养成自觉锻炼身体的良好习惯，达到《大学生健康体质标准》	体育、体质健康测试、大学生心理健康教育、军事理论、军事训练、安全教育、公共劳动
		具备良好的心理素质	
		具备较强的安全意识	
		具备良好的劳动素养	

表7.2(续)

一级目标	二级目标	内容与要求	支撑课程
知识结构	基础知识	哲学知识	中国近现代史纲要、马克思主义基本原理概论、形式与政策
		法律基础知识	思想道德修养、法律基础课程
		计算机应用知识	计算机应用基础
		艺术相关知识	艺术欣赏、酒店实用美学
		职业发展规划知识	大学生职业发展与就业指导、酒店管理概论
	专业知识	数学基础知识	高等数学、线性代数、概率论与数理统计、统计学
		文化基础知识	中国文化概论、文化与传承类、表达与沟通类
		经济学基础知识	经济学原理
		旅游学基础知识	旅游学概论、旅游接待业、旅游消费者行为、旅游目的地管理
		酒店业务运营管理知识	酒店管理概论、酒店运营管理、前厅与客房管理、餐饮管理、酒店人力资源管理、酒店数字营销、酒店财务管理、酒店战略管理、酒店服务质量管理、酒店品牌管理
	工具性知识	掌握旅游研究工具方法	高等数学、线性代数、概率论与数理统计、统计学、旅游研究方法与论文写作
	相关领域知识	住宿业前沿及新业态知识	奢侈品管理、智慧酒店管理、酒店实用美学、饮品品鉴与创意、住宿新业态专题、邮轮旅游概论、邮轮运营管理、酒店资产管理、酒店设施管理与设计、酒店筹备与开业、邮轮运营管理、邮轮安全管理、邮轮供应链管理、邮轮港口管理

表7.2(续)

一级目标	二级目标	内容与要求	支撑课程
能力结构	专业能力	具备将所学知识应用于酒店经营管理实践的能力	酒店运营管理、前厅与客房管理、餐饮管理、酒店人力资源管理、酒店数字营销、酒店财务管理、酒店收益管理、酒店战略管理、酒店服务质量管理、酒店品牌管理、酒店沙盘模拟
		具备运用现代信息技术开展酒店经营管理的能力	计算机应用基础、酒店数字营销、智慧酒店管理
	应用能力	具备将所学专业知识应用于住宿新业态行业的实践能力	邮轮运营管理、邮轮安全管理、邮轮供应链管理、邮轮港口管理
		具备运用创新创业思维开展酒店经营管理活动的能力	酒店设施管理与设计、酒店筹备与开业、酒店实用美学、酒店沙盘模拟
	传播能力	具备国际视野,以及在跨文化背景下的沟通与管理能力	大学英语(Ⅰ~Ⅳ)、专业英语、传播学概论、跨文化沟通与管理、酒店品牌管理、酒店运营管理(双语)、酒店管理信息应用实验(双语)
	其他能力	具备终身学习意识和较强的自我学习能力	生产实习、毕业实习
		具备适应社会和酒店住宿相关业态的职业可持续发展能力	自然与科学类、表达与沟通类、住宿新业态专题、生产实习、毕业实习、创新创业与劳动实践类

7.1.6 酒店管理专业教学进程计划

表7.3展示了桂林旅游学院酒店管理专业课程结构与学时学分构成分配。

表7.3 酒店管理专业课程结构与学时学分构成分配

课程平台	课程类别	课程性质	学分分配			学时分配		
			学分	理论学分	实践学分	学时	理论学时	实践学时
通识教育平台	通识课	必修	40	33	7	786	601	185
	小计		40	33	7	786	601	185
文旅素质教育平台	文旅素质课	必修	3	3	—	50	50	—
	文旅素质课	选修	4.5	4.5	—	75	75	—
	小计		7.5	7.5	—	125	125	—

表7.3(续)

课程平台	课程类别	课程性质	学分分配			学时分配		
			学分	理论学分	实践学分	学时	理论学时	实践学时
专业教育平台	基础课程	必修	24	23	1	408	391	17
	核心课程	必修	14	13	1	237	221	16
	拓展课程	选修	31	24	7	527	408	119
	小计		69	60	9	1 172	1 020	152
通识、文旅、专业教育平台学分合计			116.5	100.5	16	2 083	1 746	337
课程平台	课程类别	课程性质	学分	占学分比例/%		实践学时	实践周学时	
实践教学平台	课程实践	必修	6	4		204		
	公共实践	必修	8	5.4		316	16 周	
	专业实践	必修	18.5	12.4		629	37 周	
	小计		32.5					
学分总计			149	实践学分占总学分比例/%		21.8		

下面以表格形式展示桂林旅游学院酒店管理专业的教学计划,如表7.4至表7.7所示。

表 7.4　酒店管理专业教学计划（通识教育平台）

课程类别	课程性质	课程中文名称	学分数			学时数			开课学期	考核	
			总学分	理论学分	实践学分	总学时	理论学时	实践学时		考试	考查
通识课程	必修	中国近现代史纲要	3	2.5	0.5	51	43	8	1	√	—
		思想道德与法治	3	2.5	0.5	51	43	8	2	√	—
		马克思主义基本原理	3	2.5	0.5	51	43	8	2	√	—
		毛泽东思想和中国特色社会主义理论体系概论	5	4	1	85	68	17	3	√	—
		形势与政策（Ⅰ~Ⅷ）	2	2	—	64	64	—	1~8	—	√
		大学英语Ⅰ	4	4	—	68	68	—	1	√	—
		大学英语Ⅱ	4	4	—	68	68	—	2	√	—
		英语综合能力训练Ⅰ	0.5	0.5	—	8	8	—	3	√	—
		英语综合能力训练Ⅱ	0.5	0.5	—	8	8	—	4	√	—
		体育（Ⅰ~Ⅳ）	4	0.5	3.5	136	17	119	1~4	√	—
		体质健康测试	—	—	—	8	—	8	5、7	√	—
		计算机应用基础	1.5	0.5	1	25	8	17	2	√	—
		大学生心理健康教育	2	2	—	34	34	—	1~2		√
		大学生职业发展与就业指导Ⅰ	1	1	—	17	17	—	2	—	√
		大学生职业发展与就业指导Ⅱ	1	1	—	17	17	—	6	—	√
		军事理论	—	—	—	—	—	—	—	—	—
		安全教育	—	—	—	—	—	—	—	—	—
		艺术欣赏	—	—	—	—	—	—	—	—	—
通识教育平台应修读的学分、学时合计			—	—	—	—	—	—	—	—	—
备注		①军事理论包括国防教育和国家安全教育。 ②安全教育（含艾滋病预防教育）采取每学期开学第一周、放假前一周集中进行与平时日常加强教育相结合方式，教学内容包括传统安全教育与实验室安全教育，其中实验室安全教育由相关二级学院负责上课，第六学期末统一由武装部（保卫处）评定成绩。									

表 7.5　酒店管理专业教学计划（文旅素质教育平台）

课程类别	课程性质	课程名称	学分数			学时数			开课学期	考核	
			总学分	理论学分	实践学分	总学时	理论学时	实践学时		考试	考查
文旅素质课程	必修	中国文化概论	0.5	0.5	—	8	8	—	1~2	√	—
		传播学概论	0.5	0.5	—	8	8	—	1~2	√	—
		创新创业基础	2	2	—	34	34	—	3	—	√
	文旅素质通识必修课程应修读学分、学时小计		3	3	—	50	50	—	—	—	—
	限选	专业概论类	2	2	—	34	34	—	1~4	—	√
		"四史"教育类	0.5	0.5	—	8	8	—	2	—	√
	任选	特色课程类	1	1	—	17	17	—	1~4	—	√
		文化与传承类	0.5	0.5	—	8	8	—	1~8	—	√
		自然与科学类	0.5	0.5	—	8	8	—	1~8	—	√
		表达与沟通类	0.5	0.5	—	8	8	—	1~8	—	√
		创新创业与劳动实践类	0.5	0.5	—	8	8	—	1~8	—	√
	文旅素质通识选修课程应修读学分、学时小计		4.5	4.5	—	75	75	—	—	—	—
文旅素质教育平台应修读的学分、学时合计			7.5	7.5	—	125	125	—	—	—	—

表 7.6 酒店管理专业教学计划（专业教育平台）

| 课程类别 | 课程性质 | 课程中文名称 | 学分数 | | | 学时数 | | | 开课学期 | 考核 | |
			总学分	理论学分	实践学分	总学时	理论学时	实践学时		考试	考查
基础课程	必修	高等数学Ⅰ~Ⅱ	8	8	—	136	136	—	1~2	√	—
		线性代数	2	2	—	34	34	—	3	√	—
		概率论与数理统计	3	3	—	51	51	—	4	√	—
		管理学原理	2	2	—	34	34	—	1	√	—
		经济学原理	3	3	—	51	51	—	2	√	—
		市场营销	2	2	—	34	34	—	3	√	—
		会计学	2	2	—	34	34	—	3	√	—
		统计学	2	1	1	34	17	17	5	√	—
	专业基础课程应修学分、学时小计		24	23	1	408	391	17	—	—	—
专业必修课程	必修	旅游学概论	1.5	1.5	—	25	25	—	1	√	—
		旅游礼宾礼仪	1.5	1	0.5	25	17	8	1	√	—
		酒店管理概论	2	2	—	34	34	1	—	√	—
		旅游接待业	1	1	—	17	17	—	2	√	—
		旅游消费者行为	2	2	—	34	34	—	3	√	—
		酒店运营管理（双语）	2	1.5	0.5	34	26	8	4	√	—
		旅游目的地管理	2	2	—	34	34	—	4	√	—

表 7.7　酒店管理专业教学计划（实践教学平台）

课程类别	课程性质	课程名称	学分数			学时数			开课学期	考核	
			总学分	理论学分	实践学分	总学时	理论学时	实践学时		考试	考查
课程实践	必修	英语综合能力训练Ⅰ	1.5	—	1.5	51	—	51	3	√	—
		英语综合能力训练Ⅱ	5	—	5	1	—	1	4	√	—
		饮品品鉴与创意	1	—	1	34	—	34	3	—	√
		酒店管理信息应用实验（双语）	1	—	1	4	—	4	3	—	√
		酒店沙盘模拟实验	1	—	1	4	—	4	6	—	√
课程实践模块应修读学分、学时小计			6	—	6	94	—	94	—	—	—
公共实践	必修	军事技能	2	—	2	12	—	112	1	—	√
		公共劳动	1	—	1	34	—	34	1~8	—	√
		第二课堂	5	—	5	10（周）	—	10（周）	1~8	—	√
公共实践模块应修读学分、学时小计			8	—	8	16	—	16	—	—	—
专业实践	必修	认识实习	1	—	1	2（周）	—	2（周）	1	—	√
		社会实践Ⅰ	1	—	1	2（周）	—	2（周）	3	—	√
		社会实践Ⅱ	1	—	1	2（周）	—	2（周）	4	—	√
		专业实习	2	—	2	4（周）	—	4（周）	6	—	√
		毕业实习	9	—	9	18（周）	—	18（周）	7	—	
		毕业论文（设计）	4.5	—	4.5	19（周）	—	19（周）	8	—	
专业实践模块应修读学分、学时小计			18.5	—	18.5	629	—	629	—	—	—
实践教学平台应修读学分、学时合计			32.5	—	32.5	1 149	—	1 149	—	—	—
备注	①公共劳动由公共劳动教学部作为开课单位，具体开课要求及成绩认定参照公共劳动教学部相关文件执行。 ②第二课堂由团委作为开课单位，具体开课要求及成绩认定参照《桂林旅游学院共青团"第二课堂成绩单制度"实施办法（试行）》执行。 ③认识实习（专业采风或专业写生）面向所有专业开设，其中艺术类专业开设专业采风或专业写生，各专业结合相关专业教学要求在第一学期或第二学期安排，周期为两周。 ④专业实习面向所有专业开设，各专业结合相关课程教学要求在第五学期或第六学期安排，周期为四周。 ⑤成绩评定原则上在当学期完成，若在含寒暑假期间完成的实践教学课程则在下学期的第二周前完成学生成绩录入工作。										

7.2 新文科背景下桂林旅游学院酒店管理专业政产学研协同育人创新

7.2.1 构建"三位一体"育人平台，实现校企互融

该学院基于校企共建课程，搭建"三位一体"的校企协同育人平台，在育人平台上实现校企资源共享。桂林旅游学院酒店管理学院与凯悦酒店集团、东呈集团、阳朔民宿及精品酒店协会分别搭建奢华酒店、精品酒店、特色民宿校企协同育人平台，为师生提供校内外实践基地和虚拟仿真操作环境，模拟行业现实环境，促进学生课堂学习成果的转换。同时，校企协同育人平台也为毕业生提供实习、实践、就业渠道，提升专业学生就业对口率。

一方面，校企协同育人平台的搭建为高等院校和行业相关企业之间的人力资源共享提供了便利。校内教师根据需求，有针对性地邀请酒店行业高层管理者以行业导师、企业特聘讲师等身份加入课程教学和课程建设，实现课程的深度开发，有效保持教学内容的与时俱进。同时，酒店行业高层管理者参与专业人才培养方案制订、专业课程体系构建、课程教学内容设计等环节，将其丰富的行业从业经验融入育人全过程，从而促进专业建设、课程建设、教学评价与行业实际发展需求的有效对接。

另一方面，高校教师能够充分利用校企协同育人平台完善各级科学研究、教学改革项目，并将研究成果反哺酒店行业及其相关产业链的各个环节，以学术服务酒店行业新业态发展，有效促进教学理论与行业实践的有机结合。此外，教师还能根据学生自身兴趣、能力进行针对性指导，带领学生以开展社会服务等方式协助酒店、民宿等拓展专业知识，提高学生思考与动手能力、专业素质，并借此机会帮助学生正确认识企业现状和行业现状，培养专业认同感。

7.2.2 创建需求牵引个性化课程体系，实现产教融合

在课程体系构建上，桂林旅游学院酒店管理学院以课程思政为价值引领，以一流本科课程群建设为突破口，通过对酒店行业发展新趋势、新业态、新模式的跟踪研究，及时追踪市场对人才需求的变化，并结合毕业生在奢华酒店、精品酒店、特色民宿的就业情况、就业特点、职业发展，构

建起个性化课程体系，以实现课程育人目标与行业人才需求的有效对接，进而提升专业人才培养质量。具体来看，桂林旅游学院酒店管理专业以人才培养方案为基础，将酒店管理专业课程划分为模块化奢华酒店、定制式精品酒店、精细化特色民宿三大课程体系。其中，以组织发展为主的模块化奢华酒店课程体系含 20 门课程，以业务管理为主的定制式精品酒店课程体系含 14 门课程，以中小企业运营为主的精细化特色民宿课程体系含 15 门课程。学生可以根据自身兴趣导向自由选择模块内课程。三者兼具独立性与互融性，多元选择引导学生强化自我认知，学生依据学分修习要求及兴趣驱动，自主选择模块化、定制式、精细化的课程体系进行学习，形成了课程撬动专业发展、学生兴趣导向与课程体系建设的良性互动，如表 7.8 所示。

表 7.8 奢华—精品—特色三大课程体系

类型	模块	课程
模块化奢华酒店课程体系	高标准工作任务模块	前厅与客房管理
		餐饮管理
		酒店服务质量管理
		奢侈品管理
		餐饮管理
		认知实习
	数字化运营模块	酒店数字营销
		智慧酒店管理
		住宿新业态专题
		酒店沙盘模拟实验
	组织行为及发展模块	酒店品牌管理
		酒店收益管理
		酒店战略管理
		酒店人力资源管理
		酒店财务管理
	科学研究能力培养模块	管理学原理
		经济学原理
		市场营销
		组织行为学
		旅游研究方法与论文写作

表7.8(续)

类型	模块	课程
定制式精品酒店课程体系	企业文化类	跨文化沟通与管理
		旅游接待业
	业务实战类	活动管理
		前厅与客房管理
		餐饮管理
		酒店管理信息应用实验
		社会实践
	组织管理类	酒店人力资源管理
		组织行为学
		酒店运营管理
		智慧酒店管理
	客户营销类	酒店客户管理
		市场营销
		旅游消费者行为
	企业定制类	东呈课程
精细化特色民宿课程体系	民宿行业发展趋势	住宿新业态专题
		酒店数字营销
	民宿服务及标准化应用类	前厅与客房管理
		餐饮管理
		酒店服务质量管理
	民宿文化及个性化开发类	食品营养与健康
		饮品品鉴与创意
		中华茶文化
		酒店实用美学
	民宿运营与管理类	智慧酒店管理
		酒店筹备与开业
		酒店资产管理
	社会实践类	第二课堂
		创新创业基础
		大学生创新创业项目

7.2.3　形成能力导向教学模式，实现培养进阶

在能力培养过程中，一方面，桂林旅游学院注重夯实学生的基础专业能力。奢华酒店平台通过模块化教学模式，以高标准工作任务、数字化运营、组织行为及其发展、科学研究能力培养、创新能力培养等模块化教学，培养学生整合、应用知识的综合能力；精品酒店平台借力"青苗定制"项目，通过企业文化、业务实战、组织管理、客户营销、企业定制等多类型课程，培养学生一专多能的职业能力；特色民宿平台以大学生创新创业项目为依托，围绕民宿行业等非标准住宿业的发展趋势、服务标准化、企业文化及个性化产品开发、民宿运营与管理等课程类别，培养学生专业、管理等创新应用能力，夯实学生专业基础能力。另一方面，桂林旅游学院注重提升学生的进阶能力。教师通过指导学生参加"尖烽时刻"等行业竞赛、考取"1+X"行业资格证书等路径，有效拓展课外学习时长；教师注重在合作学习中充分发挥学生的个体优势，打造学生团队品牌，实现学生从"校内人"向"管理者"的身份转变，从而满足社会对创新型、应用型人才的需求；教师持续关注提升学生团队在创新创业、科学研究等项目中的成果转换率，注重学生应用能力和创新创业精神的培养。

桂林旅游学院酒店管理专业基于"通识基础—专业能力—第二课堂"三个并行渠道，打通"知识技能—双创能力—成果转换—创新创业能力—职业生涯发展"的良性循环路径，最终形成了"综合—优势—品牌"的能力导向教学模式，以培养学生一专多能、一人多岗的优势，精准实现人才培养的职业能力进阶。

7.3　新文科背景下桂林旅游学院酒店管理专业的质量保障体系建设

桂林旅游学院通过保障体系的建立实现学生的高质量培养。由于实践活动的异地性及沟通的滞后性，学生与用人单位和学院之间无法及时形成有效的信息交流闭环。为了打破学生与用人单位之间的企业信息闭环、学生与学院之间的高校信息闭环，也为了打破异地与时空障碍，督促企业遵循契约精神，正视学生、教师的反馈意见，促进校企协作的实践教学管理

从经验管理向科学管理转变，桂林旅游学院基于自身所打造的利益相关者共同体文化，通过合作协议、管培生项目、运用酒店协会的影响力等，建立起"协议—管培—协会"的立体高校育人质量保障体系，对合作企业采用信息化监管。该学院与奢华酒店签订的用人协议达42项、与精品酒店合作的管培生项目达30个，并通过相关行业协会对合作单位的社会效益、社区关系进行干预，实现学生、学校、企业三方的有效沟通，促使多主体合力攻坚，积极营造健康、高效的人才培养系统。通过避免实践教学环节、就业过程中的监管缺失，切实保障酒店管理专业高质量人才培养的顺利进行。

8 新文科背景下桂林旅游学院酒店管理专业高质量人才培养成果展示

新文科建设离不开各大传统文科学科积极主动地进行与时俱进的改革和探索，酒店管理专业作为传统文科学科工商管理下的二级学科，也要结合新文科背景探索新的人才培养路径。同时，应用型院校及专业如何适应改革需求，实现"新旧文科"转型衔接，成为我们值得关注的话题。21世纪以来，已经有不少院校响应号召，为新文科建设背景下高质量人才培养做出贡献。因此，本章将展示桂林旅游学院近年来在酒店管理专业高质量人才培养方面取得的巨大成果，为读者提供更多参考和借鉴。

8.1 多维协同育人，学生就业质量明显提升，职业发展良好

校企协同育人平台提供了奢华酒店、精品酒店和特色民宿为代表的非标准住宿业三大就业渠道，显著提升了酒店管理专业毕业生的就业质量。作为新晋本科院校中的专业，桂林旅游学院酒店管理专业 2019—2021 年的毕业生就业率分别为 89.23%、68.99%（受新冠疫情影响）和 92.77%，专业对口就业率约 53%。在本科教学质量报告中，桂林旅游学院酒店管理专业毕业生获得的评价包括专业基础扎实、动手能力强等，职业发展具有较大潜能。桂林旅游学院酒店管理专业在 2021 校友会中国旅游管理类一流专业排名第一，获"应用型中国顶尖专业（6★）"称号，就业满意度高，如表 8.1 所示。

表 8.1　2020—2021 年酒店管理专业学生实习、对口就业情况

酒店类型	实习/兼职实习 占总人数百分比/%	对口就业人数/人
奢华酒店	81.3	137
精品酒店	46	68
民宿	37	40

由表 8.1 可知，具有奢华酒店实践经历毕业生占比达 81.3%，入职匹配度较高。以凯悦、希尔顿酒店集团为例，毕业生晋升部门主管的时间约为 1 年，晋升经理的时间约为 2 年。同时，通过校企合作项目、兼职实习方式具备精品酒店实习经历的毕业生占比为 46%，这部分毕业生的留存率较高。以与东呈国际集团合作的"青苗定制"自 2018 年起累计招聘 68 人，总留存率 51.5%，在业内属较高水平；总计 21 人完成考证晋升，有效实现"两年规划、快速晋升通道"的目标，如表 8.2 所示。

表 8.2　2018—2020 年"青苗定制"招聘及留存数据

合作学院	3 年入离 人数合计/人	平均 1 年内 留存率/%	3 年 总留存率/%	3 年考证 晋升人数 合计/人	平均 1 年内 考证晋升 人数占比/%
酒店管理学院	68	60.3	51.5	21	85.8

通过双创项目与阳朔民宿及精品酒店协会合作兼职的实习毕业生占比为 37%，他们以团队形式作为管理者直接加入民宿运营与管理，以国家级大创项目《基于标准化的民宿管理开发方案：以阳朔陋室精品客栈为例》等为依托，为民宿制订标准化方案并对其进行标准化改造。该学院自 2018 年以来获得了 13 个国家级、36 个自治区级、29 个校级大学生创新创业项目研究成果，均被转换应用至行业实际运营与管理中，成效良好，如表 8.3 所示。

表 8.3　酒店管理专业学生依托双创项目加入民宿运营成果统计

项目类别	数量/个	时间
国家级大学生创新创业大赛	13	2018
自治区级大学生创新创业大赛	36	2018—2020
校级大学生创新创业大赛	29	2018—2021

8.2 深耕专业建设，个性化人才培养模式加速教学改革，优秀成果不断涌现

桂林旅游学院酒店管理专业获国家首批一流本科专业建设点。专业主干课程——前厅与客房管理基于对分课堂与 TBL 理论，创造性地构建了"教师教、学生学、课堂验、课后研"的一体化开放式教学模式，有效提升了教师的教学时长，并显著提升了课堂教学内容的前沿性与时代性。该课程于 2020 年荣获首批国家级一流本科课程。

随后，借鉴前厅与客房管理课程"教学验研"模式的成功经验，桂林旅游学院酒店管理专业的其他核心专业课程纷纷进行了探索和改革，初步建成了一批以高质量教育为导向的一流课程群。比如，酒店管理概论于 2022 年荣获第二批国家级一流本科课程，酒店收益管理等 7 门课程荣获自治区级一流本科课程，经济学原理等 11 门课程荣获校级一流本科课程；酒店实用美学于 2021 年荣获自治区级"课程思政"示范课程，酒店运营管理等 12 门课程荣获校级"课程思政"示范课程；与育人模式相关的6个教改课题获自治区级立项。此外，该学院酒店管理专业还打造了"行业导师+课程教师"双导师协作的校企课程群。

8.3 专业反哺社会，师生服务社会水平显著提高，行业智库逐步建成

自桂林旅游学院升级为本科院校以来，酒店管理专业教师团队多年来致力于作为行业专家积极参与服务地方精品活动，围绕国家精准扶贫政策，为当地旅游企业提供专题培训服务 72 次，包括提供基本理论培训、服务技能培训、管理咨询等社会服务活动，受训人数超过 5 000 人；为旅游教育行业教师开展学院培训 11 次，受训人数超过 50 人；团队教师还多次受邀担任各级各类专业大赛评委或教练，在业内反响热烈，获得了多方一致认可和好评。

同时，酒店管理专业教师 2019—2021 年带领学生团队完成了 500 余项

"互联网+"相关项目的申报、100 余项大学生创新创业项目申报，组织 240 余次相关服务活动。专业教师带领学生团队依托双创项目，为民宿制订个性化服务方案，有效推动了当地乡风文明建设。师生团队还积极参与行业标准制定，为业内 56 家企业发展战略提供咨询服务，指导酒店集团人才培养方案设计。酒店管理专业师生服务行业发展能力逐步提升，桂林旅游学院酒店管理专业行业智库逐步形成。

8.3.1 学院教师受邀为企业提供服务与管理能力提升培训

酒店管理学院教师作为行业专家积极参与服务地方精品活动，为酒店提供专题培训服务 72 次，受训人数超 5 000 人；带领学生团队依托双创项目，为民宿制订个性化服务方案，有效推动了乡风文明建设；积极参与行业标准制定，为 56 家酒店发展战略提供咨询服务，指导酒店集团员工培养计划等活动。服务行业发展能力逐步提升，行业智库力量逐渐显现。

8.3.1.1 酒店管理学院教师受邀为行业开展服务质量提升培训

为进一步展示酒店管理学院教育教学成果，提升教育服务社会的能力，桂林旅游学院酒店管理学院教师程芸燕应邀为桂林融创酒店开展了以"酒店客房服务质量提升"为主题的职工技能培训。本次培训由雁山区总工会主办，酒店人力资源部培训负责人、客房部全体一线服务人员共计 40 余人参加了培训。

程老师结合客房部一线服务人员的岗位实际需求，从客房部的地位、客房服务内容的构成、客房服务质量的把控以及客房投诉处理四方面进行了细致的讲解，并契合客房情景设计了互动教学，为酒店客房部一线员工带来了新的知识，更新了其服务理念。培训现场学习气氛热烈，参训员工积极互动，并表示在培训中收益颇丰。

多年来，酒店管理学院一直立足于服务地方经济增长，秉承以专业为根基的校企深度合作，推动教学团队不断拓宽社会服务面，以促进酒店管理专业与酒店实践高质量融合发展。

8.3.1.2 酒店管理学院教师为企业提供素质能力提升培训

2021 年 11 月 25 日，酒店管理学院的谢新老师受邀为国有大桂山林场党员干部素质提升培训班开展公务礼仪培训。广西国有大桂山林场创建于 1957 年，是自治区直属国有 13 家林场之一，差额拨款公益二类事业单位。本次林场党员干部素质提升培训班特邀请了酒店管理学院具有丰富礼仪教学经验的谢老师为其110多名党员干部进行公务礼仪培训。培训内容涉及仪表礼仪、仪态礼仪、沟通礼仪三方面，培训内容丰富、实用，氛围活跃，效果明显，获得了林场党员干部的高度评价。

以专业优势服务地方，是酒店管理本科一流专业建设内涵建设的重要部分，是推进校企深度融合的手段之一。此次跨行业提供的礼仪培训服务，突显了酒店管理专业的广度，加深了其他行业对酒店管理专业的认知与认同。

8.3.1.3　酒店管理学院教师为荔浦市2022年农村困难残疾人实用技术培训班授课

2022年5月12日，酒店管理学院教师彭骞应荔浦市残联邀请，为荔浦市2022年农村困难残疾人实用技术培训班做专题讲座。在专题讲座上，彭老师以"志存高远，自食其力；撸起袖子，谋求幸福"为主题，围绕"立志、立项、立业"三个主脉络，用残疾人可以做到的一些优质易操作的小案例，与在场的人分享了如何立志、如何选项目以及如何保持事业可持续发展。讲座得到了残疾人士的热烈反响，彭老师还为他们做了针对性的答疑解惑。

2018年以来，该学院积极培育教师专能专长，为社会服务工作提供良好的学习平台和成长平台，积极适应社会的需求，努力为社会、行业做出应有的贡献。

8.3.1.4　酒店管理学院教师应邀对贺州黄姚古镇景区员工开展专题培训

酒店管理学院李欣阳老师曾应贺州黄姚古镇景区的邀请对该景区全体职工展开专题培训。该培训旨在提升黄姚古镇景区职工的岗位认知和综合素质，进一步提升景区的形象，助力黄姚古镇景区通过 AAAAA 景区评审考核。李老师开展了"旅游景区市场营销"与"中西方礼仪差异"两个专题讲座，同时对景区重要接待点进行了现场指导，得到景区领导及员工的一致认可。该学院教师此次应邀担任培训导师，展现了桂林旅游学院教师的专业水准和育人能力，体现了该校在全国一流旅游院校中的地位，也是该校酒店管理一流专业为地方旅游发展应做的贡献。

8.3.2　阳朔与桂林旅游学院签署"共建人才培养"基地合作协议

2021年4月8日，阳朔县人民政府与桂林旅游学院酒店管理学院在民宿学院签署了《共建人才培养（学生实习就业）基地合作协议》并挂牌，双方将在个性化人才培养方面开展深度合作。时任县长周彦，时任县委常委、宣传部部长、副县长孟璇，桂林旅游学院酒店管理学院时任院长唐凡茗，县文广体旅局以及县民宿学院等相关单位、团体负责人出席签约仪式。签约仪式上，双方就如何加强校地合作、推动旅游人才发展进行了深入的交流。

周彦指出，当前，阳朔旅游产业正处在转型升级的关键时期，旅游管理人才是最稀缺、最宝贵的资源。阳朔县对桂林旅游学院"产教融合、校企合作、多主体协同育人"的人才培养模式充满期待。其希望通过此次签约，打造优良的合作环境、理想的创业条件、有力的政策支撑体系，使阳朔成为桂林旅游学院酒店管理学院理想的研究基地、实践基地、创新基地和教学成果转化基地；也希望桂林旅游学院酒店管理学院能够把更多的先进理念向阳朔传播，把更多的酒店管理人才往阳朔输送，为推进阳朔县经济社会又快又好发展注入新的动力。

8.4 创新成绩突出，社会各界认可度高，成果具有较强的推广性、复制性

桂林旅游学院酒店管理专业人才培养的认可度高。2021 年发布的《中国大学及学科专业评价报告（2020—2021）》显示，桂林旅游学院酒店管理专业位列全国专业第一，属"五星+"专业。2021 年校友会中国旅游管理类一流专业排名中，桂林旅游学院酒店管理专业获应用性中国顶尖专业（6★）排名第一。2020 年，该学院再次荣膺迈点网"最佳东方优秀人才培养院校"奖。在迈点网组织的"最受酒店人喜爱的十大品牌"评选活动中，学校被评为"最受酒店人喜爱的十大国内旅游院校"。

桂林旅游学院酒店管理专业建设推广的示范性效果突出。人民网以及《广西日报》《桂林日报》等多家官方媒体对该学院酒店管理专业育人成果给予了充分肯定，如 2021 年的《"十三五"广西教育成就系列报道》中就宣传了《桂林旅游学院：文旅融合办人民满意的旅游教育》。通过深入挖掘专业特色、充分发挥专业优势，桂林旅游学院酒店管理专业育人成效显著，为校内其他专业申报国家级一流本科专业建设点提供了有益借鉴，也

推动了桂林旅游学院育人模式的构建。同时，该学院酒店管理专业育人模式产生了较强的行业影响力，不止被南宁师范大学、新疆职业大学等多所院校借鉴，也被亚特兰蒂斯、东呈集团等多家酒店集团引入其产业学院。高等院校与酒店行业人才培养相得益彰，校企合作共赢下实现教学反哺社会、引领行业发展的重要现实意义。

8.4.1 《人民日报》转载广西日报刊登《桂林旅游学院"课程撬动专业"育人实践》

桂林旅游学院酒店管理学院于 2019 年荣获首批国家级一流本科专业建设点，作为酒店管理专业的引领者，面对酒店行业的转型升级催生出的高质量个性化人才需求，该学院积极响应国家人才强国战略部署，勇于承担时代责任，积极探索个性化高质量人才培养模式，解决行业人才培养的痛点。

该学院坚持立德树人，致力在文旅融合基础上，创新"校企协同育人与就业平台、个性化课程体系、能力导向教学模式、高效育人质保系统"的四维育人向度，学生在兴趣的驱动下在不同维度中进行多元选择，构成了"以能力发展为中心，高质量产出为导向"的立体型一流专业育人模式，形成了课程撬动专业发展、学生兴趣导向与课程体系建设良性互动的发展格局。

8.4.1.1 "教学验研"模式的应用与实践

针对酒店岗位多样化差异所带来的多元化人才需求，桂林旅游学院酒店管理学院在 TBL 教学理念（基于团队的学习理念）和对分课堂教学模式的指导下，创造性地构建了"教师教、学生学、课堂验、课后研"的一体化开放式教学模式，教师以团队形式备课、授课，学生以团队形式学习，将学习时间分为课堂和课外两个几乎相等的部分，促进学生自主学习，并引导学生能够学以致用。这一模式解决了课堂教学内容如何反映酒店行业发展前沿性、时代性，以及与课程内容相关度高的课后素质拓展等问题，从而达到提高教学质量的目的。酒店管理专业主干课程——前厅与客房管理在"教学验研"模式的指导下于 2020 年获首批国家级一流本科课程。

8.4.1.2 "教学验研"教学模式促进专业建设

鉴于国家级一流本科课程的成功经验，桂林旅游学院酒店管理专业其他核心专业课程纷纷借鉴"教学验研"教学模式，形成了一批以高质量教育为导向的一流课程群。2019 年至今，5 门课程获自治区级一流本科课程、9 门课程获 "课程思政" 示范课程立项；与育人模式相关的 6 个教改课题获自治区级立项；出版专著 16 部，论文近 30 篇；打造了 "行业导师+课程教师" 双导师协作的校企合作课程群。"教学验研" 教学模式在促进学生知识点学习的同时，充分延伸酒店管理专业研究的深度与广度，推动科研的发展。

桂林旅游学院酒店管理学院以课程建设促一流专业建设，育人成效显著，实现了毕业生的高质量就业，为其他专业申报国家一流本科专业建设点提供了有益的借鉴，推动了桂林旅游学院育人模式的形成；该育人模式被区内外多所高校借鉴，具有较强的行业影响力；亚特兰蒂斯、东呈等酒店集团将这一育人模式引入其产业学院，院校与行业的人才培养相得益彰，实现校企合作共赢。

8.4.2 《桂林日报》刊登《高质量就业导向育人才服务地方经济展新象》

我国酒店行业高质量发展中突出的人才供需矛盾，导致我国酒店管理专业人才培养模式亟待创新。桂林旅游学院酒店管理专业作为国家首批一流本科专业建设点，为解决行业人才培养的痛点，积极探索个性化高质量人才培养模式，构建 "校企协同育人与就业平台、个性化课程体系、能力导向教学模式、高效育人质保体系" 的四维育人向度，形成了 "以能力发展为中心，高质量产出为导向" 的立体型一流专业育人模式，培养了大批具有酒店经营管理能力、较强双创意识、适应经济社会发展的高质量个性化酒店人才。经过十余年的贯彻落实，酒店管理专业育人实现了从传统 "技能服务型" 向 "运营管理型" 就业的高质量转变，能力培养从 "统一规格" 向 "扬长避短、双创型" 的个性化转变。

作为新晋本科院校，2021 年和 2022 年的毕业生就业率分别为 89.23%和 68.99%，专业对口就业率为 53%，就业满意度为 63%。2021—2023 年的 "毕业生就业质量年报" 显示，酒店管理专业毕业生专业基础扎实、动手能力强，职业发展潜能较高；具有高端酒店实习实践经历的毕业生占比达 81.3%，入职匹配度较高，岗位晋升较快；具备经济酒店实践经历的毕业生占比达 46%，留存率较高、职业发展前景较好。如与东呈国际集团合作的 "青苗定制" 自 2018 年起累计招聘 "青苗" 68 人，总留存率为

51.5%，在业内属较高水平；总计 21 名青苗完成考证晋升，平均 1 年内考证晋升人数比达到 85.8%，有效实现了青苗项目"两年规划、快速晋升通道"的目标。通过创新创业训练项目与阳朔民宿及精品酒店协会合作兼职实习的毕业生占比为 37%，以团队形式作为管理者直接加入民宿运营，项目成果转换效果好。

8.4.3 桂林旅游学院酒店管理学院唐凡茗院长峰会访谈录

由最佳东方和深圳市饭店业协会联合主办，由魔方生活服务集团独家冠名的"2019 最佳东方高峰论坛暨第六届旅游服务业最佳雇主颁奖盛典"于深圳大中华喜来登酒店圆满落幕。

该论坛以"有人才·可成为"为主题，汇集来自酒店、餐饮、航空、游轮、地产、康养行业的 100 余名总经理、400 余名管理精英、120 余所优秀院校等，依托最佳东方自身雄厚的人才数据与对行业的深度观察，分析人力现状、解读行业热点、探讨人力资源未来发展趋势，共谋旅游服务业发展宏图。

问题 1：您能简短介绍下桂林旅游学院酒店管理学院吗？

唐院长：大家好，我是来自桂林旅游学院酒店管理学院的唐凡茗，我校酒店管理专业 2015 年升格为我校首批本科专业，2019 年增列为学士学位授权专业。酒店管理学院设置专业包括酒店管理专业本科（含酒店管理产教融合、酒店管理专升本）和酒店管理专业专科（含国际邮轮方向）等。酒店管理专业教学团队先后荣获自治区级教学团队和自治区教育系统先进集体；2014 年酒店管理专业教研室荣获全国教育系统先进集体；2017 年获得全国餐饮职业教育优秀院校。同时，我校与美国饭店协会教育学院达成全球学术合作伙伴关系。在 2018 年和 2019 年，由中国科教评价研究院（CASEE）、武汉大学中国科学评价研究中心（RCCSE）、中国教育质量评价中心和中国科教评价网联合研发的《金平果中国大学及学科专业评价报告》中显示，我校酒店管理专业在全国大学酒店管理专业中连续两年排名第一。学院通过开展在校的专业学习、第二课堂的实践活动以及校外国际知名酒店品牌的顶岗实习实践，毕业生在工作岗位上表现出较强的专业能力和职业素养，深受境内外酒店行业欢迎和高度赞扬。

问题 2：职教 20 条的改革框架下，职业教育将会有哪些新趋势，学院将做哪些人才培养的调整？

唐院长：（1）长期以来，职业教育被人们认为是教育的一种层次。《国家职业教育改革实施方案》首次以国务院文件形式，把职业教育摆在教育改革创新和经济社会发展中更加突出的位置，职业教育不再与普通教育在层次上有区别，而是与普通教育成为同等重要地位、真正并列的两种不同的教育类型，这在我国职业教育发展史上具有划时代的里程碑意义，并将形成职业培训、中等职业教育、高等职业教育（高职）、本科层次职业教育（应用型本科）乃至专业学位硕士、博士研究生的职业教育立交桥。

（2）职业教育将从注重外延式发展转为强调专业内涵建设，为产业提供高素质的人才。国家并未强制要求中高职院校严格执行教育部颁布的各类专业标准，但是，教育行政部门联合行业制定国家教学标准、明确专业教学标准、课程标准、顶岗实习标准、实训条件建设标准等，职业院校依据标准自主制订人才培养方案的工作格局是必然的趋势。新标准建立如何让产业认可，让毕业生终身受益，并向世界发出中国声音，构建具有中国特色、世界一流的职教标准，任重而道远。

（3）职业教育要培养出服务区域发展的高素质技术技能人才，教育与产业的深度融合、学校与企业的密切合作是关键。一是办学主体有可能发生重大变化，即由政府举办为主向政府统筹管理、社会多元办学格局转变。高校历来都是谁主办，谁出办学经费，谁管理。结合 2016 年年初由国家财政部和中编办联合发布的《财政部 中央编办关于做好事业单位政府购买服务改革工作的意见》相关精神，未来职业院校办学经费的来源主体有可能不再是政府的生均拨款和专项经费。即高职院校只有真正提高办学质量和服务产业的技术能力，加大对社区人员和产业员工的培训力度，切实满足政府需求和社会需求，让产业这个服务对象真正满意，才有可能获得充足的办学经费，以此推动职业院校和企业真正成为利益共同体。要实现这个目标，高职院校只有通过产教融合、校企合作等方式。二是从 2019 年起，职业院校、应用型本科高校相关专业教师原则上从具有 3 年以上企业工作经历并具有高职以上学历的人员中公开招聘，2020 年起，基本不再从应届毕业生中招聘。应用型本科高校教师每年至少 1 个月在企业或实训基地实训，落实教师 5 年一周期的全员轮训制度。以此强调职业教育教师必须具备能帮助毕业生高薪就业的职业技能而非自身高学历的研究能力。专任教师提升职业技能有赖于产教融合、校企合作。

问题 3：贵校在酒店管理专业有哪些优势呢？

唐院长：我校现在正好在申报国家级一流专业，我们之所以有这个能力去申报，一来是因为我校历史上积累了很多荣誉，再来从体量上说，我们一个专业有 2 200 多名学生；从优势上说，我们在应用型本科总结了"四得"，即"贴得近，走得快，站得高，望得远"。其中，"贴得近"是指我们在行业里面合作是比较密切的，我们很早就与希尔顿集团达成战略合作，包括 Hyatt、香格里拉、洲际、华侨城等都是我们的老朋友，我们说"贴得近"其实就是心连心，它们有产业方面的需求第一时间会给到我校，我校也会做一些人才培养方案等反馈给企业。"走得快"是指我们很多成功来自一个高规格的定位，我们很早就获得联合国世界旅游组织的专业认证，这是我们"走得快"的原因。"站得高"是指我们从 2007 年和香港理工大学的合作项目到与瑞士洛桑酒店管理学院的国际合作项目，现在相当于完全按照瑞士洛桑酒店管理学院的模式来进行酒店教育，同时还要经过本土化的过程，这一块我们基本上也磨合得很好。"望得远"是指我们与东盟国家的多个产业建立了紧密联系及合作关系，并且与印度尼西亚、哈萨克斯坦建立了旅游院校，我们的毕业生不仅国际化而且在行业里的认可度也是非常高的。

我们在职业教育上希望做到一个示范性、引领性的作用，以上这几点是我们做得比较突出的地方。

问题 4：请问贵校在师资队伍上近几年有哪些方面的突破性发展？

唐院长：在职教 20 条的颁布背景下，我校的师资队伍有了十分大的突破，"教学改革，改到痛处就是教师"。2019 年应用型本科的师资是需要至少 3 年企业经验的、学历在本科以上的才有资格应聘，2020 年政策又变了，是希望不再招应届毕业生，所以这些变化导致对教师的要求越来越高，教师的压力也非常大。对我校来说，我们都会有转岗培训，除了这个转型以外，我们意识到培养的学生到底合不合适是产业最关心的问题，其关键则在于教师有没有足够的资格来培养学生。我们长期在做的有几个比较好的项目，如企业家讲坛以及企业集团的虚拟班、冠名班等，我们让企业定期安排人员来给学生上课，企业文化的注入就会使师资更加多元。在这样的过程中，我们的教师也是会跟着学习，教师们也是很积极的，我们希望他们培养更多高薪就业能力的学生，产业需要这样的学生，教师也必须得跟上，在师资队伍上我们也是非常重视贴近现实、跟上时代的。

问题 5：除了酒店之外，贵校在大住宿业如民宿等行业的产教融合上做了哪些创新呢？

唐院长：冠名班、定制班其实这个很早之前就已经在做了，我们还会做一些定制班的比较研究，在不同定制班之间跟踪比较，观察哪个班的学生对行业更有影响力，企业也会觉得这样出来的学生更加有针对性。再者，民宿这块我们培养的人才要服务地方，如阳朔有民宿协会，在景区旺季他们经常直接在我们学生中招一些零工。

记者：那学生的倾向是什么样呢？

唐院长：学生是十分愿意的，因为景区旺季人非常多，客户饱和度高，所以得到锻炼程度也高。

问题 6：您对最佳东方有什么样的期待吗？

唐院长：首先感谢最佳东方对我们院校的认可，其次我们也希望通过最佳东方的平台能够结交更多的朋友，让桂林旅游学院酒店管理学院从知名度发展到美誉度，最后希望大家多多合作，互通有无！谢谢。

参考文献

蔡静，2022. 跨文化交际中的文化自信研究［M］. 北京：新华出版社.

黄建伟，田彩云，汪金辉，2016. 中外高校酒店管理人才培养模式比较研究［M］. 昆明：云南人民出版社.

李聪媛，2021. "一带一路"背景下的云南省高职本科酒店管理专业人才模式创新研究［M］. 昆明：云南科技出版社.

马超，马建辉，成新轩，等，2022. 新文科背景下创新人才培养与人力资本积累［M］. 北京：知识产权出版社.

潘俊，2021. 全程工学交替酒店专业人才培养的新思维［M］. 苏州：苏州大学出版社.

唐健雄，2019. "四能驱动六导向"复合型酒店应用人才培养模式研究［M］. 北京：中国旅游出版社.

王忠林，叶志良，2013. 旅游类高素质技能型人才培养的理念与实践［M］. 北京：中国旅游出版社.

张萍，2023. 高职酒店数字化人才培养探索［M］. 北京：旅游教育出版社.

周洪宇，2021. 教育改革论［M］. 武汉：湖北教育出版社.

附　录

附录1　《教育部关于深化本科教育教学改革全面提高人才培养质量的意见》

各省、自治区、直辖市教育厅（教委），新疆生产建设兵团教育局，有关部门（单位）教育司（局），部属各高等学校、部省合建各高等学校：

为深入贯彻全国教育大会精神和《中国教育现代化 2035》，全面落实新时代全国高等学校本科教育工作会议和直属高校工作咨询委员会第二十八次全体会议精神，坚持立德树人，围绕学生忙起来、教师强起来、管理严起来、效果实起来，深化本科教育教学改革，培养德智体美劳全面发展的社会主义建设者和接班人，现提出如下意见。

一、严格教育教学管理

1. 把思想政治教育贯穿人才培养全过程。坚持把立德树人成效作为检验高校一切工作的根本标准，用习近平新时代中国特色社会主义思想铸魂育人，加快构建高校思想政治工作体系，推动形成"三全育人"工作格局。把思想政治理论课作为落实立德树人根本任务的关键课程，推动思想政治理论课改革创新，建设一批具有示范效应的思想政治理论课，不断增强思想政治理论课的思想性、理论性和亲和力、针对性。把课程思政建设作为落实立德树人根本任务的关键环节，坚持知识传授与价值引领相统一、显性教育与隐性教育相统一，充分发掘各类课程和教学方式中蕴含的思想政治教育资源，建成一批课程思政示范高校，推出一批课程思政示范课程，选树一批课程思政优秀教师，建设一批课程思政教学研究示范中心，引领带动全员全过程全方位育人。

2. 激励学生刻苦学习。高校要切实加强学风建设，教育引导学生爱国、励志、求真、力行。要提升学业挑战度，强化人才培养方案、教学过程和教学考核等方面的质量要求，科学合理设置学分总量和课程数量，增加学生投入学习的时间，提高自主学习时间比例，引导学生多读书、深思考、善提问、勤实践。合理增加学生阅读量和体育锻炼时间，以适当方式纳入考核成绩。积极组织学生参加社会调查、生产劳动、志愿服务、公益活动、科技发明和勤工助学等实践活动。

3. 全面提高课程建设质量。立足经济社会发展需求和人才培养目标，优化公共课、专业基础课和专业课比例结构，加强课程体系整体设计，提高课程建设规划性、系统性，避免随意化、碎片化，坚决杜绝因人设课。实施国家级和省级一流课程建设"双万计划"，着力打造一大批具有高阶性、创新性和挑战度的线下、线上、线上线下混合、虚拟仿真和社会实践"金课"。积极发展"互联网+教育"、探索智能教育新形态，推动课堂教学革命。严格课堂教学管理，严守教学纪律，确保课程教学质量。

4. 推动高水平教材编写使用。高校党委要高度重视教材建设，落实高校在教材建设中的主体责任，健全教材管理体制机制，明确教材工作部门。做好马克思主义理论研究和建设工程重点教材统一使用工作，推动教材体系向教学体系转化。鼓励支持高水平专家学者编写既符合国家需要又体现个人学术专长的高水平教材，充分发挥教材育人功能。

5. 改进实习运行机制。推动健全大学生实习法律制度，完善各类用人单位接收大学生实习的制度保障。充分考虑高校教学和实习单位工作实际，优化实习过程管理，强化实习导师职责，提升实习效果。加大对学生实习工作支持力度，鼓励高校为学生投保实习活动全过程责任保险，支持建设一批共享型实习基地。进一步强化实践育人，深化产教融合、校企合作，建成一批对区域和产业发展具有较强支撑作用的高水平应用型高等学校。

6. 深化创新创业教育改革。挖掘和充实各类课程、各个环节的创新创业教育资源，强化创新创业协同育人，建好创新创业示范高校和万名优秀创新创业导师人才库。持续推进国家级大学生创新创业训练计划，提高全国大学生创新创业年会整体水平，办好中国"互联网+"大学生创新创业大赛，深入开展青年红色筑梦之旅活动。

7. 推动科研反哺教学。强化科研育人功能，推动高校及时把最新科研成果转化为教学内容，激发学生专业学习兴趣。加强对学生科研活动的指导，加大科研实践平台建设力度，推动国家级、省部级科研基地更大范围开放共享，支持学生早进课题、早进实验室、早进团队，以高水平科学研究提高学生创新和实践能力。统筹规范科技竞赛和竞赛证书管理，引导学生理性参加竞赛，达到以赛促教、以赛促学效果。

8. 加强学生管理和服务。加强高校党委对学生工作的领导，健全学生组织思政工作体系，坚持严格管理与精心爱护相结合。加强学生诚信教育和诚信管理，严格校规校纪刚性约束。配齐建强高校辅导员队伍，落实专职辅导员职务职级"双线"晋升要求，积极探索从时代楷模、改革先锋、道德模范、业务骨干等群体中选聘校外辅导员。积极推动高校建立书院制学生管理模式，开展"一站式"学生社区综合管理模式建设试点工作，配齐配强学业导师、心理辅导教师、校医等，建设师生交流活动专门场所。

9. 严把考试和毕业出口关。完善过程性考核与结果性考核有机结合的学业考评制度，综合应用笔试、口试、非标准答案考试等多种形式，科学确定课堂问答、学术论文、调研报告、作业测评、阶段性测试等过程考核比重。加强考试管理，严肃考试纪律，坚决取消毕业前补考等"清考"行为。加强学生体育课程考核，不能达到《国家学生体质健康标准》合格要求者不能毕业。科学合理制定本科毕业设计（论文）要求，严格全过程管理，严肃处理各类学术不端行为。落实学士学位管理办法，健全学士学位管理制度，严格学士学位标准和授权管理，严把学位授予关。

二、深化教育教学制度改革

10. 完善学分制。学分制是以学分作为衡量学生学习质量和数量，为学生提供更多选择余地的教学制度。支持高校进一步完善学分制，扩大学生学习自主权、选择权。建立健全本科生学业导师制度，安排符合条件的教师指导学生学习，制订个性化培养方案和学业生涯规划。推进模块化课程建设与管理，丰富优质课程资源，为学生选择学分创造条件。支持高校建立与学分制改革和弹性学习相适应的管理制度，加强校际学分互认与转化实践，以学分积累作为学生毕业标准。完善学分标准体系，严格学分质量要求，建立学业预警、淘汰机制。学生在基本修业年限内修满毕业要求的学分，应准予毕业；未修满学分，可根据学校修业年限延长学习时间，通过缴费注册继续学习。支持高校按照一定比例对特别优秀的学士学位获得者予以表彰，并颁发相应的荣誉证书或奖励证书。

11. 深化高校专业供给侧改革。以经济社会发展和学生职业生涯发展需求为导向，构建自主性、灵活性与规范性、稳定性相统一的专业设置管理体系。完善人才需求预测预警机制，推动本科高校形成招生计划、人才培养和就业联动机制，建立健全高校本科专业动态调整机制。以新工科、新医科、新农科、新文科建设引领带动高校专业结构调整优化和内涵提升，做强主干专业，打造特色优势专业，升级改造传统专业，坚决淘汰不能适应社会需求变化的专业。深入实施"六卓越一拔尖"计划2.0，全面实施国家级和省级一流本科专业建设"双万计划"，促进各专业领域创新发展。完善本科专业类国家标准，推动质量标准提档升级。

12. 推进辅修专业制度改革。促进复合型人才培养，逐步推行辅修专业制度，支持学有余力的全日制本科学生辅修其他本科专业。高校应研究制定本校辅修专业目录，辅修专业应与主修专业归属不同的专业类。原则上，辅修专业学生的遴选不晚于第二学年起始时间。辅修专业应参照同专业的人才培养要求，确定辅修课程体系、学分标准和学士学位授予标准。要结合学校定位和辅修专业特点，推进人才培养模式综合改革，形成特色化人才培养方案。要建立健全与主辅修制度相适应的人才培养与资源配置、管理制度联动机制。对没有取得主修学士学位的学生不得授予辅修学士学位。辅修学士学位在主修学士学位证书中予以注明，不单独发放学位证书。

13. 开展双学士学位人才培养项目试点。支持符合条件高校创新人才培养模式，开展双学士学位人才培养项目试点，为学生提供跨学科学习、多样化发展机会。试点须报省级学位委员会审批通过后，通过高考招收学生。试点坚持高起点、高标准、高质量，所依托的学科专业应具有博士学位授予权，且分属两个不同的学科门类。试点人才培养方案要进行充分论证，充分反映两个专业的课程要求、学分标准和学士学位授予标准，不得变相降低要求。高校要推进试点项目与现有教学资源的共享，促进不同专业课程之间的有机融合，实现学科交叉基础上的差异化、特色化人才培养。本科毕业并达到学士学位要求的，可授予双学士学位。双学士学位只发放一本学位证书，所授两个学位应在证书中予以注明。高等学历继续教育不得开展授予双学士学位工作。

14. 稳妥推进跨校联合人才培养。支持高校实施联合学士学位培养项目，发挥不同特色高校优势，协同提升人才培养质量。该项目须报合作高校所在地省级学位委员会审批。该项目相关高校均应具有该专业学士学位授予权，通过高考招收学生。课程要求、学分标准和学士学位授予标准，不得低于联合培养单位各自的相关标准。实施高校要在充分论证基础上签署合作协议，联合制定人才培养方案，加强学生管理和服务。联合学士学位证书由本科生招生入学时学籍所在的学士学位授予单位颁发，联合培养单位可在证书上予以注明，不再单独发放学位证书。高等学历继续教育不得开展授予联合学士学位工作。

15. 全面推进质量文化建设。完善专业认证制度，有序开展保合格、上水平、追卓越的本科专业三级认证工作。完善高校内部教学质量评价体系，建立以本科教学质量报告、学院本科教学评价、专业评价、课程评价、教师评价、学生评价为主体的全链条多维度高校教学质量评价与保障体系。持续推进本科教学工作审核评估和合格评估。要把评估、认证等结果作为教育行政部门和高校政策制定、资源配置、改进教学管理等方面的重要决策参考。高校要构建自觉、自省、自律、自查、自纠的大学质量文化，把其作为推动大学不断前行、不断超越的内生动力，将质量意识、质量标准、质量评价、质量管理等落实到教育教学各环节，内化为师生的共同价值追求和自觉行动。全面落实学生中心、产出导向、持续改进的先进理念，加快形成以学校为主体，教育部门为主导，行业部门、学术组织和社会机构共同参与的中国特色、世界水平的质量保障制度体系。

三、引导教师潜心育人

16. 完善高校教师评聘制度。高校可根据需要设立一定比例的流动岗位，加大聘用具有其他高校学习和行业企业工作经历教师的力度。出台高校教师职称制度改革的指导意见，推行高校教师职务聘任制改革，加强聘期考核，准聘与长聘相结合，做到能上能下、能进能出。高校教师经所在单位批准，可开展多点教学并获得报酬。引导高校建立兼职教师资源库，开展兼职教师岗前培训，为符合条件的兼职教师、急需紧缺人才申报相应系列专业技术职务。研究出台实验技术系列职称制度改革的指导意见，优化高校实验系列队伍结构。

17. 加强基层教学组织建设。高校要以院系为单位，加强教研室、课程模块教学团队、课程组等基层教学组织建设，制定完善相关管理制度，提供必需的场地、经费和人员保障，选聘高水平教授担任基层教学组织负责人，激发基层教学组织活力。支持高校组建校企、校地、校校联合的协同育人中心，打造校内外结合的高水平教学创新团队。要把教学管理队伍建设放在与教师队伍建设同等重要位置，制定专门培养培训计划，为其职务晋升创造有利政策环境。

18. 完善教师培训与激励体系。推动教师培训常态化，探索实行学分管理，将培训学分作为教师考核和职务聘任的重要依据。加强高校教师发展中心建设，重点面向新入职教师和青年教师，以提升教学能力为目的，开展岗前和在岗专业科目培训。推进高校中青年教师专业发展，建立高校中青年教师国内外访学、挂职锻炼、社会实践制度。完善校企、校社共建教师企业实践流动岗（工作站）机制，共建一批教师企业实践岗位。鼓励高校为长期从事教学工作的教师设立荣誉证书制度。鼓励社会组织对教师出资奖励，开展尊师活动，营造尊师重教良好社会风尚。

19. 健全教师考核评价制度。加强师德师风建设，将师德考核贯穿于教育教学全过程。突出教育教学业绩在绩效分配、职务职称评聘、岗位晋级考核中的比重，明确各类教师承担本科生课程的教学课时要求。切实落实教授全员为本科生上课的要求，让教授到教学一线，为本科生讲授基础课和专业基础课，把教授为本科生的授课学时纳入学校教学评估指标体系。教师日常指导学生学习、创新创业、社会实践、各类竞赛展演以及开展"传帮带"等工作，计入教育教学工作量，纳入年度考核内容。

20. 建立健全助教岗位制度。助教岗位承担课堂教辅、组织讨论、批改作业试卷、辅导答疑、协助实习实践等教学辅助任务，主要由没有教学经历的新入职教师、研究生、优秀高年级本科生等担任。高校应建立健全助教岗位制度，完善选拔、培训、评价、激励和反馈的全流程助教岗位管理制度。新入职教师承担的助教工作应纳入教师工作量考核，对于表现优秀的应在职称评聘、职务晋升中予以优先考虑。加强对担任助教工作学生的岗前培训和规范管理，合理确定补贴标准，提供必要条件保障，确保教学工作质量。

四、加强组织保障

21. 加强党对高校教育教学工作的全面领导。地方党委教育工作部门、高校各级党组织要坚持以习近平新时代中国特色社会主义思想为指导，全面贯彻党的教育方针，坚定社会主义办学方向，落实"以本为本、四个回归"的要求，加强对本科教育教学改革的领导。高校党委会、常委会和校长办公会要把本科教育教学改革工作纳入重要议题研究部署，高校主要领导、各级领导干部、广大教师要把主要精力投入教育教学工作，深入党建和思政、教学和科研一线，切实把走进学生、关爱学生、帮助学生落到实处。高校的人员、经费、物质资源要聚焦本科教育教学改革，强化人才培养质量意识，形成全员、全方位支持教育教学改革的良好氛围。

22. 完善提高人才培养质量的保障机制。各地教育行政部门要增强工作针对性和实效性，结合区域实际，明确深化本科教育教学改革总体目标、重点内容、创新举措、评价考核和保障机制，加强政策协调配套，调整教育经费支出结构，加大对教育教学改革的投入力度。要进一步落实高校建设主体责任和办学自主权，提升高校治理能力和治理水平，加强内部统筹，着力解决建设难点和堵点问题。要加强对高校教育教学改革成效的督导检查，加大典型做法的总结宣传力度，推动形成狠抓落实、勇于创新、注重实效的工作局面。

教育部
2019 年 9 月 29 日

附录2 《教育部关于印发〈教育部关于加强高职高专教育人才培养工作的意见〉的通知》

教高〔2000〕2号

各省、自治区、直辖市教委、教育厅，广东省高教厅，计划单列市教委、新疆生产建设兵团教委，国务院有关部委教育司（局）：

为认真贯彻《中共中央、国务院关于深化教育改革全面推进素质教育的决定》，积极发展高等职业教育，大力推进高职高专教育人才培养模式的改革，加强学校教学基本建设和教学管理，我部在广泛征求多方面意见的基础上，制定了《教育部关于加强高职高专教育人才培养工作的意见》（讨论稿，以下简称《意见》），经第一次全国高职高专教学工作会议讨论，现修改定稿，印发实施。

《意见》根据我国社会主义现代化建设事业的需要和高职高专教育的实际状况，提出了我国高职高专教育的办学指导思想、人才培养工作重点和工作思路，是今后一段时期内我国高职高专教育人才培养工作的指导性文件。请各有关单位组织好《意见》的学习，认真贯彻落实《意见》中规定的各项任务，全面推进学校的各项教学改革与建设工作。

附件：《教育部关于加强高职高专教育人才培养工作的意见》

教育部

二〇〇〇年一月十七日

教育部关于加强高职高专教育人才培养工作的意见

90年代以来，我国高等专科教育、高等职业教育和成人高等教育（以下简称高职高专教育）有了很大的发展，为社会主义现代化建设事业培养了大批急需的各类专门人才，提高了劳动者的素质，对于建设社会主义精神文明，促进社会进步和经济发展起到了重要作用。同时，涌现出一批教学改革成效较大、办学特色较鲜明、办学实力较强的高等专科学校、高等职业学校和成人高等学校。但从高职高专教育人才培养工作的全局看，发展还很不平衡，还存在着办学特色不甚鲜明、教学基本建设薄弱、课程和教学内容体系亟待改革等问题。

当前，高职高专教育成为社会关注的热点，面临大好的发展机遇。同时，经济、科技和社会发展也对高职高专教育人才培养工作提出了许多新的、更高的要求。因此，高职高专教育要全面贯彻第三次全国教育工作会议和《中共中央、国务院关于深化教育改革全面推进素质教育的决定》精神，抓住机遇，开拓前进。今后一段时期，高职高专教育人才培养工作的基本思路是：以教育思想、观念改革为先导，以教学改革为核心，以教学基本建设为重点，注重提高质量，努力办出特色。力争经过几年的努力，形成能主动适应经济社会发展需要、特色鲜明、高水平的高职高专教育人才培养模式。现就加强高职高专教育（不含师范）人才培养工作提出以下意见：

一、高职高专教育是我国高等教育的重要组成部分，培养拥护党的基本路线，适应生产、建设、管理、服务第一线需要的，德、智、体、美等方面全面发展的高等技术应用性专门人才；学生应在具有必备的基础理论知识和专门知识的基础上，重点掌握从事本专业领域实际工作的基本能力和基本技能，具有良好的职业道德和敬业精神。

二、高职高专教育人才培养模式的基本特征是：以培养高等技术应用性专门人才为根本任务；以适应社会需要为目标、以培养技术应用能力为主线设计学生的知识、能力、素质结构和培养方案，毕业生应具有基础理论知识适度、技术应用能力强、知识面较宽、素质高等特点。；以"应用"为主旨和特征构建课程和教学内容体系；实践教学的主要目的是培养学生的技术应用能力，并在教学计划中占有较大比重；"双师型"（既是教师，又是工程师、会计师等）教师队伍建设是提高高职高专教育教学质量的关键；学校与社会用人部门结合、师生与实际劳动者结合、理论与实践结合是人才培养的基本途径。高职高专不同类型的院校都要按照培养高等技术应用性专门人才的共同宗旨和上述特征，相互学习、共同提高、协作攻关、各创特色。

三、在各类高职高专院校中，培养人才是根本任务，教学工作是中心工作，教学改革是各项改革的核心，提高质量是永恒的主题。各级教育行政部门及高职高专院校都要根据形势的发展变化和本地区、学校的实际情况，不断明确办学指导思想。当前，特别要处理好数量与质量、改革与建设、教学工作与其它工作的关系。越是在事业规模发展较快的时期，越要重视和加强人才培养工作，积极推进教学改革，不断提高教育质量。

加强教学基本建设是保证教学质量的前提条件。各级教育行政部门要增加对高职高专院校教学经费的投入，高职高专院校也要通过多种渠道积极筹措教学经费，充分利用社会教育资源为学校教育教学服务。

四、高职高专教育的教学建设与改革，必须以改革教育思想和教育观念为先导。要在教学建设与改革的过程中，逐步探索建立适应我国社会主义现代化建设需要，能顺利实现高职高专人才培养目标的高职高专教育思想和教育观念，并使之系统化，促进高职高专教育的建设与改革。要主动适应社会经济发展对高职高专教育的需要，全面推进素质教育，树立科学的人才观、质量观和教学观。各地方教育行政部门、高职高专院校要结合教学建设与改革实践中出现的新情况、新问题，深入开展教育思想和教育观念的讨论，促进这些问题的解决和教育思想、教育观念的更新。

要将素质教育贯穿于高职高专教育人才培养工作的始终。学校在全面推进素质教育的过程中，要以素质教育的思想和观念为指导，推动人才培养模式的改革，使学生既具有较强的业务工作能力，又具有爱岗敬业、踏实肯干、谦虚好学和与人合作的精神，安心在生产、建设、管理和服务第一线工作。

五、专业设置是社会需求与高职高专实际教学工作紧密结合的纽带。专业建设是学校教学工作主动、灵活地适应社会需求的关键环节。要根据高职高专教育的培养目标，针对地区、行业经济和社会发展的需要，按照技术领域和职业岗位（群）的实际要求设置和调整专业。专业口径可宽可窄，宽窄并存。同时，要妥善处理好社会需求的多样性、多变性与学校教学工作相对稳定性的关系。尽快组织制订《高职高专教育专业设置指南》，指导高职高专院校的专业设置工作。要尽快组织高职高专教育各大类专业教学指导委员会，指导有关专业的教学工作；要以人才培养模式改革为重点，开展高职高专专业教学改革试点工作。

专业人才培养方案是人才培养工作的总体设计和实施蓝图。在制订高职高专教育人才培养方案的过程中，要遵循教育教学规律，处理好社会需求与实际教学工作的关系，广泛开展社会调查，并尽可能请社会用人单位参与专业培养计划的制订工作；要处理好知识、能力与素质的关系，以适应社会需求为目标、以培养专业技术能力为主线来设计培养方案；要处理好基础理论知识与专业知识的关系，既要突出人才培养的针对性和应用性，又要让学生具备一定的可持续发展能力；要处理好教师与学生的关系，在发挥教师在教学工作中主导作用的同时，突出学生的主体作用，调动学生的学习积极性。针对高职高专教育学生来源多样化的趋势，要研究制订适应不同生源实际状况的培养方案，或在同一培养方案的实施过程中充分考虑不同生源的实际需要。

六、课程和教学内容体系改革是高职高专教学改革的重点和难点。要按照突出应用性、实践性的原则重组课程结构，更新教学内容。要注重人文社会科学与技术教育相结合，教学内容改革与教学方法、手段改革相结合。教学内容要突出基础理论知识的应用和实践能力培养，基础理论教学要以应用为目的，以必需、够用为度；专业课教学要加强针对性和实用性。

要切实做好高职高专教育教材的建设规划，加强文字教材、实物教材、电子网络教材的建设和出版发行工作。经过 5 年时间的努力，编写、出版 500 种左右高职高专规划教材。教材建设工作将分两步实施：先用 2 至 3 年时间，在继承原有教材建设成果的基础上，充分汲取高职高专教育近几年在教材建设方面取得的成功经验，解决好新形势下高职高专教育教材的有无问题。然后，再用 2 至 3 年时间，在深化改革，深入研究的基础上，大胆创新，推出一批具有我国高职高专教育特色的高质量的教材，并形成优化配套的高职高专教育教材体系。在此基础上，开展优秀教材的评介工作。

七、实践教学要改变过分依附理论教学的状况，探索建立相对独立的实践教学体系。实践教学在教学计划中应占有较大比重，要及时吸收科学技术和社会发展的最新成果，要改革实验教学内容，减少演示性、验证性实验，增加工艺性、设计性、综合性实验，逐步形成基本实践能力与操作技能、专业技术应用能力与专业技能、综合实践能力与综合技能有机结合的实践教学体系。要加强校内实验室和实习、实训基地建设。根据高职高专教育教学特点，不断更新教学仪器设备，提高仪器设备的现代科技含量，形成教学、科研、生产相结合的多功能实验室和实习、实训基地。同时要建设好相对稳定的校外实习、实训基地。尽快组织制订加强高职高专教育实验室和实习、实训基地建设的有关文件，指导和规范建设工作，创建 100 个左右高水平的高职高专院校实践教学基地。

八、改革教学方法和考试方法，引入现代教育技术，是提高教学质量的重要手段。要因材施教，积极实行启发式、讨论式教学，鼓励学生独立思考，激发学习的主动性，培养学生的科学精神和创新意识。理论教学要在讲清概念的基础上，强化应用。要改革考试方法，除笔试外，还可以采取口试、答辩和现场测试、操作等多种考试形式，着重考核学生综合运用所学知识、解决实际问题的能力，通过改革教学方法和考试方法，促进学生个性与能力的全面发展。

学校要加强对现代教育技术、手段的研究和应用，加快计算机辅助教学软件的研究开发和推广使用，要做好现代远程教育的试点工作，加速实现教学技术和手段的现代化，使之在提高整体教学水平中发挥越来越重要的作用。

九、要十分重视师资队伍的建设。抓好"双师型"教师的培养，努力提高中、青年教师的技术应用能力和实践能力，使他们既具备扎实的基础理论知识和较高的教学水平，又具有较强的专业实践能力和丰富的实际工作经验；积极从企事业单位聘请兼职教师，实行专兼结合，改善学校师资结构，适应专业变化的要求；要淡化基础课教师和专业课教师的界限，逐步实现教师一专多能。尽快组织制订加强高职高专教育师资队伍建设的有关文件，进一步推动和指导各地区、各校教师队伍的建设工作。要加强高职高专院校教师的培训工作，委托若干有条件的省市重点建设一批高职高专师资培训基地。同时，根据高职高专教育特点和有关规定，制订适合高职高专教师工作特点的教师职务评审办法，为中、青年教师营造良好的成长环境。

十、教学与生产、科技工作以及社会实践相结合是培养高等技术应用性专门人才的基本途径。要加强学校与社会、教学与生产、教学与科技工作的紧密结合，邀请企事业单位的专家、技术人员承担学校的教学任务和教学质量的评价工作。同时，要积极开展科技工作，以科技成果推广、生产技术服务、科技咨询和科技开发等为主要内容，积极参与社会服务活动。要注意用科技工作的成果丰富或更新教学内容，在科技工作实践中不断提高教师的学术水平和专业实践能力。

十一、加强教学管理，改进管理方法，使管理工作科学、规范。地方教育行政部门和学校要参照我部印发的《高等专科学校、高等职业学校和成人高等学校教学管理要点》等文件的要求，制订一整套科学、规范的规章制度，依法管理，依法治教，保证稳定有序的教学秩序，形成良好的运行机制。地方教育行政部门要根据国家有关法规，加强宏观管理，建立教学质量监控体系和教学评价制度，促使学校加强教学管理，提高教学质量。我部将于近期开展教学工作优秀学校评价工作。

十二、广播电视大学、函授教育和自学考试要根据各自办学形式的特点，按照本文件的有关精神，加强教学基本建设，认真开展教学改革，不断提高教学质量，努力办出自身特色。尤其是要注意发挥所在地区普通高校现有试验室和实习、实训基地的作用，加强实践性教学环节，培养高等技术应用性专门人才。要促进广播电视大学、函授教育和自学考试的相互沟通，加快现代远程教育资源建设，要运用现代教育技术改进教学方法，逐步建立高职高专教育现代远程教学网络。

十三、为整体推进高职高专教学建设与改革，决定组织实施《21世纪高职高专教育人才培养模式和教学内容体系改革与建设项目计划》（另行发文）。着重在人才培养模式、课程和教学内容体系等方面立项，开展课题研究、改革、实践与相关建设工作，并编写、出版一批《21世纪高职高专课程教材》。各级教育行政部门和学校应当积极参加并做好此项工作，加强领导，协作攻关，力争经过5年的努力，初步形成与社会主义现代化建设事业相适应的、具有中国特色的高职高专教育人才培养模式及课程和教学内容体系。

附一、关于制订高职高专教育专业教学计划的原则意见
附二、高等职业学校、高等专科学校和成人高等学校教学管理要点

关于制订高职高专教育专业教学计划的原则意见

为了加强对高职高专教育人才培养工作的宏观管理，指导各类高职高专院校做好高职高专教育专业教学计划的制订工作，特提出如下意见：

一、培养目标与基本要求

1. 培养目标

高职高专教育是我国高等教育的重要组成部分，培养拥护党的基本路线，适应生产、建设、管理、服务第一线需要的，德、智、体、美等方面全面发展的高等技术应用性专门人才。

2. 基本要求

高职高专毕业生要热爱社会主义祖国，拥护党的基本路线，懂得马克

思列宁主义、毛泽东思想和邓小平理论的基本原理，具有爱国主义、集体主义、社会主义思想和良好的思想品德；在具有必备的基础理论知识和专门知识的基础上，重点掌握从事本专业领域实际工作的基本能力和基本技能；具备较快适应生产、建设、管理、服务第一线岗位需要的实际工作能力；具有创业精神、良好的职业道德和健全的体魄。

二、制订教学计划的基本原则

1. 主动适应经济社会发展需要

制订教学计划要广泛开展社会调查，注重分析和研究经济建设与社会发展中出现的新情况、新特点，特别要关注社会主义市场经济和本专业领域技术的发展趋势，努力使教学计划具有鲜明的时代特点。同时，要遵循教育教学规律，妥善处理好社会需求与教学工作的关系；处理好社会需求的多样性、多变性与教学工作相对稳定性的关系。

2. 坚持德、智、体、美等方面全面发展

制订教学计划必须全面贯彻国家的教育方针，正确处理好德育与智育、理论与实践的关系，正确处理好传授知识、培养能力、提高素质三者之间的关系。要注重全面提高学生的综合素质，实现教学工作的整体优化，切实保证培养目标的实现。

3. 突出应用性和针对性

要以适应社会需求为目标、以培养技术应用能力为主线制订专业教学计划。基础理论教学要以应用为目的，以必需、够用为度，以讲清概念、强化应用为教学重点；专业课教学要加强针对性和实用性。同时，应使学生具备一定的可持续发展能力。

4. 加强实践能力培养

制订教学计划要做到理论与实践、知识传授与能力培养相结合，能力培养要贯穿教学全过程。要加强实践教学环节，增加实训、实践的时间和内容，减少演示性和验证性实验，实训课程可单独设置，以使学生掌握从事专业领域实际工作的基本能力和基本技能。

5. 贯彻产学结合思想

产学结合是培养高等技术应用性专门人才的基本途径，教学计划的制订和实施过程应主动争取企事业单位参与，充分利用社会资源，有条件的学校应与企事业单位共同制订和实施教学计划。教学计划中的各个教学环节既要符合教学规律，又要根据企事业单位的实际工作特点妥善安排。

6. 从实际出发，办出特色

在遵循上述原则基础上，各校应从本校的实际情况出发，自主制订教学计划，积极探索多样化的人才培养模式，努力办出特色。即使在同一学校的同一专业，也可根据生源情况的不同，制订不同的教学计划，或在执行同一教学计划中，给学生以更大的选择性。

三、教学计划的构成与时间安排

1. 教学计划的内容应当包括：

①专业的具体培养目标；

②人才培养规格要求和知识、能力、素质结构；

③修业年限；

④课程设置及时间分配；

⑤教学进程表；

⑥必要的说明。

2. 教学可分为理论教学和实践教学。理论教学包括课堂讲授、课堂讨论、习题课等教学环节；实践教学包括实验课、实习、实训、课程设计、毕业设计（论文）等教学环节。

3. 高职高专教育专业的基本修业年限为二至三年，非全日制的修业年限应适当延长。

4. 三年制专业的课内总学时一般以 1600~1800 学时为宜；二年制专业的课内总学时一般以 1100~1200 学时为宜。

5. 三年制专业的实践教学一般不低于教学活动总学时的 40%，两年制专业的实践教学一般不低于教学活动总学时的 30%。

高等专科学校、高等职业学校和成人高等学校教学管理要点

一、总则

1. 为了进一步促进高职高专院校教学管理工作的科学化、规范化，提高教学管理水平、教学质量和办学效益，保证人才培养目标的实现，特制订本要点。

2. 高职高专院校的根本任务是培养拥护党的基本路线，适应生产、建设、管理和服务第一线需要的，德、智、体、美等方面全面发展的高等技术应用性专门人才。教学工作是学校经常性的中心工作，教学管理在学校管理中占有极其重要的地位。

3. 高职高专院校教学管理的基本任务是：研究高等技术应用性人才的培养规律和教学管理规律，改进教学管理工作，提高教学管理水平；调动教师和学生教与学的积极性、主动性、创造性；建立稳定的教学秩序，保证教学工作的正常运行；研究并组织实施教学改革和教学基本建设；研究建立充满生机与活力的教学运行机制，形成特色，提高教学质量。

4. 高职高专院校教学管理的基本内容一般包括：教学计划管理，教学运行管理，教学质量管理与评价，教师队伍管理，实验室、实训基地和教材等教学基本建设管理。

5. 本要点供高等专科学校、高等职业学校和成人高等学校以及举办高等职业教育的各类教育机构（不含自学考试）参照实施。

二、教学管理组织系统

6. 健全教学工作的领导体制。院（校）长全面负责学校的教学工作。分管教学的副院（校）长协助院（校）长主持教学日常工作。学校有关教学及其管理的指导思想、长远规划、重大改革举措、重要政策措施等，在党委的统一领导下，由院（校）务会议或院（校）长办公会议讨论决定。要建立健全教学工作会议制度和各级领导定期听课、学习、调研的制度，提高决策和管理水平。

7. 建立教学工作委员会。教学工作委员会由直接从事教学工作、有丰富教学经验的教师和熟悉教学工作、有经验的教学管理人员组成，在院（校）长领导下，研究和决定学校教学管理工作中的一些重大问题。

8. 建立院（校）、系两级教学管理机构。

（1）学校要充分发挥教学管理部门和学生管理部门在整个教学管理系统中的职能作用，明确其职责范围，建立协调的工作关系。

教务处是学校教学管理的主要职能部门，应健全机构，配备得力人员，以保证教学工作的稳定、有序运行，不断提高管理水平和工作质量。

（2）系级组织是学校教学管理机构的基本单位。系主任全面负责系教学管理工作，系可根据情况设教学秘书或教务员，处理日常教学行政的具体工作。

9. 教研室是按专业或课程设置的教学基层组织，其主要任务是按教学计划规定实施教学工作，开展教学研究、科技工作，不断提高教学质量和学术水平。是否设置教研室由学校自主确定。不设教研室的，其教学工作可由系或其它组织形式实施。

10. 加强教学管理队伍建设。要根据不同岗位的需要，建立一支专兼结合、素质较高、相对稳定的教学管理队伍。要加强管理人员的业务和管理理论培训，积极创造条件开展国内外教学管理人员的交流、考察活动，适应教学管理科学化、现代化的需要。

三、教学计划管理

11. 教学计划是人才培养目标、基本规格以及培养过程和方式的总体设计，是学校保证教学质量的基本教学文件，是组织教学过程、安排教学任务、确定教学编制的基本依据。教学计划要在国家和地方教育行政部门的指导下，由学校自主制订。教学计划既要符合高等技术应用性人才的培养规格，具有相对稳定性，又要根据经济、科技、文化和社会发展的新情况，适时进行调整和修订。为突出教学计划的针对性，可聘请一些在本专业长期工作的企业人员、学校教师和管理干部一起组成专业指导委员会，共同制订，并参与人才培养的全过程。教学计划一经确定，必须认真组织实施。

12. 确定专业培养目标是制订教学计划的前提条件。必须全面贯彻国家的教育方针和"面向现代化、面向世界、面向未来"的指导思想，依据国家、地方教育行政部门和社会用人部门对人才的要求，结合学校的实际，确定人才培养目标和学生知识、能力、素质结构。专业目标的确定应努力体现学校和专业特色。

13. 制定教学计划的基本原则：主动适应经济社会的发展需要；坚持德、智、体、美等方面全面发展；突出针对性和应用性；加强实践能力的培养；贯彻产学结合思想；从实际出发，办出特色原则。

14. 教学计划的内容一般包括：

（1）专业的具体培养目标；

（2）人才培养规格要求和知识、能力、素质结构；

（3）修业年限；

（4）课程设置及时间分配；

（5）教学进程总体安排；

（6）必要的说明。

15. 制订教学计划的一般程序是：学习理解上级有关文件精神；广泛开展社会人才市场需求调查；组织校内和社会用人单位专家论证培养目标，基本规格，知识、能力和素质结构；教务处提出本校制定教学计划的实施意见和要求。由系主持制订教学计划方案。经学校教学工作（学术）委员会审议，主管校长审核签字后下发执行。

16. 教学计划的实施

（1）教务处编制分学期的教学进程计划，对各教学环节提出总体协调意见，安排每学期课程及其他教学环节的教学任务、教室和其他教学场所，确定考核方式；

（2）系根据教务处的总体安排，落实任课教师、编制各教学环节的教学实施计划；

（3）教学计划确定的课程、教学环节、学时、授课时间、考核方式、任课教师等均不得随意改动，执行过程中需要调整的，应严格按照审批程序执行。

（4）教学计划的实施是学校教学管理中的一项重要工作，是完成教学任务、稳定教学秩序、保证人才培养质量的前提条件。教务处要充分发挥学校教学管理中枢的职能作用，新学期的课程表应在上一学期结束前确定，经主管院（校）长审批后通知到各相关部门和教师，开学前一周，要检查教学准备情况。

四、教学运行管理

17. 教学运行管理是学校组织实施教学计划最核心最重要的管理。整个教学运行管理，要抓住两个重点：一是课堂教学（包括实习、实验教学）的管理，要发挥教师的主导作用和学生的主体作用，贯彻教学相长的原则；二是以教学管理职能部门为主体的教学行政管理，应制订教学工作制度的规程，对课堂教学、实验教学、实习教学、课程设计、毕业设计（论文）等教学环节提出要求，并认真组织实施。

18. 制定课程教学大纲。教学大纲是落实培养目标和教学计划最基本的教学文件，学校要重视教学大纲的制订工作。

制订教学大纲的基本原则是：

（1）教学大纲要准确地贯彻教学计划所体现的教育思想和培养目标，各门课程的教学大纲都要服从课程结构与教学计划的整体要求，相同课程在不同专业的教学计划中要按各自课程结构的要求有所区别；

（2）随着各校专业设置的不断调整以及专业特色的不断强化，课程开发的任务较重。新开发的课程，原则上要先制订教学大纲，而后编写讲义或确定教材；

（3）教学大纲要体现改革精神，不能服从于某本教材或某一时期的特定体例；

（4）教学大纲的内容应包括本课程的教育目标、教学内容和基本要求、实践性教学环节要求、学生学习要求以及必要说明等部分；

（5）教学大纲由系组织有关教师依据上述原则编写，经系校有关领导认定批准施行。每门课程均应有教学大纲，每位教师在教学过程中都必须严格执行教学大纲的要求。

19. 课堂教学的组织管理。课堂教学是教学的基本形式，课堂教学的组织与管理是教学管理工作最基本的管理活动。

（1）认真选聘有相应学术水平、有责任心、有教学经验的教师任课，非师范院校毕业的教师要补好教育基本理论课，教师开设新课程要有严格的岗前培训制度，并要求课前试讲；

（2）组织任课教师认真研究和讨论教学大纲，组织编写或选用与大纲相适应的教材或教学参考资料，依据大纲编写学期授课计划、教学进程表和教案；

（3）有组织地进行教学方法研究，对积极钻研并创造新的教学方法，在培养学生良好学风、提高自学能力和创新能力方面作出贡献的教师，要给予奖励；

（4）积极推广计算机辅助教学、多媒体教学技术、虚拟技术等现代信息技术，扩大课堂教学的信息量，提高课堂效率。

20. 实践性教学环节的组织管理。实践性教学内容要严格依据专业教学计划及教学大纲中对实践环节的要求进行教学。各院校要特别重视实践教学内容的改革，增开综合性、设计性、应用性强的实验项目，加强现场模拟教学的组织和设计，训练学生基本技能和应用能力，规范实践教学考核办法，保证实践教学质量。社会实践的组织和安排，要发挥学生的主动性，在满足基本要求的前提下，允许学生自行选择。毕业设计（论文）要尽可能结合实际任务进行，要立足于提高学生的技术应用能力。

21. 凡教学计划规定开设的课程都要对学生进行考核。积极改革考核的内容和方法，着重检查学生掌握所学课程的基本理论、基础知识和基本技能的情况和实际应用能力。鼓励采用试题库或试卷库命题，实行教、考分离。要制定严格的考试制度，严肃考场纪律，精心安排考务工作。对考试作弊者，要依据有关规定严肃处理。试卷评阅要认真、公正、客观。教务处要组织对试卷的复核及抽检工作。

22. 学校应重视对学生课外学习活动的安排与管理，课外作业的份量要适当，安排辅导答疑要适当。安排非教学活动不得占用教学活动时间。

23. 日常教学管理。学校要依据各专业教学计划制定学期的运行表、课表、考表，保证全校教学秩序稳定。对这三项重要表格文件的执行情况要有管理制度和检查办法，执行结果要记录在案。在实施过程中，要经常了解教学信息，严格控制对教学进度及课表变更的审批，及时处理执行过程中出现的问题或事故。

24. 学籍管理。学籍管理的基本内容包括对学生的入学资格、在校学习情况及学籍变动、毕业资格的检查、考核与管理。学校应依据上级有关规定，制订本校的学籍管理办法，并建立学籍档案。

25. 学生注册制度的改革与管理。学生注册是学籍管理最基本的手段之一，要维护学校注册制度的严肃性，建立严格的学期注册制度。在注册制度的基础上，探索学年制、学分制的改革。

26. 教学资源管理。要搞好教室、实验室、实训基地等教学设施的合理配置与规划建设，充分加以利用，保证教学需要，提高资源的使用效益。注意根据需要与可能，改进教室的功能，建设必要的多功能教室。

27. 教学档案管理。各级教学管理部门都要建立教学档案，教学档案的范围包括：

（1）上级教育主管部门及学校下达的政策性、指导性文件及有关规定；

（2）教学基本建设的各种规划和计划；

（3）自编教材、教学参考资料、实验指导书、习题集、试题库（试卷库）、试卷分析以及各种声像资料等；

（4）学期教学工作计划、教学工作进程表、教学计划、教学大纲、学期授课计划、课程教学总结、实习总结等；

（5）课程设计任务书、毕业设计（论文）任务书、优秀毕业设计（论文）；

（6）学生学业成绩、学籍变动情况、学生座谈会记录整理分析、毕业生质量跟踪调查、毕业资格审核等材料；

（7）教学改革进展情况、教学研究计划、总结，典型经验材料和教学研究刊物；

（8）教师业务档案、各种奖励及成果；

（9）教师评教材料、督导组（室）活动材料、教学工作会议纪要等；

（10）其他有必要立档的教学文件和资料。

教学档案实行分级管理，编目造册。建立教学档案查阅制度，充分发挥教学档案的作用。教学档案管理，应充分使用现代化管理手段。

28. 要充分发挥系和教研室在教学运行过程的管理职能。教研室应按学期初制订的"教研室工作计划"，组织集体备课、公开教学、政治与业务学习和教学研究活动，定期组织检查和测评教师的教学进程和教学状况。

系要定期召开教研室主任会议和任课教师会议，及时掌握教学过程状况，总结和交流教学工作和教学管理工作的经验，及时研究解决教学过程中出现的问题。

29. 教务处应协助主管教学的校领导定期和不定期地召开系（部）主任教学工作例会或专题工作研究会，了解、协调和处理教学计划实施过程中出现的各种问题。

五、教学质量管理与教学评估

30. 保证和提高教学质量是教学管理的最终目的。必须牢固树立质量意识和全面的质量观，坚持严格的质量标准。要从影响学校教学质量的内外部各主要因素（教师、学生、管理、政策、体制等）入手，严格把好质量关，建立科学合理的教学评估督导体系，形成分析、评价、反馈制度，营造良好的教学环境，达到最佳教学效果。

31. 认真抓好教学全过程的管理

（1）把好招生质量关，做好招生宣传、招生录取、新生入学后的复审工作；

（2）抓好教学计划实施过程的质量管理，要精心设计整体优化的教学计划，精心组织计划的实施工作；

（3）把好教学过程各个环节的质量关；

（4）注重教学辅助过程的质量管理；

（5）实行科学化的考试管理，建立科学的考试工作程序和制度，严格考试过程管理，进行必要的试题、试卷和成绩分析，认真进行考试与课程教学工作总结；

（6）实行毕业生质量的跟踪调查制度。

32. 建立教学质量检查考核制度，并制订科学的、可操作的教师教学质量评估指标体系。全校的教学质量检查，学校可根据情况每学年或每学期进行一次，由教务处组织实施。

33. 实行教学工作督导制。选择一批热爱教育事业、教育思想先进、有丰富教学经验、工作认真负责的老教师（包括退休教师）和有专业管理经验的管理人员组成教学工作督导组织，进行经常性的教学工作督导，及时提供质量信息。

34. 建立听课制度。学校主管教学的领导及教务处长、系主任、主管教学的副系主任、教研室主任都应定期深入课堂听课（包括实验、实习课），全面了解教师教课与学生学习的情况，及时解决存在的问题。教研室应组织教师之间相互听课。

35. 组织开展教学评估工作。教学评估是调控教学工作的重要手段，学校教学评估工作应经常化、制度化。教学工作评估一般包括校、系总体教学工作评估；专业、课程和各项教学基本建设评估；教师教学质量和学生学习质量评估等。开展教学评估工作要与日常教学管理与建设相结合，以教师教学和学生学习为重点，建立起科学的评估指标体系，坚持"以评促建，重在建设"的原则，不搞形式主义。

36. 教学评估工作要和学校内部的激励机制与约束机制相结合。教学评估的结果与教师职务的评聘和报酬挂钩。对在教学上取得优秀成绩者要给予奖励，对教学责任事故，要分析事故原因，吸取教训，并按章处理事故责任者。

37. 建立教学信息的采集和统计制度。对新生入学基本情况、学生学习和考试情况、毕业生质量及就业情况等主要教学信息应定期采集并进行统计分析，以不断改进学校的教学工作。

六、师资队伍管理

38. 师资队伍建设是学校最基本的教学建设，建立一支人员精干、素质优良、结构合理、专兼结合、特色鲜明、相对稳定的教师队伍是提高人才培养质量、形成办学特色的关键。学校要有教师队伍建设的规划，层层落实。要注意培养专业带头人、学术带头人和骨干教师，重点抓好中青年骨干教师的培养和提高，并且要发挥老教师的传、帮、带作用，不断培养优秀的青年教师充实到教学第一线。要通过教学实践、专业实践（包括科技工作）和业务（包括教育科学知识）进修，大力培养并尽快形成一批既有较高学术水平、教学水平，又有较强实际工作能力的"双师型"专职教师作为中坚力量，也可从社会上聘用既有丰富实践工作经验又有较高学术水平的高级技术与管理人员作为兼职教师。

39. 根据教育部有关文件精神，结合各校自身的教学工作总量和师生总体比例要求，确定学校的教师编制，制定教师工作量管理办法。教师工作量完成情况与教学质量的优劣应作为教师聘任、晋职和提级的依据。

40. 学校要明确各级教师的教学工作规范和教学岗位职责分工。实行聘任制，建立教学岗位责任制，实行目标管理。对教师的政治表现、业务水平和工作成绩定期进行考核，一般每年度（学年）考核一次，考核情况载入教师业务档案。

41. 大力提高教师队伍的整体素质，特别要加强师德建设。新教师要进行岗前培训。有计划地组织教师参加工程设计和社会实践，鼓励从事工程和职业教育的教师取得相应的职业证书或技术等级证书，培养具有"双师资格"的新型教师。学校应十分重视实验技术人员和实习指导人员的选配和培训。

42. 学校应制订各种激励教师工作积极性的政策和措施，设立教师奖励基金，重点向教学第一线的教师倾斜。对于工作不负责任，教学态度不认真，不能为人师表，教学效果差的教师，应调离教学岗位。

七、教学基本建设管理

43. 专业设置与调整。根据社会的有效需求设置专业，要善于发现和预测新的社会需求，针对职业岗位或岗位群，设置新的专业。注意优化专业结构，保证基本办学条件，充分发挥学校自身的优势，努力形成自己的特色专业。

44. 实训基地建设。建设校内系列实训基地是培养高等技术应用性人才的必备条件。学校要依据所设专业的实际需要，全面规划，逐步实施。实训基地建设要突破只限于感性认识和动作技能训练的旧模式，建立有利于培养技术应用能力和综合应用所学理论知识解决实际问题能力的新模式。尽可能与生产、建设、管理、服务第一线相一致，形成真实或仿真的职业环境。注意资源的优化配置和共享，防止各专业自成体系。地处一个城市的同类学校也可共建实训基地，还可开展职业培训的有偿服务。

45. 重视校外实训基地建设。按照互惠互利原则，尽可能争取和专业有关的企事业单位合作，使学生在实际的职业环境中顶岗实习。

46. 做好实训基地的实训管理。实训管理包括：技术管理、设备管理、经费管理、固定资产管理和各项管理制度建设，要努力提高设备利用率和完好率，提高投资效益。

47. 教材建设。教材建设和使用要有合理的规划和完善的制度。基础理论课教材的选用既要注意教材内容的先进性，又要保持教材的相对稳定性，鼓励选用通用教材和国家优秀教材，特色课程或专业课程可依据教学大纲组织自编教材或讲义。教材的类型包括文字教材、实物教材和声像视听教材等，特别要鼓励教师使用声像视听教材。

48. 学风建设和职业道德建设。要通过思想建设、组织建设、制度建设和环境建设，抓好教师严谨的治学作风和为人师表以及学生的学习目的、学习态度、学习纪律等方面的学习作风建设，形成良好的学风。结合高职高专院校培养的特点，鼓励学生学习职业技能及相关知识，并取得相应的职业证书，注意学生的创业精神。要特别重视考风考纪的教育，杜绝考试作弊行为。把学校的德育工作和对学生职业道德的教育相结合，加强学生职业道德的培养。

49. 教学管理制度建设。按照教育部及当地教育行政部门的要求，建立和健全各种制度，制定完备的教学基本文件，在教学管理制度的规范化上下功夫。

八、教学管理与教育理论研究

50. 教育教学管理是一门科学。学校的教学管理必须以正确的教育理论为指导，必须以教学管理研究和教育理论研究为基础。开展教学管理研究与教育理论研究，是所有教学管理人员、教育研究人员和教师的共同任务。学校要把教学管理作为教育科研工作的重要内容，有计划、有目的地组织教学管理的一些重点课题进行立项研究。

51. 加强高等专科学校、高等职业学校和成人高等学校之间教学管理的横向联系与交流，合作开展教学管理课题的理论研究和工作研究，共同提高教学管理水平。

九、非全日制及函授、广播电视教育的教学管理

52. 上述要求同样适用于非全日制及函授、广播电视教育的教学管理。

附录3　浅析"新文科"背景下高校课程思政实践路径①

新文科建设是国家在推动文科教育创新，培养适应新时代需求的应用型复合型文科人才方面的重要举措。在这一背景下，课程思政作为践行立德树人任务的核心措施，与新文科建设有着相互支持、共同发展的思想基础。因此，高校需要适应知识生产模式和学科综合发展的变化，突破传统教学的思维模式，改变教学理念，实现多学科协同，深度挖掘课程中蕴含的思政元素，旨在为学生提供跨学科学习的机会，帮助他们树立正确的人生观和价值观。

美国希拉姆学院提出的"新文科"概念，强调新技术与传统文科相结合，形成文理学科交叉、新旧融合的新格局。武汉大学人文社科资深教授马费成解释："从总体上看，各门类学科甚至整个科学都是在高度分化的同时，不断走向综合。"在他看来，新文科的提出，正是寄希望于文科的内部融通、文理交叉来研究、认识和解决学科本身、人和社会中的复杂问题。陕西师范大学国学研究院院长曹胜高对此表示认同，新文科是对传统文科的提升，试图打破专业壁垒和学科障碍，以广博的学术视角、开阔的问题意识和深厚的学术积累为基础，将为学生提供更契合现代社会需求的素养训练。

在"新文科"背景下，各学科之间的交叉融合趋势不断加快，新兴学科不断涌现。为全面落实立德树人根本任务，高校需要积极顺应时代的发展，立足于"新文科"背景，将课程思政的理念融入课程建设中，并通过完善教学体系促进课程思政和各学科之间的交叉融合，从而在培养具有综合性素质人才的基础上，对学生进行价值引领和精神塑造，进而实现学生的全面发展和健康成长。具体可以从以下方面进行：

第一，深挖课程中的思政元素，重构育人目标。传统的课程教学以理论知识传授和技能培育为主，很少涉及思政知识。高校应引导教师结合不同专业的特点和课程性质，根据课程内容，深挖各类课程中蕴含的思政元素，实现思政理念和课程之间的融合，拓展思政课程的教学空间，以提高

---

① 王飞. 浅析"新文科"背景下高校课程思政实践路径（EB/OL）. （2023-12-05）［2024-01-27］. https：//baijiahao. baidu. com/s? id=1784432752514665489&wfr=spider&for=pc.

教学内容的时代感和吸引力。随着社会的发展，课程思政教学内容也应当不断优化和调整，这就要求教师要与时俱进，紧跟时代发展，不断更新课程思政教学内容，将社会事件融入教学活动中，开拓学生的视野，培养学生的社会责任感，使学生能够树立正确的价值观念。此外，高校还可以整合不同专业课程的思政资源和教学案例，建立课程思政资源库，形成资源共享和交流机制，促进不同专业之间的交流与学习，以便教师和学生能够共享不同专业的知识和思政理念。

第二，优化课程思政教学方式，推进跨学科教学。新文科建设教育与课程思政建设的理念一脉相通，以新文科思维推动课程思政建设，既可以发挥好文科教育特有的价值塑造和道德培育功能，又可以深化课程思政建设，从而实现人才培养体系的不断完善和人才培养能力的不断提升。高校教师应结合信息时代的社会背景，充分利用互联网和数字化教学设备，构建线上线下混合式教学模式，将教学内容上传至网络学习平台，拓展课程思政教学的时间和空间；对于理解难度较大的内容，教师可以通过案例教学的方式，引导学生对真实的案例进行小组讨论，锻炼学生理解和解决问题的能力，随后再由教师带领学生进行知识探究，让学生了解理论知识的实际应用。此外，教师还应适当增加实践教学比重，并将课程思政理念融入实践教学活动中，可以通过组织学生进行社会实践、志愿服务、思政知识竞赛等，让学生深入地了解社会问题和社会现象，并在实践活动中感受理论知识的内涵，实现理论和实践的有机结合，从而提高课程思政教学质量。

第三，提升教师"新文科"素养，强化教师队伍建设。教师是开展课程思政教学的主导者，要实现高校课程和思政内容的融合，必须要重视教师培训，以增强专业课教师对课程思政的认知和了解程度，提高教师的思想素养和教学能力，进而使教师能够在专业教学中自觉融入思政知识，实现对学生的价值培育和思想引导，从而强化课程思政的育人效果。首先，高校要明确教师培训目标、培训内容、培训方式等，主要培训课程思政的理论基础、实际内涵、教学案例、教学方法等，让教师学会如何挖掘课程思政元素，了解思政理念和课程教学融合的具体方法，通过组织教师深度学习课程思政的相关政策，探究课程思政教学理念和内容，强化教师的课程思政意识；同时，高校还可以组织不同专业的教师和思政教师进行集体备课，以便共同挖掘不同课程中所蕴含的思政元素，丰富课程教学内容，从而实现专业知识技能教学和思政教学的融合；其次，高校还需要结合课程教学和课程思政的特点开设各种各样的课程思政考核活动，如举办专业课教师思政大赛、专业思政教学能手、思政知识竞赛等活动，提升专业课教师的思政教学能力；最后，高校还需要重视新技术培训，通过定期组织教师学习多媒体教学设施、网络教学设备等，提高专业课教师的现代化教学水平。

第四，完善课程思政质量保障体系，赋能跨学科整合。高校不仅需要结合本校办学理念、专业特征、社会对人才的需求等，以思政元素与课程融合为主线，优化学科课程结构，还需要结合"新文科"背景，创新课程思政教学考核体系。首先，高校可依据课程思政的相关内容和各学科的教学特点，开展课程考核方法改革，构建开放性、多元化、过程性的考核体系，强化课程思政教学考核效果。在这个过程中，教师不仅要对学生的考试成绩、作业完成情况、日常考勤等进行考核，还要重点考核学生的思政素养、学习习惯、课堂参与度等，将过程考核与结果考核相结合。其次，高校还需要创新教师考评方式，将师生互评、自我考核、一对一考核等纳入考核体系之中，以客观公正的方式考核教师课程思政教学效果和学生学习效果。最后，高校要根据教学成效和教师考核结果，及时督促教师改进和完善课程思政教学方式和内容，不断提升课程教学质量。

在"新文科"背景下，高校课程思政教学不仅需要关注学生专业知识和技能的传授，更要注重学生思想道德、人文内涵、创新能力、价值理念的培养和提升。这就需要教师深入挖掘课程中所蕴含的思政教学资源，使课程教学和课程思政教学同向同行，实现专业教育和思政教学的有机结合，以推动高等教育改革，进而引导学生通过课程的学习树立正确的价值理念，增强学生的社会责任感和道德意识，促进学生的全面发展，从而为国家和社会发展提供源源不断的人才支持。

附录4　加快建设特色鲜明的一流新文科①

党的二十大报告指出："加强基础学科、新兴学科、交叉学科建设，加快建设中国特色、世界一流的大学和优势学科。"新文科旨在从学科体系、学术体系、话语体系、课程体系、教学体系等方面促进文科转型升级，是对传统文科的交叉融合和学科重组，以适应数字经济时代新技术、新业态、新产业、新模式对文科人才的需求。

当前，人工智能、大数据、区块链等现代信息技术在各行业各领域广泛深入应用，为哲学社会科学等文科创新发展提供了新场景、带来了新机遇，也催生了新问题，文科亟须与其他学科交叉融合以解决现实问题。同时，现代信息技术赋能文科，为文科发展提供了跨学科的方法、思维和范式，为新文科建设创造了必要条件、提供了新工具。

在这样的大背景下，加快建设特色鲜明的一流新文科，要以科学回答"中国之问、世界之问、人民之问、时代之问"为使命，以构建中国特色哲学社会科学自主知识体系为目标，从理论、思想、文化等方面增强以中国式现代化推进中华民族伟大复兴的软实力，为经济社会高质量发展提供坚实的高层次人才支持，为推进全球治理变革和构建人类命运共同体贡献中国智慧。

一、坚持中国式现代化的话语立场

新文科之"新"，优先体现在话语之新，必须深刻蕴含、充分体现具有中国立场、中国国情、中国实践的时代话语。中国自主话语体系主导下的新文科，既要走出西方话语，彰显中国话语特色，又要挖掘、继承和发扬中华优秀传统文化，并予以创造性转化、创新性发展，还要大力推进现代信息技术赋能下的话语创新，以富有中国文化底蕴、凝结人类共同价值、彰显现代科技力量的话语体系引领高质量发展。

对于法学、管理学、社会学、语言学等传统文科而言，在概念术语、思想创新、研究范式、成果评价等各方面，既要借鉴吸收人类文明共同成

---

① 杨勇平，梁平. 加快建设特色鲜明的一流新文科 [N]. 中国教育报，2023-12-25 (05).

果，更要牢牢坚持马克思主义基本立场、观点和方法，坚持中国共产党领导这个中国特色社会主义最本质特征、中国特色社会主义制度最大优势，坚持以人民为中心的根本立场，坚持全体人民共同富裕的奋斗目标，以此作为新文科建设的衡量标准。

二、立足服务国家战略的时代使命

以中国式现代化全面推进中华民族伟大复兴，既要不断加强关键核心技术攻坚，破解"卡脖子"技术难题，又要贯彻总体国家安全观，牢固坚守马克思主义思想阵地，时刻警惕西方意识形态渗透。为中华民族伟大复兴提供坚实的思想、理论、文化保障，是新文科服务国家战略的重大时代使命。

高校加快建设特色鲜明的一流新文科，要心怀"国之大者"，立足国家重大战略，瞄准金融、能源资源、生态环境、生物、科技以及法治、国家治理、涉外等各领域面临的短板，加强"文科+领域"的融合研究，注重哲学社会科学研究成果的思想引领和转化应用。

在具体学科领域，既要着力创新具有思想引领力、精神支撑力、实践指导力的基础理论研究成果，又要努力打造新型哲学社会科学智库，发挥高校咨政建言、服务科学决策的智库功能，把哲学社会科学应用成果转化为强大的现实生产力，更要立足于人才培养首要职能，为经济社会高质量发展源源不断地输送高层次、复合型的新型文科人才。

文科的各具体学科具有自身的研究对象、研究特点和研究方法，新文科建设旨在打破学科壁垒，把文科从传统的封闭系统中解放出来，与经济社会高质量发展、全体人民共同富裕的目标紧密结合，在服务国家战略中使文科更加大有作为，实现文科的"大用"。

三、落实学科交叉融合的方法路径

新文科建设的显著特点是学科交叉融合，既包括文科之间也包括文科与理工科的交叉融合，具体体现在人才培养、科学研究、社会服务、文化传承创新等各方面。

一方面，现代信息技术催生新一轮科技革命，前所未有地解构、形塑社会各领域。人工智能的深度广泛应用引发人类社会革命性转型，以Chat-GPT为代表的生成式人工智能展示出AI的强劲生命力以及未来无限可能性，传统文科有必要以"文科+科技"的方式转型升级回应时代需求。

另一方面，在新技术、新产业、新业态、新模式下，国家治理、社会治理更加具象化，需要哲学社会科学等文科的人才培养和学术供给与具体行业、具体领域紧密结合，建立以具体服务对象为核心的新兴学科、交叉学科。

理工科高校具有促进学科交叉融合的天然优势，可以从以下三个方面着力打造"特色"：一是促进计算机、数学等与现代信息技术有关的学科与文科融合，为新文科建设提供技术方法、增强技术赋能，实现"文科+技术"的深度融合。二是立足于行业领域背景，促进文科与特色学科的融合，打造服务于特定行业的新文科，为该行业培养高层次复合型人才提供优质智库支持。三是以促进现有文科"入主流"为目标，围绕具体学科的新领域着力打造与传统二级学科并列的新领域，发展针对特定行业领域的交叉融合型文科。

四、创新文科转型升级的支撑体系

新文科建设以专业学科建设为抓手，需要不断创新有利于文科交叉融合发展的政策保障与实践支持体系，为学术研究和人才培养服务。

就学术研究而言，重点在于打破法学、经济学、管理学、历史学、教育学、文学等传统文科相互间以及与理工科间的界限；善于借鉴运用文科其他学科的知识和方法，多维度、多视角开展学术研究；积极吸收应用大数据、人工智能、区块链等现代信息技术以及理工科思维，开展定量分析、数据建模、仿真实验等，解决工程技术等领域的科技伦理、政策法律、科学管理等现实问题。这就要求高校立足于文科研究的自身特点，创新项目经费支持、成果评价以及研究人员职级职务晋升、考核评价等机制，鼓励研究者瞄准重大前沿问题，产出更多高水平的哲学社会科学基础理论和应用成果。

就人才培养而言，培养多科型、复合型的高层次文科人才，是新文科建设的核心任务。当前，高校需要以人才培养方案为抓手、以课程为牵引、以教材为载体、以师资队伍建设为保障，针对具体的文科学科建立交叉融合的课程模块，组织相关学科领域专家编写高质量教材，对师资队伍进行培训，促进传统文科的转型升级，培养在知识、思维、能力、方法等各方面全面发展的人才。具体操作层面，需要从学科专业设置、人才培养修订、课程教材体系建设、学位授予等方面入手，为探索"创新班""实验班"等新文科背景下人才培养新模式提供支持，不断完善和优化培养创新人才的体制机制。

附录5 普通高等教育学科专业设置调整优化改革方案

学科专业是高等教育体系的核心支柱，是人才培养的基础平台，学科专业结构和质量直接影响高校立德树人的成效、直接影响高等教育服务经济社会高质量发展的能力。为进一步调整优化学科专业结构，推进高等教育高质量发展，服务支撑中国式现代化建设，制定如下改革方案。

一、总体要求

1. 指导思想。深入学习贯彻党的二十大精神，全面贯彻落实习近平总书记关于教育的重要论述，完整、准确、全面贯彻新发展理念，面向世界科技前沿、面向经济主战场、面向国家重大需求、面向人民生命健康，推动高校积极主动适应经济社会发展需要，深化学科专业供给侧改革，全面提高人才自主培养质量，建设高质量高等教育体系。

2. 工作原则

——服务国家发展。以服务经济社会高质量发展为导向，想国家之所想、急国家之所急、应国家之所需，建好建强国家战略和区域发展急需的学科专业。

——突出优势特色。以新工科、新医科、新农科、新文科建设为引领，做强优势学科专业，形成人才培养高地；做优特色学科专业，实现分类发展、特色发展。

——强化协同联动。加强教育系统与行业部门联动，加强人才需求预测、预警、培养、评价等方面协同，实现学科专业与产业链、创新链、人才链相互匹配、相互促进。

3. 工作目标

到2025年，优化调整高校20%左右学科专业布点，新设一批适应新技术、新产业、新业态、新模式的学科专业，淘汰不适应经济社会发展的学科专业；基础学科特别是理科和基础医科本科专业点占比进一步提高；建好10 000个左右国家级一流专业点、300个左右基础学科拔尖学生培养基地；在具有一定国际影响力、对服务国家重大战略需求发挥重要作用的学科取得突破，形成一大批特色优势学科专业集群；建设一批未来技术学院、现代产业学院、高水平公共卫生学院、卓越工程师学院，建成一批专业特色学院，人才自主培养能力显著提升。到 2035 年，高等教育学科专业结构更加协调、特色更加彰显、优化调整机制更加完善，形成高水平人才自主培养体系，有力支撑建设一流人才方阵、构建一流大学体系，实现高等教育高质量发展，建成高等教育强国。

二、改进高校学科专业设置、调整、建设工作

4. 加强学科专业发展规划。高校要科学制定学科专业发展中长期规划，主动适应国家和区域经济社会发展、知识创新、科技进步、产业升级需要，做好学科专业优化、调整、升级、换代和新建工作。要将学科专业规划与学校事业发展规划相统一，建立健全工作制度，每年根据社会人才需求、学校办学定位、办学条件等，对本校学科专业设置调整进行专题研究。

5. 加快推进一流学科建设。高校要打破常规，服务国家重大战略需求，聚焦世界科学前沿、关键技术领域、传承弘扬中华优秀文化的学科，以及服务治国理政新领域新方向，打造中国特色世界影响标杆学科。要打破学科专业壁垒，深化学科交叉融合，创新学科组织模式，改革人才培养模式，培育优秀青年人才团队，深化国际交流合作，完善多渠道资源筹集机制，建设科教、产教融合创新平台等。

6. 深化新工科建设。主动适应产业发展趋势，主动服务制造强国战略，围绕"新的工科专业，工科专业的新要求，交叉融合再出新"，深化新工科建设，加快学科专业结构调整。对现有工科专业全要素改造升级，将相关学科专业发展前沿成果、最新要求融入人才培养方案和教学过程。加大国家重大战略、战略性新兴产业、区域支柱产业等相关学科专业建设力度，打造特色鲜明、相互协同的学科专业集群。推动现有工科交叉复合、工科与其他学科交叉融合、应用理科向工科延伸，形成新兴交叉学科专业，培育新的工科领域。

7. 加强新医科建设。面向人民生命健康，落实"大健康"理念，加快构建服务生命全周期、健康全过程的医学学科专业体系。聚焦理念内容、方法技术、标准评价等，全方位改造升级现有医学专业。主动适应医学新发展、健康产业新发展，布局建设智能医学、互联网医疗、医疗器械等领域紧缺专业。瞄准医学科技发展前沿，大力推进医科与理科、工科、文科等学科深度交叉融合，培育"医学+X""X+医学"等新兴学科专业。

8. 推进新农科建设。面向新农村、新农业、新农民、新生态，推进农林学科专业供给侧改革，服务支撑农业转型升级和乡村振兴。适应新一轮科技革命对人才培养的新要求，主动运用现代生物技术、信息技术、工程技术等改造提升现有涉农学科专业。服务国家种业安全、耕地保护建设、现代农业发展、生态系统治理、乡村建设等战略需求，以及森林康养、绿色低碳等新产业新业态发展，开设生物育种、智慧耕地、种子科学与工程、农林智能装备、乡村规划设计等重点领域紧缺专业。积极推进农工、农理、农医、农文深度交叉融合创新发展，培育新兴涉农学科专业。

9. 加快新文科建设。构建中国特色哲学社会科学，建构中国自主的知识体系，努力回答中国之问、世界之问、人民之问、时代之问，彰显中国之路、中国之治、中国之理。推动文科间、文科与理工农医学科交叉融合，积极发展文科类新兴专业，推动原有文科专业改造升级。强化重点领域涉外人才培养相关专业建设，打造涉外法治人才教育培养基地和关键语种人才教育培养基地，主动服务国家软实力提升和文化繁荣发展。推进文科专业数字化改造，深化文科专业课程体系和教学内容改革，做到价值塑造、知识传授、能力培养相统一，打造文科专业教育的中国范式。

10. 加强基础学科专业建设。建强数理化生等基础理科学科专业，适度扩大天文学等紧缺理科学科专业布局。精准推动基础医学（含药学）学科专业建设，推进基础与临床融通的整合式 8 年制临床医学教育改革。系统推进哲学、历史学等基础文科学科专业建设，推动形成哲学社会科学中国学派。促进多学科交叉融通。适应"强化基础、重视应用、特色培养"要求，分类推进基础和应用人才培养。高水平研究型大学要加大基础研究人才培养力度；地方高校要拓宽基础学科应用面向，构建"基础+应用"复合培养体系，探索设置"基础学科+"辅修学士学位和双学士学位项目。

11. 完善学科专业建设质量保障机制。高校要按照人才培养"先宽后深"的原则，制定科学、规范的人才培养方案，系统设计课程体系，配齐配强教师队伍、教学条件、实践基地等，确保人才培养方案落实落地。定期开展学科专业自评工作，建立健全学科专业建设质量年度报告制度，系统报告学科专业建设与调整整体情况、分专业建设情况、服务经济社会发展情况等，主动公开接受社会监督。

三、强化省级学科专业建设统筹和管理

12. 加强学科专业设置统筹。省级教育行政部门、有关部门（单位）教育司（局）要做好本地、本部门所属高校学科专业发展规划，指导本地、本部门高校做好学科专业设置工作。综合应用规划、信息服务、政策指导、资源配置等，促进所属高校优化学科专业结构。强化省级学位委员会统筹力度，推动学位授予单位动态调整学位授权点；充分发挥学位授权自主审核功能，推动自主审核单位优化现有学位授权点布局结构。

13. 严格学科专业检查评价。省级教育行政部门要对照相关标准，对所属高校新设学科专业的基本办学条件、师资力量、实践条件、学生满意度、招生规范度等进行检查，对未达到条件的要限制招生、限期整改。定期开展学科专业建设质量检查，对办学条件严重不足、教学质量低下、就业率过低的，要责令暂停招生、限期整改。

14. 开展人才需求和使用情况评价。国家和省级有关行业部门要主动开展行业人才需求预测、毕业生就业反馈预警及人才使用情况评价，适时发布区域及有关重点产业和行业人才需求。省级教育行政部门要积极开展高校学科专业与区域发展需求匹配度评估，及时公布本地优先发展和暂缓发展的学科专业名单。建立健全招生培养就业联动机制。鼓励行业企业参与高校人才培养方案修订及实施工作。

四、优化学科专业国家宏观调控机制

15. 切实发挥学科专业目录指导作用。实施新版研究生教育学科专业目录，完善一级学科设置、积极发展专业学位、统计编制二级学科和专业领域指导性目录，积极发展新兴交叉学科。修订普通高等学校本科专业目录，根据经济社会发展需求变化，动态调整国家控制布点本科专业和特设专业目录。

16. 完善学科专业管理制度。实施研究生教育学科专业目录管理办法和交叉学科设置与管理办法。定期编制急需学科专业引导发展清单。修订本科专业设置管理规定，探索建立专业预调整制度，明确高校申请备案

（审批）专业，须列入学校发展规划，原则上提前 1 年进行预备案（申报）。加强学科专业存量调整，完善退出机制。对高校连续五年未招生的专业予以撤销处理。

17. 加强学科专业标准建设和应用。完善学位授权审核基本条件和学位基本要求，开展博士硕士学位授权点核验，完善本科专业类教学质量标准，兜住学科专业建设质量底线，推动高校依据标准和人才培养实际动态完善人才培养方案。发挥国务院学位委员会学科评议组、全国专业学位研究生教育指导委员会、教育部高等学校教学指导委员会等专家组织作用，积极开展对学科专业建设的指导与质量监督。

18. 强化示范引领。深入实施一流学科培优行动和一流本科专业建设"双万计划"，树立学科专业建设标杆。推进分类评价，基础学科专业更强调科教融合，应用型学科专业更强调产教融合，引导不同类型学科专业办出特色和水平。开展保合格、上水平、追卓越的三级本科专业认证工作。

19. 深入实施"国家急需高层次人才培养专项"。统筹"双一流"建设高校、领军企业、重点院所等资源，创新招生、培养、管理、评价模式，超常规布局一批急需学科专业，建成一批高层次人才培养基地，形成更加完备的高质量人才培养体系，显著提升高层次人才自主培养能力。

20. 加强专业学院建设。在学科专业基础好、整体实力强的高校建设30 个左右未来技术学院；在行业特色鲜明、与产业联系紧密的高校建设300 个左右现代产业学院；依托有关高校布局建设一批高水平公共卫生学院。支持高校以特色优势学科专业为依托，建设示范性集成电路学院、特色化示范性软件学院、一流网络安全学院、示范性密码学院、示范性能源学院、储能技术学院、智慧农业学院、涉外法治学院、国际组织学院等专业特色学院。推动专业性（行业特色型）高校进一步提高特色化办学水平。

21. 健全学科专业调整与人才需求联动机制。人力资源社会保障及有关行业部门要大力支持高校学科专业建设，建立健全人才预测、预警机制，建立人才需求数据库，及时向社会发布重点行业产业人才需求，对人才需求趋少的行业产业进行学科专业设置预警。

22. "一校一案"狠抓落实。各地各高校要根据改革方案，结合本地本校实际，按照"一校一案"原则，研究制定学科专业改革实施方案。地方高校方案报省级教育行政部门备案，其他中央部门所属高校经主管部门同意后报教育部备案，直属高校及各地实施方案报教育部备案。各地各高校应结合年度学科专业设置，每年 9 月底前报告实施方案落实情况。

教育部　国家发展改革委　工业和信息化部
财政部　人力资源社会保障
2023 年 2 月 21 日